Colin Urquhart

Und der Apfel lockt noch immer

Zapf & Hofmann

Titel der Originalausgabe:
The Truth that sets you free

Published by Hodder & Stoughton

1. Auflage 1995

ISBN 3-9803394-8-3

Allen Menschen gewidmet, die in der Wahrheit leben möchten, und die sich danach sehnen, anderen zu dienen, indem sie ihnen die Wahrheit in Liebe mitteilen. . .

und für zwei besondere Menschen, die gerade für uns ein großer Segen sind.

Vielen Dank!

Michael & Alex

Vorbemerkung

Ich möchte an dieser Stelle all den Menschen danken, die mich dazu ermuntert haben, dieses Buch zu schreiben; sie haben Kurse und Konferenzen über unmittelbare Seelsorge besucht, bei denen ihr Leben grundlegend verändert wurde. Ein Buch vermag niemals das persönliche Gespräch zu ersetzen, aber ich hoffe, es gelingt mir, Ihnen die Wahrheit in Christus Jesus so zu vermitteln, daß sie Ihnen Freiheit schenkt. Mehr noch, daß die Wahrheit, die Sie befreit, auch zur befreienden Wahrheit für andere Menschen wird.

Mein Dank gilt auch meinen Mitarbeiterinnen - Helena, die die Hauptlast der Textverarbeitung getragen hat, Barbara und Samantha - und allen anderen, die mitgeholfen haben.

Herzlichen Dank auch meinen Freunden im Mittleren Osten, allen voran Dr. Susheela John. Während einer Vortragsreise dort wurde ein Großteil des Buches geschrieben.

Selbstverständlich bin ich Jesus dankbar, der mich zu diesem Buch befähigt, und mir eine wunderbare Frau zur Seite gestellt hat, die sehr viel Verständnis für mich aufbringt, wenn ich mal wieder nicht vom Schreibtisch wegkomme.

Gott sei alle Ehre. Er allein ist fähig, seinen Kindern die Wahrheit aufzuschließen, von der in diesem Buch die Rede ist.

Inhalt

1. Teil: Die Wahrheit

2. Teil: Anderen Menschen mit der Wahrheit dienen

3. Teil: Den Widersacher überwinden

4. Unmittelbare Seelsorge

Teil 1

Die Wahrheit

1. Die herrliche Freiheit

"Zur Freiheit hat uns Christus befreit", behauptet Paulus kühn. "Ihr seid zur Freiheit berufen!" Und dennoch leben viele Christen nicht wie freie Menschen. Sie leben eher wie Gefangene, nicht wie Sieger. Sie sind Opfer ihrer alten Verletzungen oder ihrer gegenwärtigen Probleme. Ihnen gegenüber zu behaupten, daß sie in Christus frei seien, trifft meist auf völliges Unverständnis.

Sie fühlen sich als minderwertige, unnütze geistliche Versager. Manche bezweifeln gar Gottes Liebe zu ihnen, weil sie mehrmals versucht haben, diese Liebe zu erfahren - vergeblich. Dieser Mißerfolg bestätigt ihr Minderwertigkeitsgefühl. Sie haben den Eindruck, für Gott nicht brauchbar zu sein und sie verwenden viel Zeit und Kraft darauf, ihre vermeintliche Unfähigkeit vor anderen zu verheimlichen.

Ist Seelsorge die Antwort darauf? Jedenfalls scheint es viele Menschen zu geben, die Beratung brauchen, und es gibt immer mehr Personen, die seelsorgerliche Beratung anbieten.

Allerdings ist auch eine seelsorgerliche Beratung oft genug enttäuschend. Es ist gut, jemanden zu haben, mit dem man reden kann, der Zeit hat, und der sich für einen interessiert. Aber zugleich quälen wir uns durch vergangene Verletzungen und erleben Dinge erneut, die besser vergessen blieben. Immer ist da noch ein anderes Puzzlesteinchen zu suchen, müssen wir tiefer in uns selbst graben oder in unserer Vergangenheit, um die Wurzel unseres gegenwärtigen Übels zu finden. Und die Erleichterung, die ein solches Gespräch bringt, ist meist nur von kurzer Dauer.

Dies kann die Reaktion hervorrufen: "Vielleicht sollte ich doch besser lernen, mit meinen Problemen zu leben. Meine Umgebung muß sich eben mit mir abfinden, wenigsten hilft reden ein wenig, auch wenn ich davon kein freier Mensch werde." Sobald ein neues Problem am Horizont auftaucht, verschwinden Freiheit und Souveränität, und an ihre Stelle treten die alten Gefühle von Unzulänglichkeit und Selbstzweifel.

Tiefer in sich selbst zu suchen oder in die Vergangenheit unseres Lebens herumzustochern, ist das glatte Gegenteil von dem, was uns im Neuen Testament begegnet. Kein Wunder also, daß wir nicht frei werden, wenn wir so mit den Schwierigkeiten in unserem Leben umgehen. Wer auf sich selbst starrt, entdeckt dort sicher nicht den Glauben, der ihn befähigt, mit den Herausforderungen der Gegenwart umzugehen.

Ziel dieses Buches ist, Ihnen zu zeigen, wie Sie die Freiheit erleben können, von der das Neue Testament spricht: die herrliche Freiheit der Kinder Gottes. Zur Zeit des Paulus waren Christen derart frei, daß er gar die Sorge hatte, andere könnten auf die Idee kommen, Spione auszusenden, um die Ursache ihrer Freiheit zu erkunden.

Menschen wurden durch das Evangelium so befreit, daß man ihnen beibringen mußte, diese Freiheit richtig zu gebrauchen.

Menschen suchen nur deshalb Hilfe bei unbiblischen Seelsorgemethoden, weil sie entweder nicht wissen, was Gott für sie in Christus Jesus getan hat, oder weil sie es nicht verstehen. Deshalb können sie nicht glauben, was Jesus für sie bereithält. Wessen Wissen, Verstehen und Glaube begrenzt sind, hat auch nur eine begrenzte Freiheit.

Die Wahrheit muß nie begründet werden. Wenn Sie die Form der Seelsorge, die Sie ausüben oder empfangen, verteidigen müssen, dann stimmt etwas Entscheidendes nicht. Viele, die 'innere Heilung' praktizieren, versuchen ihre Methode biblisch zu begründen - mit Eifer aber nicht mit überzeugenden Argumenten. Der Grund ist einfach: Methoden befreien Menschen nicht von Gebundenheiten.

Jesus behauptet, die Wahrheit macht frei. Deshalb müssen wir die Wahrheit erkennen. Wir müssen wissen, was Gott in seinem Sohn für uns getan hat. Wenn wir die Wahrheit glauben, wird unser Leben so verändert, wie Gott das möchte. Dann können wir die 'herrliche Freiheit' kennenlernen, die er seinen Kindern schenken will und die durch den Glauben an Jesus empfangen wird.

Will Gott uns heilen? Selbstverständlich! Möchte er uns von den Verletzungen der Vergangenheit und den gegenwärtigen Unzulänglichkeitsgefühlen befreien? Fraglos!

Aber dies geschieht nicht, indem wir um uns selbst kreisen oder unsere Vergangenheit umwälzen. Es geschieht, wo wir uns der Wahrheit aussetzen und sie uns zu eigen machen.

Ich habe manche Konferenz zu dem Thema 'Direkte Seelsorge' abgehalten. Zielgruppe waren Pfarrer und Mitarbeiter in der Seelsorge. Es ist nicht übertrieben, wenn ich behaupte, daß diese Konferenzen enorme Veränderungen bei den Teilnehmern bewirkten. Am Ende der Tage schien ich regelmäßig zu anderen Menschen zu sprechen als zu Beginn.

Den Verdienst dafür nehme ich nicht für mich in Anspruch, denn mein einziger Beitrag bestand darin, ihnen die Wahrheit mitzuteilen, die die befreiende Wirkung hatte, von der Jesus sprach.

Viele schrieben mir, deren eigene Arbeit sich dadurch veränderte, und andere, die nach Jahren seelsorgerlicher Betreuung endlich frei wurden.

Um ein Beispiel zu nennen: Ein Pfarrer wurde auf einer Konferenz von der Wahrheit derart verändert, daß auch seine Frau eine solche Veranstaltung besuchte. Später bedankte er sich bei mir für die 'neue' Frau, die zu ihm zurückgekehrt sei und berichtete mir, wie durch ihre Arbeit Menschen erstaunlich schnell frei würden.

Das sind die Auswirkungen, die die Wahrheit auf Menschenleben hat. Nicht die Wahrheit über sie oder ihre Vergangenheit, sondern die Wahrheit über Jesus.

Auf einer anderen Konferenz berichtete eine Frau, die zwei Jahre lang in Therapie war, daß die Wahrheit bei ihr in zwei Tagen mehr bewirkt habe, als die Therapie in zwei Jahren: Sie habe ihr Freiheit geschenkt. Man brauchte sie nur anzusehen und wußte, was sie meinte. Niedergeschlagenheit und Skepsis waren Freude und Zuversicht gewichen.

Eigentlich sollte es für Christen nicht schwer sein, diese Freude auszustrahlen, wenn Jesus alles getan hat, was zu ihrer Freiheit nötig ist, gleichgültig, wie kaputt ihr Leben oder ihre Vergangenheit war.

Ich bete darum, daß Sie durch das Lesen dieses Buches zur Wahrheit hingeführt werden, zur Wahrheit, die frei macht. Und daß Sie entdecken, auf welche Weise Gott Sie dazu gebrauchen möchte, seine Wahrheit anderen Menschen mitzuteilen.

2. Der vollkommene Seelsorger

Gott sandte seinen Sohn, das Wort Gottes, in die Welt, um uns die Wahrheit zu bringen. Er kam als das Licht, um in die geistliche Finsternis dieser Welt zu scheinen. Jesus kam als Gottes Wort, Gottes Wahrheit und Gottes Weisheit zu uns.

Wenn Jesus sprach, schieden sich an ihm die Geister; entweder glaubten ihm Menschen, oder sie lehnten ihn ab; entweder sie gehorchten ihm, oder sie weigerten sich. Oft waren es gerade die religiösen Leute, die ihn ablehnten. Sie waren so in ihren frommen Traditionen gefangen, daß sie die Wahrheit nicht erkannten, als sie sie hörten. Sie waren so mit ihrer eigenen Religion beschäftigt, daß sie ihn nicht als ihren Messias und Heiland erkannten und folglich auch nicht empfangen konnten, was er ihnen anbot.

Prostituierte dagegen glaubten ihm und wandten sich ihm zu, sie erkannten ihn als den Heiligen, der er war. Das galt auch für Betrüger und Kollaborateure. Blinde Bettler kamen, warfen sich ihm zu Füßen, flehten ihn an und wurden geheilt. Aussätzige, Besessene und Verachtete wurden durch ihn befreit.

Eigentlich sollte man annehmen, daß Sünder dem Heiligen aus dem Weg gehen, aber seine Heiligkeit äußerte sich nicht in einem Frömmigkeitsstil, der andere abstieß. Seine Heiligkeit zog Sünder an; nicht deshalb, weil er ihnen sagte, was sie hören wollten, sondern weil er ihnen sagte, was sie brauchten: die Wahrheit! Die Prostituierten, Ausgestoßenen, Betrüger, Bettler und Kranken umringten ihn, weil er der einzige Seelsorger war, der ihnen Hoffnung gab. Für das religiöse Establishment waren sie der Abschaum: Drogenabhängige, Kinderschänder, Alkoholiker.

Sie standen stundenlang in der brütenden Sonne, um ihm zuzuhören, denn da sprach einer, der ihnen den Himmel öffnete, obwohl sie so waren. Dieser Seelsorger verurteilte und verdammte sie nicht, sondern gab ihnen Zukunft und Hoffnung. Es spielte keine Rolle, wie verkommen sie waren oder wie gering ihr Selbstwertgefühl. Hier stand einer, der ihnen sagte, daß sie wichtig waren. Da sie ihm glaubten, gingen viele von ihnen vor den Frommen in das Reich Gottes. Sie empfingen das Leben, das zu geben Jesus gekommen war.

Jesus hielt keine sentimentalen Reden und zielte nicht auf Gefühle. Er sagte: "Geht hinein durch die enge Pforte. Denn die Pforte ist weit und der Weg ist breit, der zur Verdammnis führt, und viele sind's, die auf ihm hineingehen" (Mt. 7,13).

Er wollte Menschen von allem befreien, was sie knechtete und zerstörte, um ihnen dafür das Leben Gottes in all seiner Fülle zu geben.

Er war ein Mann, der die Wahrheit sprach, ein echter Seelsorger. Die Herde scharte sich um ihn, um die Wahrheit zu hören, die sie befreite. "Wenn ihr bleiben werdet an meinem Wort, so seid ihr wahrhaftig meine Jünger und werdet die Wahrheit erkennen, und die Wahrheit wird euch frei machen" (Joh. 8,31.32).

Die Wahrheit befreit Sie von Ihrer Verkommenheit, Ihren Bindungen, Ihrer Schuld, Ihrem Unglauben, Ihrer Furcht, Ihrer Krankheit. Was immer Sie brauchen: Die Wahrheit macht Sie frei. Das ist die Botschaft Jesu. Gottes Königreich, ewiges Leben, die Fülle des Lebens für Sie - heute!

Wenn Sie die Bibel lesen, dann spricht dieser Seelsorger zu ihnen mit der Autorität Gottes selbst. Wenn Sie Hilfe brauchen, können Sie sich an ihn wenden und seine Worte hören, die Worte des vollkommenen Seelsorgers. Und Sie können darauf vertrauen, daß alles, was er sagt, wahr ist, denn er ist die Wahrheit. "Ich bin der Weg und die Wahrheit und das Leben; niemand kommt zum Vater denn durch mich" (Joh. 14,6).

Selbst seine Feinde erkannten, daß er mit Vollmacht lehrte und handelte. Mit einer Vollmacht, von der andere religiöse Führer nur träumen konnten.

Ein anderer Seelsorger

Beim Abendmahl waren Jesu Jünger deprimiert, denn derjenige, auf den sie all ihre Hoffnung gesetzt hatten, stand im Begriff, sie zu verlassen. Aber er versprach ihnen: "Ich will den Vater bitten, und er wird euch einen anderen Tröster *(oder Begleiter)* geben, daß er bei euch sei in Ewigkeit" (Joh. 14,16.17).

Der versprochene Beistand, der Heilige Geist, ist der Geist der Wahrheit. Jesus hatte Worte der Wahrheit gesprochen, nun versprach er seinen Nachfolgern den Geist der Wahrheit. Er würde zum Vater gehen, aber dieser Beistand würde niemals von ihnen gehen.

Allerdings machte er ihnen auch klar, daß "den Geist der Wahrheit ... die Welt nicht empfangen kann, denn sie sieht ihn nicht und kennt ihn nicht. Ihr kennt ihn, denn er bleibt bei euch und wird in euch sein" (Joh. 14,17). Der vollkommene Seelsorger war *bei* ihnen, der versprochene Beistand würde *in* ihnen sein.

Wenn Sie durch den Glauben von neuem geboren wurden, dann ist Jesus allezeit bei Ihnen, und der Heilige Geist wird immer in Ihnen sein. Das "Wort der Wahrheit" ist bei Ihnen, der "Geist der Wahrheit" ist in Ihnen. Was brauchen Sie mehr? Wort und Geist geben Ihnen gemeinsam Antwort auf jede Situation und jede Not Ihres Lebens.

Beide werden immer eins miteinander sein. Niemals werden sie einander widersprechen. "Wenn aber der Tröster kommen wird, den ich euch senden werde, vom Vater, der Geist der Wahrheit, der vom Vater ausgeht, der wird Zeugnis geben von mir" (Joh. 15,26).

Die Aufgabe des Heiligen Geistes, der in Ihnen lebt, ist es, Ihnen Jesus nahezubringen. Warum? Weil die Antwort auf jede Not Ihres Leben in dem verborgen liegt, das Jesus für Sie getan hat. Es ist keine neue Seelsorge- oder Predigttechnik, die Sie befreit; Sie brauchen den Geist der Wahrheit, der Ihnen Jesus erschließt (Joh. 16,7.13).

In welche Wahrheit führt der Heilige Geist? In die Wahrheit Jesu (Joh.16,13.14). Der Heilige Geist handelt nicht unabhängig von Jesus oder dem Vater im Himmel. Vater, Sohn und Geist sind eins.

Der Seelsorger bei der Arbeit

Sie hatten die Frau zusammen mit einem fremden Mann im Bett erwischt, es bestanden keine Zweifel an ihrer Schuld. Die Gesetzgebung sah für einen solchen Fall die Steinigung vor. Die Frommen schleppten sie vor Jesus, in der sicheren Überzeugung, ihn mit diesem Fall ausmanövrieren zu können. Er behauptete, nicht das Gesetz abschaffen, sondern erfüllen zu wollen. Und dennoch predigte er Gnade, Vergebung und Liebe. Wie konnte er das in diesem Fall tun, wo die Frau nach geltendem Gesetz zum Tode zu verurteilen war? Die Antwort Jesu ist bekannt und lautete: "Wer unter euch ohne Sünde ist, der werfe den ersten Stein auf sie" (Joh. 8,7).

Nach diesen Worten verschwanden die Fragesteller nach und nach, bis sie alle gegangen waren und Jesus mit der Frau allein zurückblieb. Jesus richtete sich auf und fragte sie: "Wo sind sie, Frau? Hat dich niemand verdammt?" Sie antwortete: "Niemand, Herr." Und Jesus sprach: "So verdamme ich dich auch nicht; geh hin und sündige hinfort nicht mehr" (V. 10.11).

Die Religiösen waren schnell dabei, andere zu verurteilen. Aber Jesus, der das Recht hatte zu richten, war gekommen, um zu retten und zu heilen, nicht, um zu verurteilen. Er war der Frau gegenüber nicht nachgiebig, er war gnädig, er drückte in seinen Worten den Wunsch Gottes aus zu vergeben, nicht zu verdammen. Aber er machte ihr auch klar, daß sie nicht wie bisher weiterleben konnte.

Wie diese Frau können auch wir Jesus nichts verbergen, der unsere Gedanken kennt. Er könnte uns verurteilen, aber in seiner Barmherzigkeit möchte er vergeben und befreien.

Wer Jesus glaubt, empfängt ewiges Leben, wer ihm nicht glaubt, bleibt in der Verdammnis (Joh. 3,16-18). In ihm wird nicht nur Gottes Heilsplan offenbar, sondern auch die Wahrheit, die uns Freiheit schenkt. Durch seinen Sohn befreit uns Gott vollkommen von dem, was wir waren, und durch den Heiligen Geist gibt er uns die Kraft, die Menschen zu sein, die wir nach seinem Willen sein sollen.

Diese beiden Seelsorger brauchen Sie, und wenn Sie vom Heiligen Geist erfüllt sind, dann sind beide für Sie da. Sie arbeiten zusammen, für Ihr Wohlergehen, wenn Sie dazu bereit sind.

3. Die heilende Kraft des Evangeliums

Das Evangelium erzählt die frohe Botschaft von dem, was Gott in Christus Jesus für uns getan hat. Alles, was er sagte und tat, offenbarte Gott. "Wer mich sieht, der sieht den Vater" (Joh. 14,9). Jesus liebt, denn es ist Gottes Wesen zu lieben. Er ist barmherzig und vergebungsbereit, denn er offenbart darin Gottes Gnade.

Gott allein hat das Recht, Sünder zu verurteilen, denn er allein ist gerecht. Anstatt seinen Sohn zu senden, um zu richten, sandte er ihn, um zu retten und Menschen den Weg aus der Verdammnis zu führen, die sie eigentlich verdient hätten.

Jesus liebt die Welt. In allem, was er tat, zeigt sich sein Wille, Menschen von Bindungen zu befreien und sie an Leib, Seele und Geist zu heilen.

Es ist ein weitverbreitetes Mißverständnis zu behaupten, "Jesus akzeptiert mich so, wie ich bin!" Kein Mensch ist von sich aus für Gott akzeptabel, "sie sind allesamt Sünder und ermangeln des Ruhmes, den sie bei Gott haben sollten" (Röm. 3,23). Jeder Mensch steht darum unter dem Todesurteil Gottes und wird es auch ewig bleiben, wenn er nicht die Heilstat Gottes für sich annimmt. Die gute Nachricht ist, daß wir vor Gott gerecht werden können, daß wir in einer Beziehung zu ihm leben können, die von Angenommensein und Liebe geprägt ist.

Das gilt für die Menschen, die Jesus glauben und sich im anvertrauen. Ein solcher Glaube macht uns eins mit Jesus und läßt uns an seiner Gerechtigkeit und Nähe zu Gott teilhaben. Während seines Lebens war Jesus seinem Vater völlig gehorsam und darum mit seinem Vater vollkommen eins. Wer an ihn glaubt, teilt seine Gemeinschaft mit Gott. Sein Leben wird zu ihrem Leben, sein Angenommensein wird zu ihrem Angenommensein bei Gott, sein Reichtum wird zu ihrem Reichtum.

Kehre um und glaube

Der Schlüssel zu einer solchen Beziehung liegt in den Worten, die Jesus ganz zu Beginn seines Wirkens sagte: "Die Zeit ist erfüllt, und das Reich Gottes ist herbeigekommen. Tut Buße und glaubt an das Evangelium!" (Mk.1,15).

Das sind die beiden Schlüssel, die uns Jesus in die Hand legt, und die uns ein Leben in Freiheit eröffnen: Umkehr und Glaube.

Umkehr ist mehr als das Bedauern unserer Sünden. Umkehr meint eine völlige Änderung unseres Denkens und unserer inneren Haltungen. Wer umkehrt, wendet sich von seinem bisherigen Leben ab und gewinnt eine vollkommen neue Sicht seines Lebens. Er übernimmt Gottes Sicht, Pläne und Ziele und unterstellt sich ihm mit seinem ganzen Leben.

Umkehr beinhaltet auch die Abkehr von dem, was Sie bisher gewesen sind. Der Glaube ermöglicht es Ihnen, daß die Wahrheit Jesu Ihr Leben so durchdringt, daß Sie zu dem Menschen werden, den Gott sich wünscht.

Mit Umkehr und Glaube beginnt jedes christliche Leben, ohne sie kann niemand von neuem geboren werden, in das Reich Gottes gelangen und ewiges Leben empfangen. Aber beides - Glaube und Umkehr - müssen zu einem Lebensstil für Christen werden. Es hat wenig Sinn, wenn sich jemand einmal Christus zuwendet, um danach sein eigenes Leben fortzuführen. Er muß mit Jesus eins bleiben und die Wahrheit glauben, die ihm in Christus offenbart ist.

Jeder Christ, der so lebt, lebt auch in der Freiheit. Er wird sich weigern, zu einem egozentrischen Leben oder zur eigenen Vergangenheit zurückzukehren. Er wird Jesus zugewandt bleiben. Er wird das neue Leben führen, um dessentwillen Jesus Mensch wurde. Wie Paulus wird er sich nach dem ausstrecken, was vor ihm liegt. Er tut das, weil er von Jesus Christus ergriffen ist (Phil. 3,12).

Sie können ebenfalls ein solcher Mensch werden!

Falsche Gottesvorstellungen

Falsche Reaktionen auf schwierige Umstände spiegeln oft ein falsches Gottesbild wider. Viele Christen glauben eher, daß Gott sie strafen möchte, als daß er ihnen freundlich zugetan ist; eher, daß er ihnen Krankheit schickt, als daß er sie heilen möchte; eher, daß sie Objekt seines Zorns sind, als seiner Liebe. Sie meinen, es sei ihnen unmöglich, ihm zu gefallen. Sie haben überhaupt nicht begriffen, welchen Stellenwert sie durch Jesus vor Gott haben. Statt dessen sehen sie sich als geistliche Versager, sie fühlen sich unnütz und konzentrieren sich mehr auf ihre eigenen negativen Gefühle als auf die Liebe Gottes zu ihnen.

Es gibt Menschen, die behaupten, es falle ihnen schwer, sich Gott als Vater vorzustellen, weil die Beziehung zu ihrem menschlichen Vater katastrophal ist. Dabei sollte doch klar sein, daß selbst der beste und liebevollste Vater überhaupt nicht mit Gott in seiner vollkommenen Liebe und Güte zu vergleichen ist. Aber Gefühle können so mächtig sein, daß sie die Vernunft ausschalten.

Wenn wir Geschehnisse durch den Filter unserer negativen Gefühle betrachten, die von Schmerzen und Verletzungen ausgelöst wurden, wird unser Blick auf die Wahrheit getrübt. Wenn wir den umgekehrten Weg gehen, und zulassen, daß die Wahrheit, die uns in Jesus offenbart wurde, alle Bereiche unseres Lebens durchdringt, dann werden wir entdecken, daß Gott uns sehr viel positiver sieht, als wir uns selbst.

Es ist ein tragischer Fehler, mit unseren eigenen Vorstellungen von Gott zu beginnen. Das bedeutet, sich einen Gott nach eigenem Bild zu schaffen. Dieser Gott wird Sie weder retten noch heilen, er wird auch Ihre Probleme nicht lösen und Ihnen nicht die Gewißheit des vollkommenen Angenommenseins schenken. Es ist ein Fehler, Gott durch den Mischmasch unserer schwankenden Gefühle und Umstände wahrzunehmen. Sie müssen mit der biblischen Offenbarung beginnen. Sie sagt Ihnen, wer er ist und was er für Sie getan hat. Von dieser Wahrheit müssen Sie Ihre Gefühle bestimmen lassen, nicht umgekehrt. Jesus möchte, daß Sie frei sind, heute das Leben zu führen, für das er gestorben ist. Und er möchte, daß Sie die Gewißheit in sich tragen, daß nichts Sie von seiner Liebe trennen wird; daß Sie ewig mit ihm verbunden sind.

Der wahre Gott

Um Gott zu beschreiben, benötigte man ein Buch, sogar mehrere Bände. Ich kann hier nur hoffen, die wesentlichsten Aspekte zu berühren, die für den Glauben entscheidend sind. Andere Seiten seines Wesen erschließen sich später. "Herr, Herr, Gott, barmherzig und gnädig und geduldig und von großer Güte und Treue" (2. Mose 34,6).

Aus der Vielzahl der Bibelworte, die ich auswählen könnte, nehme ich dieses, das Mose über Gott sprach, als er sich ihm offenbarte. In ihm finden sich fünf wesentliche Aussagen über Gott, die sich auch in einer großen Anzahl anderer Bibelworte wiederfinden.

Barmherzig

Gott ist barmherzig. Er hat nicht nur Mitleid mit uns, sondern ist hilfsbereit. Jesus kam nicht, um uns zu bedauern, wir haben schon genug Selbstmitleid. Barmherzig ist derjenige, der mit uns leidet, der unsere mißliche Lage teilt. Gott sandte seinen Sohn aus Barmherzigkeit.

Der Gott des Alten Testaments ist auch der Gott des Neuen Testaments. Jesus kam vom Himmel, um Gott zu offenbaren. Er war barmherzig, weil es das Wesen Gottes ist, barmherzig zu sein. Er war barmherzig zu den Kranken und heilte sie. Er war barmherzig zu den 5000 und gab ihnen zu essen. Seine Barmherzigkeit führte zum Handeln, sie hatte Folgen!

Seine Barmherzigkeit führte ihn schließlich ans Kreuz!

Gnädig

Jesu Gnade drückte sich in der Bereitschaft aus, den Menschen großzügig von sich selbst zu geben.

Gnade ist die freie, unverdiente Zuwendung Gottes. Um es einfacher auszudrücken: Gnade ist, wenn Gott denen alles gibt, die eigentlich nichts verdient haben.

Wir werden aus Gnade gerettet und in eine lebendige Beziehung zu Gott gebracht - durch sein Handeln, nicht durch irgendetwas, was wir getan haben oder durch irgendein Verdienst unsererseits. Er gibt uns, weil er sich dazu entschlossen hat, denen zu geben, die an Jesus glauben. Alles, was wir von ihm empfangen, ist Ausfluß seiner Gnade. "Von seiner Fülle haben wir alle genommen Gnade um Gnade" (Joh. 1,16).

Nur durch unser völliges Einssein mit Jesus sind wir in der Lage, das Leben und die Freiheit zu empfangen, die Gott uns geben möchte.

Geduldig

Der Tod ist die angemessene und gerechte Strafe für Sünde, und Gott könnte sich dafür entscheiden, den Menschen von dieser Erde zu entfernen. Aus reiner Gnade entschloß er sich dazu, dies nicht zu tun, sondern dem Menschen einen Ausweg zu eröffnen.

Obgleich wir geistlich tot sind und unter seinem Verdammungsurteil stehen, entscheidet sich Gott nicht dafür, seinen Zorn an uns auszulassen. Er verurteilt uns nicht, wie wir es verdient hätten, sondern bietet uns statt dessen sein Heil an. Gott ist geduldig. In Jesus ruft er uns zu sich, damit wir seine Gnade, Barmherzigkeit und Liebe kennenlernen.

Wer in Christus Jesus ist, braucht keine Angst vor Bestrafung zu haben.

Liebevoll

Wer Gott kennt, der weiß, was immerwährende und vollkommene Liebe ist. Es ist eine geistliche Liebe, keine gefühlsmäßige. Sie hängt nicht von Gefühlen oder äußeren Umständen ab, sondern hat ihren Grund in Gott selbst. Gott ist Liebe, und darum liebt er. Er liebt, denn er ist Liebe.

Viele, die Hilfe suchen, beklagen sich darüber, daß sie die Liebe Gottes nicht 'fühlen'. Dies ist nicht verwunderlich, denn eine solche Aussage offenbart ein gravierendes Mißverständnis über Gott. Gott ist Geist, nicht Gefühl. Wer seiner Liebe vertraut, der erkennt seine Liebe. Er erkennt sie insbesondere dort, wo Gott für ihn sorgt und ihn bewahrt. Wer seiner Liebe traut, der 'fühlt' sie auch hier und da, aber solche Gefühle kommen und gehen und sind nicht die Grundlage einer reifen Beziehung zu Gott. Niemand kann ein Leben als Christ führen, wenn er Gottes Liebe nur glaubt, solange er sie 'fühlt'.

Gottes Liebe ist unerschöpflich. Er fließt über vor Liebe. Deshalb kann es nicht schwierig sein, diese Liebe kennenzulernen und zu empfangen zusammen mit den Segnungen, die sie mit sich bringt. Wir werden sehen, wie dies möglich ist.

Jesus demonstrierte die Liebe Gottes nicht, indem er seinen Arm um Menschen legte und sie tröstete: "Es wird schon alles gut werden, Gott liebt dich doch!" In der Tat redete er sehr wenig von der Liebe; er liebte. Diese Liebe führte ihn dazu, sich vollkommen auf Ihre Seite zu stellen, sie führte ihn dazu, sein Leben für Sie zu geben, um Sie von Ihren Nöten zu befreien.

Treu

Gott ist nicht nur liebevoll, er ist auch treu. Er ist nicht etwa deshalb treu, weil er sich an irgendwelche Versprechen gebunden fühlt. Es entspricht seinem Wesen, treu zu sein. Wenn er sein Wort verleugnen würde, würde er sich selbst verleugnen.

Der Vater wird niemals seinen Sohn verleugnen. Wer seinem Sohn vertraut, den nimmt er an, gleichgültig, was er getan hat oder gewesen ist. Er schickt niemanden weg, der zu ihm kommt. Er ehrt das Vertrauen, das ihm von denen entgegengebracht wird, die glauben, daß der Tod seines Sohnes ihnen die Vergebung ihrer Sünde und Hilfe in ihren Schwierigkeiten bringt.

Gott steht zu seinem Wort. Er achtet darauf, daß seine Zusagen erfüllt werden. Er ist treu allen gegenüber, die ihm vertrauen. Gott ist nicht wankelmütig und Spielball von Stimmungsschwankungen. Jesus Christus ist derselbe gestern und heute und in alle Ewigkeit. In ihm wird Gottes unwandelbares Wesen sichtbar: seine absolute Treue und Zuverlässigkeit.

Gerecht

Weil Gottes Wesen Gerechtigkeit ist, ist alles gerecht, was er tut. An ihm wird alles und jeder gemessen. Wir wären vor ihm nicht gerecht, wären wir nicht durch Jesus gerechtgemacht. Er macht uns vor seinem Vater gerecht und ermöglicht es uns damit, daß wir uns ihm vertrauensvoll nähern können. Wer durch Jesus gerecht ist, hat vor dem gerechten Gott nichts zu befürchten.

Das war das Werk Jesu am Kreuz: Er rechtfertigte diejenigen, die zuvor ungerecht und für Gott völlig unannehmbar waren. Er opferte Gott sein gerechtes Leben für Sünder. Er blieb gerecht, obwohl er gehaßt, zurückgewiesen, verfolgt und zu Unrecht angeklagt wurde. Er offenbarte seine Liebe mitten in ständigen Schwierigkeiten, und er bot aus Liebe sein Leben für das unsere dar. Eine solche Liebe ist kaum zu verstehen. Es ist Gottes Liebe. "Der Herr ist gerecht in allen seinen Wegen und gnädig in allen seinen Werken" (Ps. 145,17).

Heilig

Gerechtigkeit ist ein Aspekt von Heiligkeit. Gottes Heiligkeit läßt sich nicht angemessen beschreiben. Gott ist der Vollkommene; der Eine; Alles in Allem. Es steht über und jenseits von allen Geschöpfen.

Jesus nahm die Grenzen menschlichen Lebens auf sich und war dennoch heilig, barmherzig, gnädig, liebevoll, voller Freude, Macht und Autorität. Diese Fülle des Lebens möchte er denen geben, die an ihn glauben.

In jeder Hinsicht ordnete er sich seinem Vater unter: "Ich bin vom Himmel gekommen, nicht damit ich meinen Willen tue, sondern den Willen dessen, der mich gesandt hat" (Joh. 6,38). "Wenn ihr den Menschensohn erhöhen werdet, dann werdet ihr erkennen, daß ich es bin und nichts von mir selber tue, sondern wie mich der Vater gelehrt hat, so rede ich" (Joh. 8,28).

Gehorsam gegenüber Gott war für ihn ein unverzichtbarer Teil seines Lebens. Und wir sollen ihm darin gleichen. "In ihm *(Christus)* hat er uns erwählt, ehe der Welt Grund gelegt war, daß wir heilig und untadelig vor ihm sein sollten" (Eph. 1,4).

Dies ist fraglos nicht mit eigenen Anstrengungen und Leistungen möglich. Wir überwinden unsere Trennung von Gott nicht und wir werden auch nicht mit eigenen Kräften heilig. Dies tut Gott selbst in uns, wenn auch nicht ohne uns. Es steht in Gottes Macht, uns so zu verändern, daß unser Leben und Tun seinem Willen entspricht. Es ist seine Absicht, Sie von allem zu befreien, das Sie daran hindert, seinem Sohn gleich zu werden. Er will Sie verändern, damit Sie sein Bild widerspiegeln. "Denn die er ausersehen hat, die hat er auch vorherbestimmt, daß sie gleich sein sollten dem Bild seines Sohnes, damit dieser der Erstgeborene sei unter vielen Brüdern" (Röm. 8,29).

Er hat in Ihnen das gute Werk begonnen und er wird es auch zu Ende führen. Er hat die Möglichkeit dafür geschaffen, daß Sie werden wie er.

Der Mensch ohne Gott

Die Menschen sind erst bereit, die gute Nachricht zu hören, wenn sie zuvor die schlechte gehört haben. Diese besagt, daß alle Menschen außerhalb von Christus vor Gott ungerecht sind und unter seinem Verdammungsurteil stehen. Oder anders: Der Sünde Sold ist der Tod.

Jesus sagt über Menschen, die ihm nicht glauben: "Wer nicht glaubt, der ist schon gerichtet, denn er glaubt nicht an den Namen des eingeborenen Sohnes Gottes" (Joh. 3,18). Im Gegensatz dazu äußert er sich über Gläubige folgendermaßen: "Wer mein Wort hört und glaubt dem, der mich gesandt hat, der hat das ewige Leben und kommt nicht in das Gericht, sondern er ist vom Tode zum Leben hindurchgedrungen" (Joh. 5,24).

Gott will niemanden verurteilen und hat deshalb in Jesus den Menschen einen Weg zur Rettung eröffnet. Wer dieser Rettung teilhaftig werden will, muß vom Tod zum Leben hindurchdringen.

Paulus wiederholt diesen Heilswillen Gottes: "(Gott) will, daß allen Menschen geholfen werde und sie zur Erkenntnis der Wahrheit kommen" (1. Tim. 2,4). Die einzige Möglichkeit, vor Gott gerecht zu werden, besteht im Glauben an Jesus: "Ich bin der Weg und die Wahrheit und das Leben; niemand kommt zum Vater denn durch mich" (Joh. 14,6).

Wer sich der Umkehr und dem Glauben verweigert, läuft Gefahr, sein Leben zu verspielen. Zu dieser Aufforderung Jesu gibt es keine Alternative. Sie allein eröffnet uns den Weg zu dem Leben, das er uns in all seiner Fülle geben möchte.

Es gibt keine Alternative zu dieser Wahrheit: "Ich sage euch: Nein; wenn ihr nicht Buße tut, werdet ihr alle auch so umkommen" (Lk.13,5).

Seine Feinde waren sehr religiös, aber sie glaubten nicht an ihn. Sie versuchten, mit Gott auf dem Weg der Selbstgerechtigkeit ins Reine zu kommen, anstatt die Gerechtigkeit anzunehmen, die Jesus ihnen anbot. Noch einmal ein Blick in das Johannesevangelium: "Wie viele ihn aber aufnahmen, denen gab er Macht, Gottes Kinder zu werden, denen, die an seinen Namen glauben" (Joh. 1,12). "Also hat Gott die Welt geliebt, daß er seinen eingeborenen Sohn gab, damit alle, die an ihn glauben, nicht verloren werden, sondern das ewige Leben haben" (Joh. 3,16).

Umkehren und glauben! Dies ist der Schlüssel zu allem, was Gott uns geben möchte, einschließlich der Freiheit, in der wir leben sollen. Es ist reichlich überheblich zu glauben, man könnte die Wahrheit durch irgendetwas anderes ersetzen.

Gesprächstechniken ersetzen niemals den Gehorsam gegenüber den Worten Jesu. Eindeutig macht er klar, daß nur das Vertrauen zu seinen Worten uns zu Jüngern macht, uns die Wahrheit erkennen läßt und uns die Freiheit schenkt, für die er gestorben ist.

Der einzige Weg zur Freiheit führt über die Wahrheit. Jeder Christ muß die Wahrheit kennen, die ihm Freiheit schenkt. Und jeder, der anderen zur Freiheit verhelfen will, kann dies nur mit Hilfe der Wahrheit, die in Christus offenbart ist. Nicht, indem er sie tiefer in sich selbst oder in ihre Vergangenheit führt, sondern in die Wahrheit. Menschen müssen die Wahrheit kennen, die sie frei macht.

Dem, was Jesus für uns getan hat, kann und braucht nichts hinzugefügt zu werden. Der Glaube, der seinen Worten und Taten vertraut, führt in die vollkommene Freiheit. In die Freiheit von Sünde, von Verletzungen, von persönlichem Versagen, von Abhängigkeiten und Krankheiten in jeder Form.

4. Das Blut Christi

"In ihm haben wir die Erlösung durch sein Blut, die Vergebung der Sünden, nach dem Reichtum seiner Gnade" (Eph. 1,7).

Gott schuf aus Liebe und wollte eine Beziehung der Liebe zu allen seinen Geschöpfen. Eine solche Beziehung ist immer verwundbar. Denn ein Mensch, der die Fähigkeit zur Liebe hat, hat immer auch die Fähigkeit zum Haß.

Gott möchte, daß die Menschen ihm gehorchen als Zeichen ihrer Liebe zu ihm. Sie wurden als Geschöpfe erschaffen, die sich freiwillig der Herrschaft und Autorität Gottes unterstellen sollten. So haben die Menschen die Möglichkeit, zu gehorchen, sich taub zu stellen oder das Gegenteil zu tun. In dieser Hinsicht haben sie Gottes ganze Freiheit empfangen, die es ihnen ermöglicht, ihren Willen ohne jede Einschränkung auszuüben. Diese Freiheit ermöglicht Liebe, aber sie erzwingt sie nicht.

Wir wissen aus eigener Erfahrung, daß Adam - und in ihm die ganze Menschheit - sich selbst an die Stelle Gottes setzte. Er verfiel der Verführung der Schlange. Der Verführung, selbst die Stelle Gottes einzunehmen, verfiel auch Satan und verlor damit seine Position vor Gott: "Ich sah den Satan vom Himmel fallen wie einen Blitz" (Lk. 10,18). Wer sich gegen Gott stellt, hat im Himmel keinen Platz. Die Versuchung, die von Satan ausgeht, zielt immer darauf, Menschen gegen Gott aufzubringen. Sein Ziel ist es, Menschen dazu zu bringen, gegen Gott zu handeln, anstatt seinen Willen zu tun; die eigene Unabhängigkeit zu suchen, statt sich Gott unterzuordnen.

In Adam sind wir alle gefallen; was er tat, war die Tat der Menschheit. Alle werden als Sünder geboren, und darum sündigen alle. Auch ein neugeborenes Kind trägt dieses Erbe in sich, und es dauert nicht lange, bis es zutage tritt.

Wer ehrlich ist, entdeckt in sich selbst diesen Drang zur eigenen Person, zum Kreisen um das eigene Leben und die eigenen Interessen. Diese Kraft zieht Menschen von Gott weg und führt sie in die Sünde des Egoismus und der Selbstgefälligkeit. Sie selbst werden zur Mitte ihres Lebens, wo Gott eigentlich seinen Platz haben sollte. Dies führt unausweichlich zu einem Riß in der Beziehung zwischen Gott und Mensch, zu einer Entfremdung.

Die Heilung dieser Beziehung muß von Gott ausgehen. Der Mensch braucht jemanden, der ihn von dieser zerstörerischen Kraft befreit. Schon vor Erschaffung der Welt wußte Gott um diese Notwendigkeit. Er wußte, daß der Mensch seine Freiheit mißbrauchen würde und entschied sich dennoch nicht dafür, ihn auszurotten. Dies spiegelt sich wider in der Erzählung von der Sintflut; es wäre Gott ein Leichtes gewesen, nach der Entfernung des Menschen neu zu beginnen, aber dies wollte er nicht. Er wollte diejenigen auslösen, zurückkaufen, die ihm durch ihre Sünde verlorengegangen waren - die Menschen.

Andererseits kann Gott nicht über Sünde hinweggehen, als sei sie belanglos. Sünde bedeutet immer den Abbruch der Beziehung zu Gott, die Trennung von ihm und damit die Zerstörung des eigenen Lebens: den Tod. Jemand, der selbst der Versuchung zur Sünde ausgesetzt war und ihr dennoch nicht verfiel, mußte diesen Tod auf sich nehmen. Der Gerechte mußte für den Ungerechten sterben. Durch die Hingabe seines Lebens gewann Jesus dem Menschen sein Leben und seine Freiheit zurück.

Jesus gehorchte seinem Vater vollkommen, er tat damit, was der Mensch nicht konnte. Sie konnten ihm keine Sünde vorhalten, sein Leben entsprach in jeder Hinsicht dem Willen Gottes. Am Kreuz vergoß der Vollkommene sein Blut für die Sünder.

Dieses Geschehen hat drei Aspekte.

1. Jesu Blut macht uns gerecht

Jesus ermöglichte mit der Hingabe seines Lebens die Erneuerung unserer Beziehung zu Gott, die Vergebung unserer Sünde. Die Gerechtigkeit Gottes wurde durch den Tod seines Sohnes erfüllt.

Niemand, dem es an der Herrlichkeit mangelte, die Gott den Menschen zugedacht hatte, konnte dieses Opfer bringen. Allein Gott selbst, der Mensch wurde, konnte eine solche Tat vollbringen. Die Menschwerdung Gottes ist ein Ausdruck seiner Liebe und die Antwort auf die völlige Hilflosigkeit und Hoffnungslosigkeit des Menschen.

Jesus bot sich selbst seinem Vater dar - für uns. Da er sein Blut vergoß, können wir Gott als Vater kennenlernen und seine Vergebung empfangen.

Niemand kann sich die Strafe der Kreuzigung selbst auferlegen und auch Jesus war der Weg der Selbstzerstörung versagt. Sein Tod wurde von denjenigen herbeigeführt, für die er starb. Er wurde zu unrecht angeklagt, zu unrecht verurteilt und zu unrecht ans Kreuz geschlagen. Dennoch betete er: "Vater, vergib ihnen; denn sie wissen nicht, was sie tun" (Lk. 23,34). Wer über die Bedeutung des Kreuzes nachdenkt, muß zur Kenntnis nehmen, daß es kein Selbstmord war. Dies ist auch geistlich wichtig, denn viele Christen gehen noch immer den Weg der Selbsterlösung, indem sie versuchen, ihre 'alte Natur' abzutöten, anstatt zu begreifen, daß sie mit Christus bereits gekreuzigt sind.

Das Blut, das am Kreuz vergossen wurde, war das Blut eines Menschen, der geliebt hat bis zur Hingabe seines Lebens. Wo auch immer sonst Gott menschliches Leben betrachtet, bei Kindern so gut wie bei Frauen und Männern, da sieht er Selbstsucht, Ungerechtigkeit, Stolz, Habgier ... alles - nur keine vollkommene Liebe.

Wer erlöst ist durch das Blut Jesu (1. Petr. 1,19), in dem sieht Gott nicht mehr den Sünder, sondern die Liebe, die Vollkommenheit, die Sündlosigkeit, von der das Blut seines Sohnes zeugt. Ohne dieses Blut gibt es keine Beziehung zu Gott, dem Vater.

Es gibt keinen Tag in Ihrem Leben, keine Stunde, keine Minute, keine Sekunde, keinen Moment, in dem irgendetwas anderes Ihnen den Zugang zu Gott eröffnet als allein das Blut Jesu. Der Grund unseres Angenommenseins liegt im Blut Christi.

Wenn Sie je versuchen sollten, Gott auf einem anderen Weg zu begegnen, als allein über das Blut Christi, befänden Sie sich auf einem Irrweg. Sie kämen dann nicht in seinem Namen, sondern in Ihrem. Sie kämen aufgrund Ihrer Leistung, Ihres Vermögens, Ihrer Stärke, Ihrer Gerechtigkeit, Ihrer Liebe ... Und nichts von all dem ersetzt Jesu Liebe zu Ihnen und die Gerechtigkeit, die Ihnen von ihm zuteil wird.

2. Jesu Blut gibt Freiheit

Wenn wir zu Gott kommen, gerechtfertigt durch das Blut Jesu, so sind wir vor ihm heilig, vollkommen, gerecht und wertvoll. Christen denken schlecht von sich und reden wie Nichtchristen, wenn sie nicht begreifen, was Jesus für sie getan hat, indem er sein Blut für sie vergoß. Sie sehen nur ihre eigene Unzulänglichkeit, wo sie Gottes Gnade und Barmherzigkeit sehen sollten, die ihnen ihren Wert gibt. Sie fühlen sich nicht würdig genug, Gottes

"Heiligtum" mit "wahrhaftigem Herzen in vollkommenem Glauben" (Hebr. 10,22) zu betreten.

Es gibt nichts, was Sie tun könnten oder müßten, um Gottes Liebe oder seinen Segen zu verdienen. Jesus hat alles für Sie getan! Die entscheidende Schwierigkeit liegt für die meisten Menschen darin, nicht glauben zu können, daß sie von Gott ohne jede Einschränkung angenommen und geliebt sind in seinem Sohn. Es gibt keinen Grund, auf sich selbst und die eigenen Mängel zu starren. Wohl aber allen Grund, auf Jesus zu sehen, und das Wunder von Gottes Gnade dabei zu entdecken.

Das Blut, das auf Golgatha vergossen wurde, schenkt jeden Tag aufs Neue Freiheit. "Zur Freiheit hat uns Christus befreit" (Gal. 5,1). Sie werden von Sünde, Schuld, Furcht, Abhängigkeiten und sogar von sich selbst befreit, wenn Sie dem vertrauen, was Jesus durch seine Lebenshingabe für Sie getan hat. Er möchte, daß Sie in Freiheit leben.

Weil Sie dem vertrauen, was Christus am Kreuz für Sie tat, vergibt Ihnen der Vater im Himmel und möchte, daß nun Sie Ihrerseits diese Vergebung weitergeben. Sie haben Barmherzigkeit empfangen und sollen nun selbst barmherzig sein.

Das Blut Jesu schenkt Leben und trägt in sich die Kraft, allem Zerstörerischen in unserem Leben entgegenzutreten: Sünde, Krankheit und Not.

3. Jesu Blut schenkt Frieden

Der Teufel ist der Ankläger der Brüder. Wer sündigt, wird von ihm verklagt. Warum gibt es aber für die, die in Christus Jesus sind, keine Verurteilung? Weil Vergebung jeder Anklage den Boden entzieht. Wer in Christus gerecht ist, kann nicht mehr verurteilt werden. Auch wer als Christ schuldig wird, empfängt sofort Gottes Vergebung, wenn er ihn darum bittet. Wer in Gottes Augen gerecht und heilig ist, kann vom Teufel nicht beschuldigt werden.

Es ist wichtig, daß Sie nicht auf die Lügen und Anklagen Ihres Gewissens hören. Ihnen wurde vergeben, und Gott führt keine Liste mit Ihren Fehlern. Auch am jüngsten Tag wird er Sie Ihnen nicht vorhalten. Ihnen ist vergeben.

Sie sind von Gott so vollkommen akzepiert, daß er sogar in Ihnen lebt und Sie in ihm. Sie sind heilig und haben Zugang zum Allerheiligsten.

Christus ist für Sie gestorben und nun brauchen Sie Gottes Zorn oder Bestrafung nicht mehr zu fürchten. Jesus erlitt die Strafe, die Sie verdient hätten, und Sie können darum mit Gott in Frieden leben.

5. Das Kreuz Christi

"Ich lebe, doch nun nicht ich, sondern Christus lebt in mir. Denn was ich jetzt lebe im Fleisch, das lebe ich im Glauben an den Sohn Gottes, der mich geliebt hat und sich selbst für mich dahingegeben. Ich werfe nicht weg die Gnade Gottes; denn wenn die Gerechtigkeit durch das Gesetz kommt, so ist Christus vergeblich gestorben" (Gal. 2,20-21).

Es geht Gott nicht nur um die Vergebung unserer Sünden, es geht ihm darum, die Ursache zu beseitigen.

Jeder von uns kennt innere Konflikte, manchmal scheint es, als spiele sich in uns ein geistlicher Kampf ab. Der Heilige Geist drängt uns, Gott zu vertrauen und ihm zu gehorchen, und zur gleichen Zeit ist da ein Verlangen, eigene Wege zu gehen, auch wenn wir wissen, daß sie falsch sind.

Dieser Konflikt brach erst auf, als wir Christen wurden. Zuvor taten wir, was wir für richtig hielten, und uns interessierte nicht, was Gott darüber dachte. Wer Jesus nicht kennt, macht sich keine Gedanken über seine Sünden. Sobald Sie den Heiligen Geist empfangen haben, sieht die Sache anders aus, denn er warnt Sie vor falschen Wegen und öffnet Ihnen die Augen für Sünde. Er möchte, daß Ihr Verhältnis zu Gott gut bleibt.

Als Sie Christ wurden, wurden Sie Teil des Leibes Christi und empfingen seinen Heiligen Geist. "In ihm seid auch ihr, die ihr das Wort der Wahrheit gehört habt, nämlich das Evangelium von eurer Seligkeit - in ihm seid auch ihr, als ihr gläubig wurdet, versiegelt worden mit dem Heiligen Geist, der verheißen ist, welcher ist das Unterpfand unseres Erbes, zu unserer Erlösung, daß wir sein Eigentum würden zum Lob seiner Herrlichkeit" (Eph.1,13-14).

Es lohnt sich, bei diesem Abschnitt einen Moment zu verweilen, denn an ihm läßt sich gut verfolgen, was geschieht, wenn Sie Christ werden:

1. Sie hörten das Wort der Wahrheit, das Evangelium. Sie hörten es vielleicht beim Lesen der Bibel, beim Hören einer Predigt oder durch Freunde. Irgendwie jedenfalls haben Sie es gehört.

2. Sie glaubten, was Sie hörten. Ohne Glaube wäre die Botschaft folgenlos geblieben.

3. Durch den Glauben wurden Sie in Christus Jesus versetzt, sie gewannen Teil an ihm und seiner Heilstat.

4. Als Zeichen der Zugehörigkeit zu seinem Sohn empfingen Sie von Gott den Heiligen Geist. Gott lebt nun in Ihnen.

5. Damit ist Ihnen die Ewigkeit versprochen. Sie brauchen weder die Zukunft, noch den Tod zu fürchten, Ihr Schicksal ist für alle Zeiten entschieden.

Sie leben 'in' Christus Jesus, und er lebt in Ihnen. Kein Wunder, daß Sie sich nicht wohlfühlen, wenn Sie tun, was er nicht täte. Kein Wunder auch, daß in Ihnen ein geistlicher Konflikt aufbricht, er ist die unvermeidbare Folge der Gegenwart des Heiligen Geistes in Ihnen. Wenn Sie sich also wegen dieser inneren Spannung selbst verurteilen, dann verdammen Sie sich zu unrecht.

Gestorben

Gott hat das Seine dazu getan, daß Sie in diesem inneren Widerstreit die Oberhand behalten können. Als Jesus ans Kreuz ging, trug er nicht nur unsere Sünden, er trug uns ans Kreuz, wir sind es, die da starben. "Ich bin mit Christus gekreuzigt", schreibt Paulus.

Unser schwaches, selbstgefälliges, sündiges 'Ich' wurde mit Christus gekreuzigt. "Ich lebe nun nicht mehr." Das galt für Paulus, und das gilt für Sie! Als Gott Sie in seinen Sohn 'versetzte', da wurde nicht der Sünder, der Sie waren, sondern ein neuer Mensch Teil des Auferstandenen.

Ein Christ lebt im Vertrauen auf Gottes Taten. Jesus ist nicht nur *für* Sie gestorben, Sie sind *mit* ihm gestorben. "Wißt ihr nicht, daß alle, die wir auf Christus Jesus getauft sind, die sind in seinen Tod getauft?" (Röm. 6,3).

Die Taufe ist das Symbol einer Beerdigung. Sie sind mitgekreuzigt, mitgestorben und mitbegraben. Zu Ihrem alten Leben ist nichts mehr zu sagen, Sie sind eine neue Schöpfung durch und in Jesus Christus. Als Sie von neuem geboren wurde, entstand ein neues Geschöpf. Sie können nicht erneut geboren werden, wenn Sie nicht zuvor gestorben sind.

"Der Glaube ist eine feste Zuversicht auf das, was man hofft und ein Nichtzweifeln an dem, was man nicht sieht" (Hebr. 11,1). Gott möchte, daß sie nicht daran zweifeln, daß Sie gestorben sind, und nun Ihr Leben mit Christus in Gott verborgen ist. Gott erwartet von Ihnen nicht, daß Sie Ihr Ich abtöten, denn mit Christus starb Ihr alter Mensch bereits am Kreuz.

Anstatt zu glauben, daß ihr altes Leben vorbei ist, wenden sich viele Christen Seelsorge- und Gebetsformen zu, die die Vergangenheit wieder zum Leben erwecken. Wer seine Vergangenheit verstanden hat, hat damit noch lange nicht den Schlüssel zu einem gelungenen Leben. Es geht nicht an, den Glauben an Gottes Handeln durch eine 'fromme' Methode zu ersetzen.

Glauben Sie, daß Sie Ihrem alten Leben gestorben sind und nun in Christus leben? Wenn Sie sich der Vergangenheit zuwenden, werden Sie das neue Leben nicht führen können. Das Geheimnis eines gelungenen Lebens liegt darin zu wissen, daß Sie von Ihrer Vergangenheit getrennt wurden, daß Sie mit Christus gestorben sind und nun in ihm ein neues Leben haben. Für Glauben gibt es keinen Ersatz. Das Leben, das Sie jetzt führen, leben Sie im Glauben an den Sohn Gottes. In ihm sind Sie gestorben und auferstanden zu einem neuen Leben.

Ein neues Leben

Sie wurden mit Jesus gekreuzigt, um neues Leben zu empfangen. Sie sind nicht mehr der alte Sünder, Sie leben nun in Christus Jesus. Sie haben seinen Heiligen Geist empfangen, um sein Leben zu führen.

Diese Gerechtigkeit, die Sie empfangen haben, wird Ihr Leben prägen, solange Sie im Glauben an Jesus festhalten. Wenn Sie Ihr neues Leben nicht führen, werden Sie unweigerlich zu Ihrem alten zurückgezogen. Es ist grundsätzlich möglich, daß jede Ihrer Entscheidungen, jede Ihrer Handlungen, jedes Wort von Ihnen in Christus getan wird, wenn Sie es lernen, sich der Leitung des Heiligen Geistes anzuvertrauen.

Das Leben vieler Christen und ihre Gefühle sprechen leider eine andere Sprache. Sie versagen so oft, daß sie sich manchmal fragen, ob sie wirklich Christen sind. Sie kreisen weiterhin um sich selbst und bleiben die Opfer ihrer negativen Gefühle, weil sie nicht imstande sind, zu glauben, daß das Alte vergangen ist.

Natürlich werden Sie im Laufe Ihres Lebens vielen Versuchungen ausgesetzt sein, aber nach den Worten Jesu wird keine Versuchung über Ihre Kräfte gehen. Sie sind gestorben, aber nicht die Sünde.

Gott hat Ihnen die Kraft gegeben, zur Sünde nein zu sagen. Sie können Versuchungen widerstehen. Kein Christ kann mit Recht sagen: "Ich konnte nicht anders!" Ein Sünder sündigt, weil es seinem Wesen entspricht. Ein Christ kann sündigen, aber er muß es nicht mehr; er kann entscheiden, ob er Gottes Willen tut oder seinen eigenen. Wenn er sich weiterhin für den falschen Weg entscheidet, hat er zwar den Eindruck, er könne der Sünde nicht widerstehen, gleichwohl hat er nur zugelassen, daß sich bei ihm falsche Verhaltensweisen eingeschliffen haben. Er hat eine bestimmte Sünde so oft begangen, daß sie sich verselbständigt hat und ihn zerstört, während der Heilige Geist eigentlich das Gegenteil bewirken möchte. Er ist ein neues Wesen, ist aber weiterhin im Griff seines alten Lebensstils.

In Ihrem alten Leben waren Sie für jede Form der Versuchung anfällig. Es mangelte Ihnen an Gerechtigkeit, und Sie waren deshalb den Anschlägen des Teufels preisgegeben. Sie gaben den Wünschen und Träumen nach, die Ihnen Befriedigung versprachen. Nun haben Sie die Wahl, das alte Leben weiterzuführen, oder ein neues zu beginnen; nach dem Fleisch zu leben oder nach dem Geist; für das eigene Ich zu leben oder für Gott.

Wer mit Christus gestorben ist, lebt deshalb nicht automatisch auch in seinem Geist. Der Konflikt zwischen dem Geist und dem Fleisch wird nur durch den Glauben gelöst. Gebet alleine vermag dies nicht zu bewirken, wir brauchen den Glauben, der sich auf Jesu Worte stellt und seine Heilstat gelten läßt. "Denn wenn wir mit ihm verbunden und ihm gleichgeworden sind in seinem Tod, so werden wir ihm auch in der Auferstehung gleich sein. Wir wissen ja, daß unser alter Mensch mit ihm gekreuzigt ist, damit der Leib der Sünde vernichtet werde, so daß wir hinfort der Sünde nicht dienen" (Röm. 6,5-6).

Wir wissen, daß unser alter Mensch mit Christus gestorben ist, wir glauben es und vertrauen darauf: Unser altes Ich ist dort am Kreuz auf Gogatha gestorben. Wir sind der Sünde nicht mehr ausgeliefert. Wir brauchen nicht mehr um uns selbst zu kreisen. Wir wissen es. Wer trotzdem noch in der Vergangenheit lebt oder von ihr abhängig ist, der glaubt diese Wahrheit nicht. Niemand kann mit Überzeugung ein neues Leben führen, wer nicht die Gewißheit hat, daß Jesus seinem alten Leben den Todesstoß versetzt hat.

Befreit von der Sünde

Wir wissen, daß wir mit ihm gekreuzigt wurden, so daß unser Leib, der der Sünde ausgeliefert war, mitbegraben wurde. "Denn wer gestorben ist, der ist frei geworden von der Sünde" (Röm. 6,7). Wenn Sie den Eindruck haben, daß Sie den Kampf zwischen Fleisch und Geist in Ihnen verlieren, dann deshalb, weil Sie nicht glauben, daß Sie von der Sünde erlöst sind. Ihnen sind nicht nur Ihre Sünden vergeben, Sie wurden von der Sünde befreit. "Denn was er gestorben ist, das ist er der Sünde gestorben ein für allemal; was er aber lebt, das lebt er Gott. So auch ihr, haltet dafür, daß ihr der Sünde gestorben seid und lebt Gott in Christus Jesus" (Röm. 6,10-11).

Jesus starb einmal zur Erlösung für alle Menschen. Seine Kreuzigung war ein Meilenstein in der Geschichte, der sich nicht wiederholen wird. Genauso sind Sie einmal und für immer der Sünde gestorben. Auch dies ist ein Geschehen in Raum und Zeit, und es geschah damals, als Jesus starb: Sie starben mit ihm am Kreuz. Es hat überhaupt keinen Sinn, wenn Sie versuchen, die Sünde zu besiegen. Jesus hat es bereits getan. Sie leben nicht mehr! Was für eine Befreiung!

Sünde beherrschte Ihr altes Leben, Jesus beherrscht Ihr neues. Nicht die Sünde ist gestorben, aber Sie sind der Sünde gestorben. Dies ist genauso eine vollendete Tatsache wie die Kreuzigung Jesu.

Weiterhin werden Menschen Sie beleidigen und verletzen, aber Sie brauchen darauf nicht mehr mit Bitterkeit und Zorn zu reagieren, denn Sie leben nicht mehr, sondern Christus lebt in Ihnen. Er lebt mit seiner Liebe in Ihnen. Er befähigt Sie zu vergeben, Ihre Feinde zu segnen, sein Leben zu führen. Das alte Leben, das seinem entgegenstand, ist gestorben und begraben. Sie können noch immer sündigen, aber Sünde gehört nicht mehr zu Ihrem Wesen. Christus lebt in Ihnen, die Hoffnung der Herrlichkeit.

Allerdings werden weder Sie noch ich dieses Leben Christi, das wir empfangen haben, vollkommen widerspiegeln. Und es wird uns nicht weiterhelfen, wenn wir bei dem Versuch, möglichst 'perfekt' zu werden, den Blick zurückwenden. Auch wer weiß, warum er in seinem Leben vieles falsch macht, hat damit noch nicht den Schlüssel zur Erneuerung. Paulus schreibt, daß das neue Leben im Glauben gelebt sein will. Der Glaube wendet sich Jesus zu und gräbt keine Leichen aus.

Der Teufel möchte, daß Sie die Leichen Ihres Lebens wieder ausgraben. Er möchte, daß Sie glauben, Sie seien nicht mit Jesus gestorben, daß das Alte nicht vergangen ist, daß Sie noch immer Sklave der Sünde sind. Wenn Sie ihm glauben, werden Sie weiterhin rückwärtsgewandt leben in der Meinung, daß Sie die Antwort auf Ihre Suche nach Freiheit irgendwie finden, indem Sie Ihre Vergangenheit umpflügen. Sie werden feststellen, wie schnell Sie bereit sind zu sündigen, wie viele negative Gefühle und Gedanken Sie haben, und daß bestimmte Erinnerungen Sie noch immer quälen. Und Sie werden der Meinung sein, daß Sie niemals mit Jesus gestorben sein können.

Wer dem Teufel glaubt, verleugnet die Wahrheit. Nach den Worten Jesu wird Sie aber allein die Wahrheit frei machen. Der Widersacher weiß, wie man einen Menschen in Unfreiheit hält: Bringe ihn dazu, seinen Gefühlen zu glauben, seinen Ängsten, seinen Erfahrungen, dann wird er Gottes Tat leugnen.

Sie sind dazu berufen, "im Glauben an den Sohn Gottes zu leben" - nicht im Glauben an die Lügen des Teufels. Werfen Sie die Gnade Gottes nicht weg. Aus Liebe zu Ihnen nahm Jesus den alten, verletzten, ungehorsamen, rebellischen, einsamen Sünder, der Sie waren, mit ans Kreuz. Nun lebt er selbst in Ihnen, um Ihnen neues Leben zu schenken.

Es ist die Wahrheit: Sie sind gestorben, und Ihr Leben ist nun verborgen mit Christus in Gott (Kol. 3,3). Bitten Sie Gottes Heiligen Geist, Ihnen die Augen für diese Wahrheit zu öffnen. Sie sind gestorben, tun Sie nichts, was diese Wahrheit verleugnet. Ihre Taufe war die Begräbnisfeier für Ihr altes Leben. Seien Sie froh, daß Sie es los sind.

6. In Christus

Gelegentlich sagen mir Menschen, daß sie das Verlangen haben, Gott so nahe zu kommen, daß sie der Offenbarung der Schrift noch etwas hinzufügen können. Das ist überheblich. Wer sollte dem, was Gott in Christus vollendet hat, noch etwas hinzufügen können? Wer etwas in dieser Richtung von sich gibt, demonstriert damit, daß er nicht verstanden hat, was in Christus geschehen ist. Was er getan hat, ist vollkommen. Das einzige, worauf Christen warten, ist seine Wiederkunft in Herrlichkeit, und wann das sein wird, weiß Gott allein.

Wir brauchen nicht nach einer Offenbarung zu suchen, die über das hinausgeht, was wir in der Bibel finden. Jedes echte prophetische Wort wird uns die Wahrheit der Bibel so aufschließen, daß unser Leben dadurch verändert wird. Denn der Heilige Geist ist der Geist der Wahrheit, der uns in alle Wahrheit des Wortes Gottes hineinführt. Es ist der Geist Jesu, und er offenbart uns seine Wahrheit.

St. Hoffnungslos

Wir sind das Produkt unserer Erfahrungen, unserer Lebensumstände und unserer Beziehungen. Viele sehen sich als Opfer ihrer Vergangenheit und fühlen sich zu einem Leben mit Ängsten und Defiziten verdammt. Bestimmte negative Prägungen haben sich so tief in ihr Leben eingegraben, daß sie nicht sehen können, wie es daraus ein Entkommen geben könnte, auch dann nicht, wenn sie Christen sind.

Dies sollte nicht sein, und dies braucht auch nicht zu sein. Nehmen wir an, ein Mensch, der von sich behauptet, Christ zu sein und den Heiligen Geist empfangen zu haben, kommt mit folgenden Worten zu Ihnen: "Ich bin schlecht. Ich bin ein Versager. Ich mache immer alles falsch. Ich spüre Gott nie. Ich weiß, daß er mich nicht heilen möchte. Gott kann mich absolut zu nichts gebrauchen." Nach einer solch negativen Tirade wissen Sie sofort, daß es sich dabei nicht um Demut, sondern um Unglauben handelt. Die richtige Entgegnung bestünde aber nicht darin, diesen Menschen mit seinem schwachen Glauben zu verurteilen, sondern ihm zu helfen, die Wahrheit zu sehen, nämlich, daß er in Christus ist.

Möglicherweise reagiert er auf diese Wahrheit zunächst abwehrend: "Das kann ich nicht glauben! Ich bin in meinem Leben so oft enttäuscht worden, daß ich befürchte, Gott läßt mich gleichfalls im Stich. Ich wage es nicht, ihn um irgendetwas zu bitten, aus Angst, er könnte es mir verweigern. Er hält mich sicher für schwierig, wie kann er mich da lieben? Und wenn er mich liebt, warum hat er dann diese vielen Schwierigkeiten in meinem Leben zugelassen?"

Das obige Gespräch ist leider nicht nur eine Fiktion, sondern gang und gäbe und Symptom von alarmierendem Unglauben und Selbstbetrug. Unsere Aufgabe ist es zu helfen, nicht zu verurteilen. Das wird uns nicht gelingen, wenn wir dem betreffenden Menschen helfen, seine Vergangenheit und die Ursachen seiner Enttäuschungen zu verstehen. Wir müssen ihn zur Wahrheit führen, diese verändert seine Selbstwahrnehmung, und er wird entdecken, daß er nicht zum Versager bestimmt ist, sondern zu einem Menschen, der ein freies und gelungenes Leben führt.

Dieser Gedanke mag ihm völlig abwegig erscheinen, weil er die Wahrheit, daß er von neuem geboren wurde, nicht ergriffen hat. Vielleicht kennt er die Wahrheit nicht, und hat deshalb keinen Zugang zu ihr. Wenn das so ist, braucht er zunächst kein Gebet, sondern eine gute Portion Wahrheit. Die untenstehende Zeichnung soll helfen, das Problem besser zu verstehen und damit umzugehen. Sie kennzeichnet einen Menschen, der von neuem geboren wurde, der sein Leben Jesus anvertraut und den Heiligen Geist empfangen hat. Er ist ein Heiliger, aber er fühlt sich wie St. Hoffnungslos, jedenfalls nicht wie St. Glücklich.

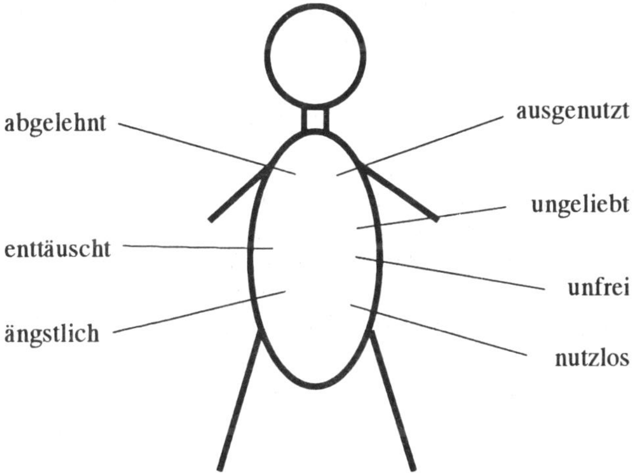

Wie nimmt ein solcher Mensch sich selbst wahr? Er versucht zu glauben, daß er geliebt ist, aber er fühlt sich abgelehnt. Er hat eine lange Geschichte der Ablehnung hinter sich, die begann, als seine Eltern ihn zum erstenmal im Stich ließen. Die Scheidung seiner Eltern und die Distanz des Stiefvaters verunsicherten ihn weiter. Dann war da jener Lehrer in der Schule, mit dem er nie zurechtkam, und einige Mitschüler, die sich einen Spaß daraus machten, ihn zu tyrannisieren. Beim Versuch, eine Beziehung aufzunehmen, bekam er einen Korb und zu guter letzt schien auch sein Pfarrer nichts mit ihm anfangen zu können, denn der war so mit seinen Aktivitäten beschäftigt, daß er keine Zeit für ihn hatte. Mochte er in den Augen Gottes vielleicht ein Heiliger sein, in der Wirklichkeit dieser Welt war er bestenfalls ein gefallener Heiliger.

Es spielt keine Rolle, wie oft ihn wohlmeinende Christen in den Arm nehmen und ihm versichern, daß er doch geliebt sei. Seine Gefühle sagen ihm, daß ein solcher Gedanke - so schön er wäre - mit der Realität nichts zu tun hat.

Er hat ständig Angst, am meisten davor, erneut abgelehnt zu werden. Er erwartet, daß Dinge mißlingen, weil er sich selbst für unfähig hält. Furcht bestimmt sein Leben, nicht der Heilige Geist. Lieber still leiden, als weitere Verletzungen einfangen. Er wagt nichts im Vertrauen auf Gott, weil er sich sicher ist, daß es doch danebengeht.

Er kämpft gegen Gefühle der Bitterkeit und kann dennoch nicht vermeiden, daß ihn der Neid packt, wenn er anderen begegnet, die es offensichtlich geschafft haben. Manchmal kommt Haß hoch auf seinen Siefvater, der ihn an den Rand drückte, auf den Idioten, der ihm die Schulzeit zur Hölle machte, auf die Frau, die ihn sitzenließ, und auf den Geschäftspartner, der ihn betrog.

Wie kann ein Mensch davon geheilt werden?

Viele haben versucht, ihm zu helfen, sind mit ihm durch die Ereignisse der Vergangenheit gegangen, haben ihn dazu ermutigt zu glauben, daß Gott trotz all der Probleme bei ihm sei und ihn liebe. Und dennoch blieben diese Worte kraftlos. Statt dessen kamen neue, negative Gefühle an die Oberfläche, neue 'alte' Verletzungen, mit denen man sich beschäftigen mußte. Alle Erfahrungen, deren er sich bewußt war, wurden durchgesprochen, immer weiter wurde seine Vergangenheit aufgerollt - umsonst. Wenn er ehrlich ist, fühlt er sich wie zuvor. Er hat die Zeit und die Zuwendung genossen, die ihm zuteil wurde, aber trotz allem ist er noch immer derselbe. Er ist ein wenig getröstet von dem Gedanken, daß Gott alles über seine endlose Odyssee weiß, aber umgetrieben von der Frage, warum er ihm nicht hilft. Geht es schlimmer?

Dabei braucht Gott nichts mehr zu tun, um den St. Hoffnungslos, oder den St. Ach-wie-bin-ich-arm oder den St. Abgelehnt oder, oder St. ... zu befreien. Er hat bereits alles getan.

Jeder Christ wurde von neuem geboren, wurde mit seiner Bekehrung eine neue Kreatur. Sein altes Leben ist zu Ende, und er hat neues empfangen (2. Kor. 5,17). Er ist gestorben, und sein Leben ist nun verborgen mit Christus in Gott. Seine Taufe war das äußere Zeichen, daß er starb und begraben wurde (Röm 6,4). Die Person, die er vorher war, existiert nicht mehr. Genau darum hat es überhaupt keinen Sinn, mit ihm eine Vergangenheit zu betreten, die nicht mehr existiert, und ihn zu ermutigen, sich mit einer Person auseinanderzusetzten, die gestorben und begraben ist.

Jeder Christ ist ein Kind Gottes, ihm ist vergeben im Moment der Hinwendung zu Gott. Er ist vor Gott gerecht, auch wenn seine Emotionen eine andere Sprache sprechen. So liest mancher Christ, daß er mit allem geistlichen Segen im Himmel ausgestattet wurde (Eph. 1,3), daß er die Fülle des Lebens in Christus empfangen hat (Kol. 2,10), daß er alles hat, was er für sein Leben braucht, daß Gott ihn überall und zu jederzeit durch Christus zum Sieg führt - doch dies alles verblaßt angesichts seiner eigenen Selbsteinschätzung.

Diese geringe Selbstachtung wurde von denen gestärkt, die ihm geholfen haben, alle Winkel seiner vergangenen Fehler und Verletzungen zu durchstöbern. Sie haben ihm dabei geholfen, sein Sein in Christus zu verleugnen. Sie haben ihn dabei unterstützt, die Wahrheit zu vergraben, statt sie zu glauben.

Die Wahrheit, oder zumindest das, was er davon verstanden hatte, blieb in seinem 'Kopf'. Er braucht sie aber in seinem 'Herzen', dort, wo all die negativen Gefühle stecken. Er wird zweifellos denen recht geben, die behaupten, daß die Reise vom Kopf zum Herzen die längste der Welt ist.

Wie kann jemand die Wahrheit ergreifen, der so voller negativer Gefühle ist?

Ohne es zu merken, lebt er eine Lüge, und diejenigen, die ihn auf seine Vergangenheit wiesen, haben ihn darin bestärkt. Er hat die Wahrheit über sich selbst nicht erkannt, er hat nicht erkannt, daß er von neuem geboren wurde, daß er Gottes Kind ist, daß ihm seine Sünde vergeben ist, daß er ein neuer Mensch ist, daß das Alte vergangen ist - und niemand hat ihn über diesen Fehler aufgeklärt.

Ich nehme die Zeichnung von oben noch einmal auf und erweitere sie:

Ein neuer Mensch

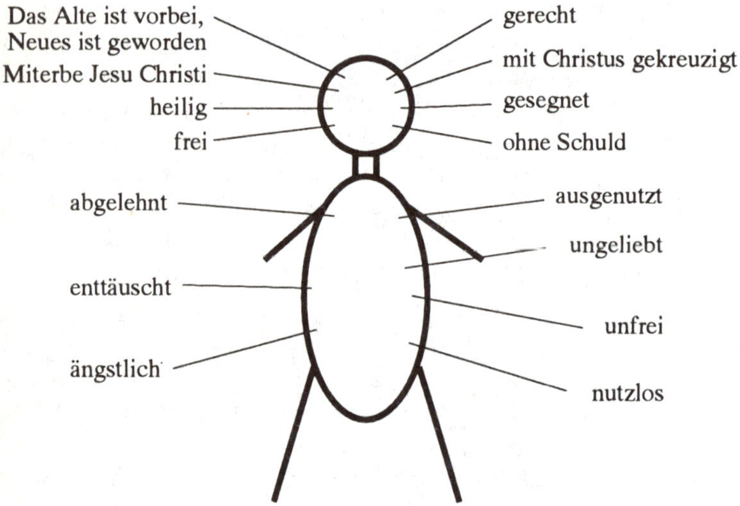

Die Wahrheit

"Er hat uns errettet von der Macht der Finsternis und hat uns versetzt in das Reich seines lieben Sohnes" (Kol. 1,13). Das Reich Gottes ist in Ihnen.

Dies ist das Geheimnis, das Gott in Christus offenbart hat: "Christus in euch, die Hoffnung der Herrlichkeit" (Kol. 1,27). Gott selbst nimmt durch seinen Heiligen Geist Wohnung in den Christen. Der Leib eines Christen ist ein Tempel des Heiligen Geistes.

Ein Christ ist nicht erfüllt mit Furcht, Minderwertigkeitsgefühlen und Selbstmitleid, sondern mit Gott, mit der Kraft seines Geistes und seines Reiches. All die Dinge, die Sie bisher nur mit dem Verstand wußten, sind wahr, und über sie führt der Weg in die Freiheit. Die Freiheit erlangen Sie nicht dadurch, daß Sie zurückschauen, sondern indem Sie auf die Wahrheit schauen; Sie erlangen sie nicht, indem Sie auf sich sehen, sondern indem Sie die Wahrheit in den Blick nehmen. Sie müssen Ihre Augen auf Jesus gerichtet halten, und nicht nur ab und zu einen Blick auf ihn werfen (Hebr. 12,2). Sie müssen Ihr Herz und Ihren Verstand auf den Himmel ausrichten, nicht auf die Erde - und auch nicht auf sich selbst.

Vor allem andern gilt für Sie: "Ich bin mit Christus gestorben und mit ihm zu einem neuen Leben berufen."

Zunächst gilt es aber zu begreifen, daß Ihre Gefühle und viele Ihrer Gedanken Sie belügen. Nicht Ihre Gefühle sagen Ihnen, wer Sie sind, sondern Gott sagt es Ihnen. Wenn Sie Gott glauben, werden sich auch Ihre Gefühle ändern, denn Sie werden sich selbst anders wahrnehmen. Die Wahrheit wird Sie von Ihrer negativen Haltung zu sich selbst befreien. Wer darauf beharrt, daß er ein Versager ist, wird auch das Leben eines Verlierers führen.

Eine Tatsache ist nicht zugleich die Wahrheit

St. Hoffnungslos wird dadurch geschwächt, daß er Tatsachen für die Wahrheit hält. Ich möchte dies an einem Beispiel erläutern.

Einem Christ wird von seinem Arzt mitgeteilt, daß er an Krebs erkrankt ist und nur noch eine kurze Zeit zu leben hat. Man zeigt ihm Röntgenbilder, auf denen der Tumor sehr gut zu erkennen ist. Er spürt die Symptome in seinem Körper. Die Fakten sagen: Er hat Krebs. Es wäre schwachsinnig, diese Tatsachen zu ignorieren und das Gegenteil zu behaupten.

Dies sind die Fakten, aber es ist nicht die Wahrheit. Die Wahrheit ist, daß er durch Jesu Wunden geheilt ist. Die Fakten sagen, er hat Krebs, die Wahrheit sagt, er ist geheilt. Was soll er jetzt glauben?

Die Tatsachen beschreiben die begrenzten Möglichkeiten dieser Welt, die Wahrheit spricht von der unendliche Macht Gottes. Wem soll er glauben: Den Fakten oder der Wahrheit; den Grenzen dieser Welt oder der Fülle Gottes; der Prognose des Arztes oder dem Versprechen Gottes.

Die Wahrheit vermag Fakten zu ändern, aber niemals werden Tatsachen die Wahrheit verändern. Die Wahrheit ist eine Person: Jesus! Er sagt von sich: "Ich bin die Wahrheit", und "Die Wahrheit wird euch freimachen."

Die Geschichte des St. Hoffnungslos besteht aus einer Serie von Fakten und Ereignissen, die er erlebt hat. Es wäre unsinnig zu behaupten, diese Dinge wären nie geschehen. Aber sie bestimmen nicht mehr sein gegenwärtiges Sein, denn nun lebt er in Christus und Christus in ihm. Er muß sich der geistlichen, übernatürlichen Wahrheit zuwenden, die aus seinem bisherigen Leben - mit all seinen Fakten - etwas Neues geschaffen hat. Je mehr er sich auf die sichtbare Wirklichkeit konzentriert, umso mehr verleugnet er die geistliche Wahrheit von dem, was Gott für ihn in Christus getan hat.

Er braucht die Hilfe von Menschen, die ihn dabei unterstützen, die Wahrheit zu glauben und sich von der Vergangeheit, die ihn bisher bestimmte, zu lösen. Wie kann man von ihm erwarten, daß er die Wahrheit über sich glaubt, wenn alle um ihn herum ihn als armen, schwachen, überforderten Menschen bedauern. Der alte Mensch lebt nicht mehr. Dies zu begreifen ist das Geheimnis des Sieges.

Ein neuer Mensch

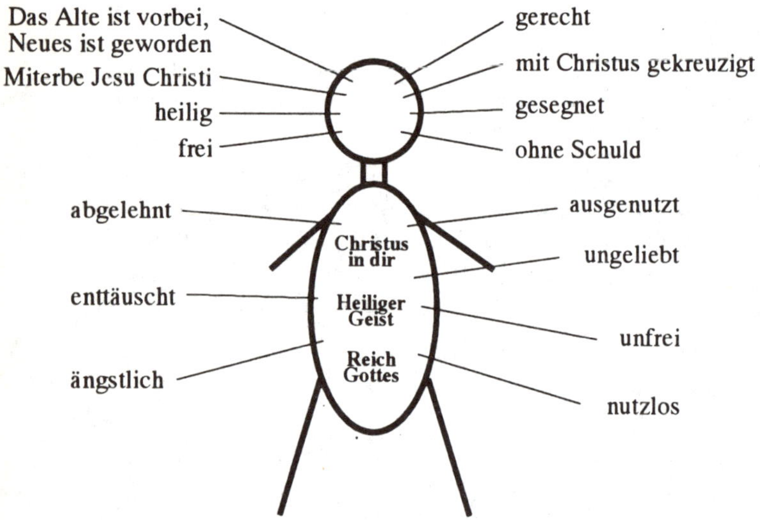

Als Jesus gekreuzigt wurde, war Paulus sein Feind. Erst später verstand er, daß er damals mit Christus ans Kreuz geschlagen wurde. Jesus mußte nicht ein zweitesmal sterben, als Paulus Christ wurde. Paulus nahm für sich in Anspruch, was Jesus Jahre zuvor getan hatte, als er selbst noch nicht an ihn glaubte.

Als Jesus den Weg ans Kreuz ging, nahm er jeden Sünder auf diesem Weg mit. Wir sind überzeugt, "daß, wenn einer für alle gestorben ist, so sind sie alle gestorben" (2.Kor. 5,14).

Diese Wahrheit, die all unser Verstehen übersteigt, kann die Wirklichkeit, in der wir leben, verändern. Als Jesus ans Kreuz ging, nahm er Sie mit.

Jesus identifizierte sich vollkommen mit Ihnen, so daß auch Sie völlig mit ihm eins werden können. Sein Tod war Ihr Tod, damit sein Leben Ihr Leben werden kann.

Innere Heilung?

Ihre Vergangenheit braucht nicht geheilt zu werden, sie ist gestorben. Was tot ist, kann nicht geheilt werden und braucht nicht geheilt zu werden. Das Evangelium besagt, daß Sie nicht mehr der Mensch sind, der in diese Welt hineingeboren wurde, sondern ein neuer Mensch, der das Licht der Welt erblickte, als Sie sich zu Christus bekehrten. In jenem Augenblick ergriffen Sie, was er am Kreuz für Sie vollbrachte. "Ist jemand in Christus, so ist er eine neue Kreatur; das Alte ist vergangen, siehe, Neues ist geworden" (2.Kor. 5,17).

Das alte Leben der Sünde ist vergangen. Als Sie zu Jesus kamen und ihm Ihr Leben anvertrauten, taten Sie dies mit dem Wissen, daß Sie gesündigt hatten und dafür Gottes Vergebung brauchten. Als Sie ihm Ihre Sünde bekannten, vergab er Ihnen vollkommen und löschte damit die Vergangenheit mit allem Versagen aus. "In ihm haben wir die Erlösung durch sein Blut, die Vergebung der Sünden, nach dem Reichtum seiner Gnade" (Eph.1,7).

Er vergab Ihnen nicht nur, er machte Sie in seinen Augen gerecht. Sie wurden "gerechtfertigt": in jeder Hinsicht für Gott akzeptabel gemacht; nicht weil Sie etwas für ihn getan haben, sondern weil er alles für Sie getan hat. Vorher waren Sie völlig unakzeptabel, nun sind Sie vollkommen angenommen. "Denn er hat den, der von keiner Sünde wußte, für uns zur Sünde gemacht, damit wir in ihm die Gerechtigkeit würden, die vor Gott gilt" (2.Kor. 5,21). "Um wieviel mehr wird dann das Blut Christi, der sich selbst als Opfer ohne Fehl durch den ewigen Geist Gott dargebracht hat, unser Gewissen reinigen von den toten Werken, zu dienen dem lebendigen Gott!" (Hebr. 9,14).

Sie sind von Gott gerechtfertigt, Sie können ihm in Liebe und Freiheit dienen. Sie brauchen nur die Wahrheit zu glauben.

7. Geist, Seele und Leib

Ich halte es für wichtig zu verstehen, wie Geist, Seele und Leib miteinander in Beziehung stehen. Ihre Seele - also gewissermaßen Ihr Ich - umfaßt drei grundsätzliche Bereiche:

1. Ihren Verstand, mit dem Sie Sachverhalte durchdenken.

2. Ihre Gefühle, die zu einem erheblichen Teil von Ihrem Denken beeinflußt werden.

3. Ihren Willen, also Ihre Fähigkeit, Entscheidungen zu treffen, wobei Ihr Wille sowohl von Ihrem Denken als auch von Ihren Gefühlen gelenkt wird.

Vor Ihrer neuen Geburt waren Sie geistlich tot. Ihr Geist lag gewissermaßen im Koma und wurde erst durch den Geist Gottes mit Ihrem Christwerden zum Leben erweckt.

Gott ist Geist und möchte uns geistlich begegnen. Vor Ihrer Neugeburt waren Sie nicht in der Lage, mit Gott auf diese Weise in Kontakt zu kommen, erst durch das Empfangen des Heiligen Geistes ist Ihnen dies möglich.

Nach Jesus muß ein Mensch vom Geist Gottes geboren werden, wenn er das Reich Gottes sehen will. Selbstverständlich kann er Gott auch vorher dienen, er kann ihn sogar gefühlsmäßig lieben, aber dies alles macht ihn noch nicht geistlich lebendig.

Nicht alle Christen unterscheiden zwischen der Seele und dem Geist, viele verbinden damit dasselbe. Paulus hingegen schreibt im 1. Thessalonicherbrief: "Er aber, der Gott des Friedens, heilige euch durch und durch und bewahre euren Geist samt Seele und Leib unversehrt, untadelig für die Ankunft unseres Herrn Jesus Christus" (1.Thess. 5,23-24).

Er macht hier eine Unterscheidung zwischen Seele und Geist und bekräftigt, daß Gott beide makelos erhalten werde. Diese Unterscheidung finden wir auch im Hebräerbrief: "Denn das Wort Gottes ist lebendig und kräftig und schärfer als jedes zweischneidige Schwert, und dringt durch, bis es scheidet Seele und Geist ..." (Hebr. 4,12).

Indem das Wort Gottes die Seele vom Geist scheidet, bringt es ans Licht, was aus uns kommt, und was (durch den Geist) von Gott gewirkt ist.

Die untenstehende Zeichnung soll die Beziehung zwischen Geist, Seele und Leib noch weiter klären. Bevor Sie Christ wurden, handelten Ihre Seele und Ihr Leib unabhängig von Gott, dabei spielt es keine Rolle, ob Sie ein 'gutes'

Leben führten, oder ob Ihr Leben moralisch verwerflich war. In beiden Fällen führten Sie kein Leben aus dem Geist Gottes. Möglicherweise hielten Sie Gott für ein Hirngespinst, und selbst wenn Sie dies nicht taten, war Ihr Handeln nicht davon bestimmt, von ganzem Herzen seinen Willen zu tun.

Ihr Leib beherbergt sowohl die Seele als auch den Geist, kann aber nicht ohne einen Auftrag der Seele handeln. Solange Sie also kein Christ waren, 'funktionierten' Sie folgendermaßen:

GEIST

(vor Ihrer Neugeburt funktionsunfähig)

SEELE - Denken
- Wille
- Gefühle

FLEISCH

LEIB

Das Fleisch

Ein Handeln von Seele und Leib, das von Gott unabhängig ist, nennt das Neue Testament "Leben im Fleisch". An dieser Stelle möchte ich Sie noch einmal daran erinnern, daß Ihr 'Fleisch' viele Dinge tun kann, die offensichtlich gut sind, aber die dennoch nicht aus dem Glauben an Gott getan sind.

Wir leben in einer Welt, die fleischlich ihrer Wege geht und die mit Gott nichts zu tun hat. Viele Menschen tun fraglos Gutes, sie lieben andere und sorgen für sie. Zum Teil sind sie sehr religiös, ohne sich aber der Herrschaft Jesu unterzuordnen. Vor Ihrer Neugeburt lebten Sie im Fleisch, das entsprach Ihrem Wesen.

Über ein solches Leben äußert sich die Bibel folgendermaßen:

1. "Der Geist ist's, der lebendig macht; das Fleisch ist nichts nütze" (Joh. 6,63). Viele Menschen wollen nicht wahrhaben, daß ein Leben aus sich selbst, trotz aller guten Werke und religiöser Aktivitäten, bei Gott nicht zählt. Aber dennoch ist es wahr, daß nichts von allem, was wir tun, uns vor

Gott rechtfertigt. Wir werden nicht gerettet durch unsere guten Taten und unsere religiösen Übungen. Schon für die Pharisäer war diese Pille bitter.

2. In Römer 8,5 schreibt Paulus "Denn die da fleischlich sind, die sind fleischlich gesinnt; die aber geistlich sind, die sind geistlich gesinnt." Wer sich selbst zu Gefallen lebt, behauptet seine Unabhängigkeit von Gott, denn sein Denken kreist um ihn selbst, nicht um Gottes Willen.

3. "Aber fleischlich gesinnt sein ist der Tod, und geistlich gesinnt sein ist Leben und Friede" (Röm. 8,6). Wer sich in seinem Denken (und Handeln) um sich selbst dreht, ist geistlich tot.

4. "Denn fleischlich gesinnt sein ist Feindschaft gegen Gott, weil das Fleisch dem Gesetz Gottes nicht untertan ist; ...

5. ... denn es vermag's auch nicht" (Röm. 8,7). Selbst wenn ein Mensch, der "fleischlich" lebt, versucht, Gottes Willen zu tun, scheitert er.

6. "Die aber fleischlich sind, können Gott nicht gefallen" (Röm. 8,8). Sie wollen möglicherweise die "schlechten" Dinge in ihrem Leben loswerden, aber dennoch wollen sie ihr Leben in eigener Regie führen, sie wollen unabhängig bleiben und alles selbst kontrollieren.

7. Paulus bekennt: "Denn ich weiß, daß in mir, das heißt in meinem Fleisch, nichts Gutes wohnt. Wollen habe ich wohl, aber das Gute vollbringen kann ich nicht" (Röm. 7,18). Seine Einschätzung des Fleisches stimmt mit dem Wort Jesu überein: "Ohne mich könnt ihr nichts tun" (Joh. 15,5).

8. Aus diesem Grund fordert Paulus auf, sich nicht auf das Fleisch zu verlassen (Phil. 3,3). Setzen Sie Ihr Vertrauen nicht auf Ihr eigenes Tun, denn es trägt Sie nicht.

9. Nur wer im Geist und nicht im Fleisch lebt, vermag Gott zu gefallen. Da Sie mit Christus gekreuzigt sind, brauchen Sie nicht mehr 'fleischlich' zu leben. Da Sie den Heiligen Geist empfangen haben, können Sie im Geist leben.

10. Wir haben nun einer unangenehmen Wahrheit ins Auge zu sehen. Bevor Sie Christ wurden, war es für Sie selbstverständlich, ein Leben zu führen, das Sie selbst bestimmten. Nun, da Sie von neuem geboren wurden und Jesus in Ihnen lebt, muß sich Ihr Leben auf ihn ausrichten. Trotzdem können Sie sich natürlich dafür entscheiden, weiterhin Ihre Wege zu gehen. Vorher waren Sie geistlich unfrei und befriedigten 'instinktiv' sich selbst, nun sind Sie von dieser Bindung befreit, können sich aber weiterhin aus freien Stük-

ken gegen Gottes Willen entscheiden. Er wird Ihnen die Freiheit zur Entscheidung niemals nehmen, wenn er dies täte, würde er Ihnen die Fähigkeit zur freiwilligen Liebe nehmen.

Wenn Sie Gottes Bewertung des "Fleisches" nicht teilen, werden Sie weiterhin im Fleisch leben. Jesus versuchte nicht, Ihr altes 'fleischliches' Leben zu reformieren, er trug es ans Kreuz, wo es starb und Sie davon frei wurden. Was Gott betrifft, ist nach seiner Einschätzung Ihr altes Leben so zerstört und korrupt, daß es nicht zu heilen, sondern nur zu beerdigen ist.

Die Antwort auf das Fleisch

Jeder Christ muß akzeptieren, daß er nicht mehr für sich selbst lebt.

11. "Die aber Christus angehören, die haben ihr Fleisch gekreuzigt samt den Leidenschaften und Begierden" (Gal. 5,24). Ein Christ muß sich nicht selbst kreuzigen, er ist bereits gekreuzigt, auch seine Leidenschaften und persönlichen Wünsche starben am Kreuz. Sein Leben, das von ihm selbst bestimmt war und Gottes Willen widersprach, ist durch die Tat Jesu gestorben.

Wenn Sie die Sünde, die Sucht zur Verwirklichung des eigenen Willens, selbst bekämpfen wollen, erreichen Sie genau das Gegenteil. Wenn Sie dazu in Ihrem alten Leben graben, dann behaupten Sie damit, daß Sie nicht wirklich mit Christus gekreuzigt wurden, daß sein Werk nicht vollkommen war, daß Sie selbst irgendetwas dem hinzufügen müssen, was er getan hat.

12. Es geht aber nicht nur darum, anzuerkennen, daß Ihr Ich gekreuzigt wurde, es geht zugleich darum, das Leben zu ergreifen, das Sie in Christus empfangen haben: "Zieht an den Herrn Jesus Christus und sorgt für den Leib nicht so, daß ihr den Begierden verfallt" (Röm. 13,14).

Zu diesem Thema gibt es von Paulus auch Äußerungen in seinem Brief an die Kolosser: "So tötet nun die Glieder, die auf Erden sind, Unzucht, Unreinheit, schändliche Leidenschaft, böse Begierde und die Habsucht, die Götzendienst ist" (Kol. 3,5), danach legt er eine Liste mit Werken des Fleisches vor: "Zorn, Grimm, Bosheit, Lästerung, schandbare Worte ..." (Kol. 3,8-10).

Wenn Sie glauben, daß Sie mit Christus gestorben sind, dann müssen Sie zugleich auch anerkennen, daß Sie "den alten Menschen mit seinen Werken abgelegt haben." Dies scheint sich nur auf den ersten Blick zu widersprechen. Beides verhält sich zueinander wie zwei Seiten einer Münze.

Es gibt die objektive Seite der Wahrheit, die Seite, die unabhängig von Ihnen gilt. Danach sind Sie mit Christus damals auf Golgatha gestorben.

Und da ist die subjektive Seite der Wahrheit, die Seite, die Sie persönlich betrifft. Diese besagt, daß Sie glauben müssen, daß Ihre Kreuzigung mit Christus wirklich geschehen ist, und daß Sie deshalb alles in den Tod geben können, was zu Ihrem alten Menschen gehörte: Sie sollen es nicht bekämpfen, Sie sollen es nicht durchwühlen, Sie sollen es nicht betrachten, Sie sollen nicht darüber sprechen - Sie sollen es begraben, denn es ist tot. Es ist wichtig, nicht das Alte zu bekämpfen, sondern das Neue zu ergreifen. "So auch ihr, haltet dafür, daß ihr der Sünde gestorben seid und lebt Gott in Christus Jesus" (Röm. 6,11).

Für einen Christen gibt es keine andere Möglichkeit zu leben als allein durch den Glauben. "Denn darin wird offenbart die Gerechtigkeit, die vor Gott gilt, welche kommt aus Glauben in Glauben; wie geschrieben steht: Der Gerechte wird aus Glauben leben" (Röm. 1,17). Das Evangelium offenbart eine Gerechtigkeit aus Glauben vom ersten bis zum letzten Tag unseres Lebens. Dieser Glaube richtet sich auf die Wahrheit, daß ein Christ mit Christus gekreuzigt wurde. "Ich bin mit Christus gekreuzigt" (Gal. 2,19). Ich bin nicht mehr an meine Vergangenheit gebunden, ich brauche meinem Ich nicht mehr länger zu erlauben, mein Leben zu bestimmen. Ich bin frei, Jesus nachzufolgen und seinen Willen zu tun. Ich werde dies tun, nicht indem ich bekämpfe, was tot ist, sondern indem ich mich nach dem neuen Leben ausstrecke, das er mir gegeben hat. Ich brauche nicht an mir herumzutüfteln, um mich selbst zu bessern, ich kann ein neues Leben führen.

Das neue Leben

Ich möchte die obige Zeichnung noch einmal aufnehmen, um deutlich zu machen, wie Sie dieses neue Leben in Christus führen können.

Gottes Heiliger Geist lebt nun in Ihrem Geist; Sie sind damit geistlich lebendig. Ihr Körper ist das Werkzeug, mit dem Gottes Wille getan werden soll, aber er handelt nicht ohne einen Auftrag von Ihnen. Wenn Sie Ihre Seele dem Geist Gottes unterstellen, wird er Ihrem Bewußtsein seinen Willen mitteilen. Gott hat Ihnen Ihren Verstand nicht dazu gegeben, damit Sie sich mit ihm streiten, sondern damit Sie in der Lage sind zu verstehen, was er Ihnen sagt, und es in die Tat umzusetzen.

Deshalb muß Ihre Seele Ihrem Geist unterstellt werden. Damit gelangen auch Ihre Gefühle unter die Herrschaft des Geistes. Sie werden nicht mehr von Ihren - unsteten - Emotionen bestimmt, sondern vom Heiligen Geist.

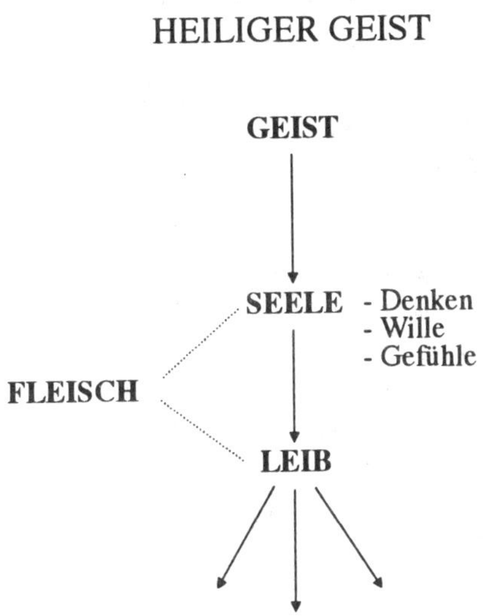

Der Schlüsselbegriff lautet 'Unterordnung'. Solange die Seele und der Leib dem Geist (der seinerseits auf Gottes Geist ausgerichtet ist) untergeordnet bleiben, befinden Sie sich in 'Ordnung'. Aber wenn Sie sich dazu entschließen, Ihren eigenen Weg zu gehen, heben Sie die Seele über den Geist und zerstören die Ordnung Ihres Lebens. Sobald Sie dies tun, gerät Ihr Geist zwischen Mühlsteine. Der Heilige Geist wird unterdrückt und Sie selbst (ihr Ich) rücken an die erste Stelle.

Noch einmal, die Seele ist durchaus fähig, viele fromme und gute Werke zu tun, aber wenn sie unabhängig von Gott getan werden, sind sie wertlos. Sie bauen nur das Ego auf.

Viele Christen versuchen, ein 'christliches' Leben mit eigenen Kräften zu führen, gewissermaßen aus der Seele. Sie möchten etwas für Gott tun, anstatt sich ihm und seinem Willen für ihr Leben unterzuordnen.

Jesu Verkündigung

Jesus machte in seiner Verkündigung deutlich, was mit unserer Seele geschehen muß: "Wer sein Leben (seine Seele) erhalten will, der wird es (sie) verlieren, wer aber sein Leben (seine Seele) um meinetwillen verliert, der wird es (sie) finden" (Mt. 10,39). Das griechische Wort 'psyche' läßt sich sowohl mit Leben als auch mit Seele übersetzen.

Dies ist eine Grundwahrheit. Viele wollen ihr Leben weiterhin in eigenen Händen halten; sie sind nicht bereit, ihr Leben zu verlieren, indem sie sich für gestorben erklären und sich von ganzem Herzen Jesus Christus unterordnen. Die endlose Suche nach innerer Heilung ist eine Folge davon, denn es geht dabei um eine seelische Heilung. Aber Jesus ist der Meinung, daß wir dieses Leben verlieren müssen, nicht heilen. Es hat nicht im Zentrum der Aufmerksamkeit zu stehen, sondern muß verleugnet werden. "Will mir jemand nachfolgen, der verleugne sich selbst und nehme sein Kreuz auf sich und folge mir. Denn wer sein Leben erhalten will, der wird's verlieren; wer aber sein Leben verliert um meinetwillen, der wird's finden" (Mt. 16,24.25).

Ich möchte insbesondere auf folgende Punkte dieses Wortes Jesu hinweisen:

1. Er spricht jeden an, der ihm nachfolgen möchte, also jeden Christen.

2. Ein Christ muß sich selbst verleugnen, er darf sich nicht auf sich selbst oder seine Heilung konzentrieren.

3. Jeder, der sein Leben erhalten will, wird es verlieren. Dies gilt für jeden Menschen.

4. Jeder, der sein Leben verliert, wird es finden. Jeder, der sein Leben Gott anvertraut, wird es finden.

Was suchen wir also? Liebe? Freude? Frieden? Natürlich suchen wir dies. Wir sehnen uns danach, geduldig zu sein, freundlich, hilfsbereit, selbstbeherrscht ...

Brauchen wir die Kraft Gottes? Ja! Wollen wir seine Kraft in unserem Leben kennenlernen? Selbstverständlich!

Nun, alle diese Wünschen werden nicht erfüllt, indem wir auf uns selbst sehen oder danach trachten, uns selbst zu heilen. Sie alle werden ausschließlich durch Gottes Geist verwirklicht. Nur wenn unsere Seele dem Geist Gottes untergeordnet ist, vermag er die Seele zu verändern und uns das zu geben, was wir wünschen und brauchen.

Die Wirklichkeit dessen, was ich eben beschrieben habe, erleben Menschen, wenn sie vom Heiligen Geist erfüllt werden. Unglücklicherweise kehren sie oft Stück für Stück zurück zu ihrem alten Leben und versuchen dann, sich bei Schwierigkeiten am eigenen Schopf aus dem Sumpf zu ziehen.

GEIST:	Liebe, Friede, Freude
	Frucht des Geistes
	Kraft
	Gaben des Geistes
SEELE:	Die Frucht und die Gaben des Heiligen Geistes werden durch die Seele und den
LEIB	in unserem Leben umgesetzt.

Jesus äußert sich an manchen Stellen sehr radikal über Nachfolge und macht darin klar, was er unter Selbstverleugnung versteht. "Wenn jemand zu mir kommt und haßt nicht seinen Vater, Mutter, Frau, Kinder, Brüder, Schwestern und dazu sich selbst, der kann nicht mein Jünger sein" (Lk. 14,26.27).

Was bedeutet es für einen Christen, sein eigenes Leben zu hassen? Er muß es hassen, wann immer seine Seele oder sein 'Ich' wieder den Thron besteigt, anstatt ihn Gott zu überlassen. Er muß die eigenen Ideen der Seele hassen, die Gottes Wirken im Wege stehen, anstatt Werkzeug für den Heiligen Geist zu sein. Er muß es hassen, wenn andere beginnen, eine wichtigere Rolle als Jesus zu spielen, selbst wenn es sich dabei um die Menschen handelt, die ihm sehr wertvoll sind. Jesus muß jederzeit an der ersten Stelle stehen.

Dies bedeutet nicht, daß ein Christ seine Familie vernachlässigen darf. Wenn ein Mensch nicht den Willen Gottes tut, wird auch seine Familie darunter leiden, denn die Konflikte und Spannungen, die dies mit sich bringt, werden sich auswirken. Wer sich Gott unterordnet, wird den Frieden, die Liebe und die Freude, die er empfängt, an andere in seiner Umgebung weitergeben. "Wer sein Leben lieb hat, der wird's verlieren; und wer sein Leben auf dieser Welt haßt, der wird's erhalten zum ewigen Leben. Wer mir dienen will, der folge mir nach; und wo ich bin, da soll mein Diener auch sein. Und wer mir dienen wird, den wird mein Vater ehren" (Joh. 12,25-26).

Die Beziehung zwischen Tod und Auferstehung spielte in der Verkündigung und im Leben Jesus eine zentrale Rolle. "Wenn das Weizenkorn nicht in die

Erde fällt und erstirbt, bleibt es allein; wenn es aber erstirbt, bringt es viel Frucht" (Joh. 12,24).

Der Weg, auf dem Menschen Frucht bringen, führt über den Tod des eigenen Ichs, nicht über seine Heilung.

Menschen, die zum erstenmal die Taufe im Heiligen Geist erleben, haben meist den Eindruck, als überflute der Geist ihre Seele. Sie spüren die Liebe Gottes stärker als je zuvor, und sie tragen eine größere Freude in sich. Sie sind in anderer Weise mit Gott im Reinen, sie erfahren den Frieden, der größer ist als all unsere Vernunft. Ihre Einstellungen und Verhaltensweisen ändern sich, denn der Heilige Geist bewirkt ein geistliches Wachstum. Sie werden geduldiger, freundlicher und stärker im Glauben.

Die Seele wird sich immer wieder behaupten und die Kontrolle über unser Leben zurückgewinnen wollen. Bevor jemand mit dem Heiligen Geist erfüllt wird, muß er sich Gott unterordnen. Diese Unterordnung gegenüber Gott muß beibehalten werden, wenn das Wirken des Geistes dauerhaft sein soll.

Das Schlimmste, das uns passieren kann, ist, daß wir erneut beginnen, um unsere seelischen Ansprüche und unser Ich zu kreisen. Wir hemmen dadurch sofort den Heiligen Geist, denn er kann uns dann nicht mehr so beeinflussen, die er es wünscht.

Dieses Problem findet sich schon im Neuen Testament. Paulus schreibt an die Galater: "Seid ihr so unverständig? Im Geist habt ihr angefangen, wollt ihr's denn nun im Fleisch vollenden?" (Gal. 3,3).

Es macht mich traurig zu sehen, wieviele Menschen ihre Freude und geistliche Kraft verlieren, weil sie sich wieder sich selbst zuwenden und auf sich selbst konzentrieren, anstatt das Leben, das so offensichtlich in ihnen ist, mit anderen zu teilen. Ich habe gesehen, wie Gemeinden, die ein enormes Wirken des Heiligen Geistes erlebt hatten, allen Segen verloren, als die Mitglieder von der sogenannten 'inneren Heilung' heimgesucht wurden.

Auf der anderen Seite ist es immer wieder neu faszinierend mitzuerleben, wie Menschen sich völlig verändern, wenn ihnen der Heilige Geist die Wahrheit offenbart, daß sie mit Christus gestorben und also ein neue Menschen sind. Sie brauchen sich nicht mehr selbst zu erneuern oder zu heilen. Sie sind schon von ihrem früheren Leben befreit und können ein neues Leben führen. Die Macht der Wahrheit ist so groß, daß Menschen sich verändern, wenn sie sie glauben.

Die Gesinnung Christi

Jesus hat Sie befreit. Dies ist eine Tatsache, die am Kreuz besiegelt wurde. Sie brauchen nicht mehr zurückzukehren zur Sklaverei der Vergangenheit, zu religiösen Vorschriften, zu seelischen Abhängigkeiten oder zu fleischlichen Lustbefriedigungen. Sie sind frei, Jesus nachzufolgen, Ihrem Herrn und Heiland. "Ich ermahne euch nun, liebe Brüder, durch die Barmherzigkeit Gottes, daß ihr eure Leiber hingebt als ein Opfer, das lebendig, heilig und Gott wohlgefällig ist. Das sei euer vernünftiger Gottesdienst. Und stellt euch nicht dieser Welt gleich, sondern ändert euch durch Erneuerung eures Sinnes, damit ihr prüfen könnt, was Gottes Wille ist, nämlich das Gute und Wohlgefällige und Vollkommene" (Röm. 12,1-2).

Je mehr die Seele dem Leben des Heiligen Geistes Raum läßt, sich zu entfalten, um so heiler wird sie selbst und um so fähiger, den Willen Gottes zu tun. Jeder von uns kennt die Notwendigkeit, daß sein Leben mehr von dem zeigen sollte, was Jesus will. Diese Veränderung unseres Lebens geschieht nicht, indem wir uns einige christliche Tugenden aneignen, sondern indem wir die Gesinnung Christi haben.

Jesus bestieg mit Petrus, Jakobus und Johannes einen hohen Berg, auf dem er vor ihren Augen verklärt wurde. Sein menschlicher Leib verwandelte sich in einen leuchtenden, vollkommenen Körper, er wurde "verklärt". Dieses Wort wird im Neuen Testament nur viermal verwendet. Zweimal wird es benutzt, um das Geschehen auf diesem Berg zu beschreiben, und zweimal, um zu beschreiben, was Gott mit uns, seinen Kindern, tun wird. "Nun aber schauen wir alle mit aufgedecktem Angesicht die Herrlichkeit des Herrn wie in einem Spiegel, und wir werden verklärt in sein Bild von einer Herrlichkeit zur andern von dem Herrn, der der Geist ist" (2. Kor. 3,18).

Das griechische Wort für 'Verklärung' laßt sich auch mit 'Verwandlun'" übersetzen. Bei Jesus fand dieser Veränderungsprozeß in einem Augenblick statt, denn sein Leben war vollkommen, bei uns geschieht die Verwandlung allmählich. Wir werden verwandelt zu einer immer größeren Herrlichkeit. Wie? Indem unser Denken durch die Wahrheit erneuert wird: "ändert euch durch Erneuerung eures Sinnes" (Röm 12,2). Sie werden verwandelt durch die Erneuerung Ihres Denkens, indem Ihre Gedanken zunehmend mehr mit den Gedanken Gottes übereinstimmen, mit dem Wort Gottes.

Welche Vorstellung, Sie könnten in das Bild Gottes verwandelt werden, durch die Beschäftigung mit ihrem Inneren oder durch die Heilung seelischer Wunden. Sie werden verändert, wenn Sie der Wahrheit glauben.

Die Gesinnung Jesu zu haben bedeutet nicht, daß alle Ihre Gedanken von ihm stammen, aber es bedeutet, daß Sie in sich die Fähigkeit tragen, so zu denken, wie es Jesus tat. Der Heilige Geist drängt Sie dazu, sich und andere mit den Augen Jesu zu sehen und mit seinem Glauben auf die Dinge zuzugehen, mit denen Sie zu tun haben.

Nur wenn Sie Ihr Denken an Gottes Wort messen, werden Sie entscheiden können, ob es Jesus entspricht.

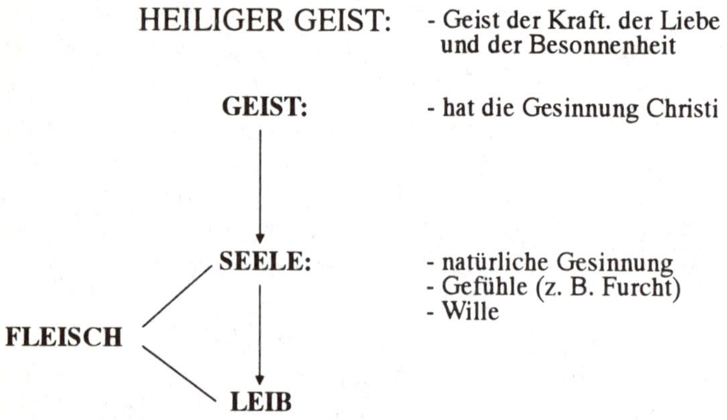

Der Leib

Ihre Seele ist der Dreh- und Angelpunkt zwischen Ihrem Geist und Ihrem Leib. "Gott ist Geist, und die ihn anbeten, die müssen ihn im Geist und in der Wahrheit anbeten" (Joh. 4,24). Durch Ihren Geist haben Sie eine direkte Beziehung zu Gott, dort findet das statt, was man Offenbarung nennt.

Ihr Körper auf der anderen Seite steht in Kontakt mit der Welt um Sie herum, die ständig Reize auf sämtliche Sinne ausübt. Der Körper strebt danach, auf diese Reize zu reagieren, wird aber von Ihrer Seele kontrolliert.

Wenn Sie nun Ihre Seele dem Geist unterordnen, dann werden Sie als Ergebnis Leben und Frieden ernten. Erlauben Sie aber der Seele, die Bedürfnisse des Körpers kritiklos zu befriedigen, dann sterben Sie einen geistlichen Tod. Der Heilige Geist zieht Ihre Seele zur Wahrheit, der Körper möchte nur die eigenen Bedürfnisse befriedigen.

Wenn Sie mit Gott in Einklang leben wollen, werden Sie dafür sorgen müssen, daß Ihre Seele unter der Herrschaft des Heiligen Geistes bleibt. Sie müssen sich bewußt sein, daß Ihre Seele jederzeit das Gegenteil von dem tun kann, was dem Willen Gottes entspricht. Dies ist der Grund, weshalb Jesus darauf hinwies, daß seine Jünger sich täglich selbst verleugnen müssen.

Gott gibt Ihnen die Wahrheit in seinem Wort nicht, weil er an Ihnen etwas auszusetzen hat, sondern um Ihnen Freiheit zu schenken. Der Feind beschuldigt Sie ständig und versucht Ihnen einzureden, Sie seien auf Ewigkeit verdammt. Jesus starb für Ihre Freiheit.

Je mehr Sie mit sich selbst beschäftigt sind, umso weniger können Sie aus dem Glauben leben. Je mehr Ihre Seele sich auf Gott ausrichtet, umso leichter werden Sie von Ihrem "Ich" erlöst. "Meine Seele ist stille zu Gott, der mir hilft" (Ps. 62,1).

Der Geist Gottes kann den Körper nicht direkt beeinflussen, er braucht dazu die Seele. Er möchte, daß Ihre Seele ihn liebt und ihm gehorcht; Ihr Körper dagegen liebt die Welt. Solange Sie leben, werden Sie diesen Konflikt niemals los.

Sie werden sich also entscheiden müssen, ob Ihr Leben vom Geist oder vom Fleisch regiert werden soll. Weder Gott noch der Teufel können mit Ihnen etwas tun ohne Ihr Einverständnis. Sie führen Ihr Leben, und Sie können die Herrschaft darüber Gott übertragen oder selbst ausüben; letzteres ist der Vorschlag, den Ihnen der Teufel nahelegt. Er möchte, daß Sie Ihre Seele pflegen, anstatt sie zu verlieren.

Unterordnung

Ihre Seele muß sich vor Gott demütigen, wenn Sie ihm zu Gefallen leben wollen. Jesus ist dafür ein eindrückliches Beispiel, er war Gott gegenüber so demütig, daß er sich selbst verleugnete, um den Willen Gottes zu tun: "Seid so unter euch gesinnt, wie es auch der Gemeinschaft in Christus Jesus entspricht: Er, der in göttlicher Gestalt war, hielt es nicht für einen Raub, Gott gleich zu sein, sondern entäußerte sich selbst und nahm Knechtsgestalt an, ward den Menschen gleich und der Erscheinung nach als Mensch erkannt" (Phil. 2,5-7).

Sie sollen ihm darin gleichen, meint Paulus. Jesus handelte nie auf eigene Faust. Genau dazu wollte ihn der Teufel in der Wüste zu Beginn seiner Wirksamkeit überreden. Was muß das für eine Versuchung sein, Steine in

Brot zu verwandeln, wenn man vierzig Tage nichts gegessen hat und die Macht besitzt, es zu tun. Aber Jesus dachte im Traum nicht daran, irgendetwas auf Vorschlag des Versuchers zu tun, er handelte in Übereinstimmung mit seinem Vater. Jesus verlangte von seiner Seele, sich jederzeit dem Willen Gottes unterzuordnen. Das gab ihm seine Autorität über Mächte und Menschen.

Viele versuchen, dem Teufel zu widerstehen, ohne sich zuvor Gott untergeordnet zu haben und wundern sich, weshalb sie die meiste Zeit geschlagen vom Feld gehen. Anstatt sich unterzuordnen, halten sie an ihrer Selbstverwirklichung fest. Ihr Herz schreit: "Liebe *mich*. Akzepiere *mich*, Laß *mich* wissen, daß du *mich* magst." Nicht ist weiter entfernt von Selbstverleugnung.

Und oft genug unterstützen sie unbedarfte Christen in dieser Sünde. Sie versuchen, diese seelischen Bedürfnisse zu rechtfertigen. Die Wahrheit ist, daß wir absolute Versager sind, vollkommen unfähig, aus eigenen Kräften irgendetwas zu tun, was Gott gefällt. Aber in Christus sind wir neue Menschen, gerechtfertigt und in jeder Hinsicht für Gott akzeptabel - durch Jesus!

8. In Liebe leben

Jesus fordert seine Jünger auf, in seiner Liebe zu bleiben (Joh. 15,9). Sie können nur dort bleiben, wohin Sie Gott bereits gestellt hat: "in Christus". Wer in ihm lebt, der lebt in seiner Liebe.

Aus der Liebe Gottes zu leben ist keine sentimentale Angelegenheit. Seine Liebe ist ewig, unerschütterlich, stark und absolut zuverlässig. Nach der Aufforderung Jesu, in seiner Liebe zu bleiben, folgt eines der stärksten Worte Jesu: "Wie mich mein Vater liebt, so liebe ich euch auch" (Joh. 15,9).

Gott macht nichts halbherzig. Und alles, was Jesus tat, das machte er gut (Mk. 7,37). Wenn er liebt, dann liebt er vollkommen. Gott liebt Sie, und er liebt alle seine Kinder - vollkommen! Mit anderen Worten, es gibt niemanden auf der Welt, den er mehr liebt als Sie, denn nichts, das vollkommen ist, läßt sich steigern. Es geht nicht darum, ob Sie diese Liebe fühlen, sondern darum, daß Sie in Ihrem Herzen glauben, daß Gott Sie ohne jede Einschränkung liebt.

Die Liebe Gottes zu Jesus

Jesus liebte seine Jünger genauso, wie der Vater ihn liebte. Der Vater liebte ihn vollkommen, lassen Sie uns von Jesus nicht weniger erwarten. Wie sah diese Liebe aus?

1. Jesus war mit seinem Vater eins. "Der Vater und ich sind eins!"

2. Jesus konnte nichts ohne den Vater tun. "Ich vermag nichts aus mir selbst!"

3. Jesus wußte, daß er sich auf seinen Vater verlassen konnte. Er war nicht gekommen, um den eigenen Willen zu tun, sondern den Willen des Vaters. Deswegen wurden seine Gebete erhört angesichts von Widerstand, Krankheit oder Tod.

4. Er wußte, daß ihm sein Vater alle Dinge anvertraut hatte, ein Zeichen der Liebe und des Vertrauens zu ihm.

5. Und dennoch gestattete der Vater nicht, daß seine Liebe zu seinem Sohn sich in die Aufgabe hineindrängte, zu der er ihn gesandt hatte. Er ließ es zu, daß Jesus angegriffen, gehaßt, zurückgewiesen, verleumdet und gekreuzigt wurde.

6. Jesus vertraute seinem Vater bis in den Tod, weil er glaubte, daß er ihn auferwecken würde.

7. Jesus wußte genau, wer er war, woher er kam und wohin er gehen würde.

Natürlich zeigte sich die Liebe zwischen Vater und Sohn auch noch auf andere Weise. Bei dem, was ich oben genannt habe, geht es mir darum, deutlich zu machen, wie sich die Liebe Jesu in unserem Leben auswirkt: Wie der Vater ihn liebt, so liebt Jesus uns.

Jesu Liebe zu Ihnen

1. Durch den Kreuzestod Jesu sind Sie heute mit dem Vater versöhnt, Sie sind eins mit ihm. Sie leben in Jesus und er in Ihnen. Sie leben in Gott und er in Ihnen (1. Joh. 4,15). Sie haben Teil an Gott durch seine "teuren und allergrößten Verheißungen" (2. Petr. 1,4).

2. So wie Jesus nichts ohne den Vater tun konnten, so können Sie nichts ohne Jesus tun (Joh. 15,5). Durch den Glauben an ihn, sind Ihnen alle Dinge möglich (Mk. 9,23). Sie vermögen alles durch ihn, der Sie stark macht.

3. Wenn Sie den Worten Jesu glauben, werden Sie sich darauf verlassen, so wie sich Jesus auf seinen Vater verließ. Er ist immer bei Ihnen. Er gibt Ihnen, worum Sie ihn in seinem Namen bitten. Aus Liebe starb er für Sie, um Ihnen seinen Heiligen Geist zu geben und Sie zu befähigen, seine Worte zu leben.

4. Wie der Vater seinem Sohn alle Dinge anvertraute, so vertraute Jesus uns, seinem Leib, die Aufgabe an, alle Völker zu seinen Jüngern zu machen. Als einem Glied an seinem Leib, hat er Ihnen sein Reich anvertraut, seinen Geist, seine Macht über alle Kräfte des Bösen, damit Sie Ihren Beitrag dazu leisten können, daß Gottes Reich kommt und sein Wille getan wird im Himmel wie auf Erden.

5. Wie Jesus werden auch Sie gehaßt, zurückgewiesen, verfolgt und um Ihres Glaubens willen verleumdet werden. Manche werden sogar die Folter oder das Martyrium ertragen müssen. Dies sind die unvermeidlichen Kosten, um in diese gefallene und zerstörte Welt die Liebe Gottes zu bringen. Ein solches Leiden für das Reich Gottes sollte uns nie dazu bringen, die Liebe Gottes in Frage zu stellen, denn er ist in uns, was auch immer wir um seines Namens willen leiden. Er führt uns siegreich hindurch.

6. Sie können zulassen, daß Sie sterben, indem Sie Ihr "Leben um Jesus willen verlieren". Sie werden dabei entdecken, wer Sie in Christus wirklich sind. Sie wurden mit ihm gekreuzigt. Anstatt weiterhin um das Überleben des Fleisches zu kämpfen, können Sie sich darüber freuen, daß Jesus den Todesstoß für Ihren alten Menschen empfangen hat.

7. Jeder Christ kann sich vollkommen auf die Liebe Jesu verlassen, denn er weiß, daß er aus dem Heiligen Geist geboren wurde. Er weiß, daß Gott jederzeit beim ihm ist, und ist sich gewiß, daß nach dem Tod eine Ewigkeit mit Jesus auf ihn wartet. Nichts in dieser Schöpfung, weder im Himmel noch auf Erden, kann ihn von der Liebe trennen, die in Christus Jesus ist.

Sie haben die Versicherung Jesu: "Das ist aber der Willen dessen, der mich gesandt hat, daß ich nichts verliere von allem, was er mir gegeben hat, sondern daß ich's auferwecke am Jüngsten Tag" (Joh. 6,39). Kein Christ muß den Tod fürchten.

Dies ist gewiß und hat nichts mit Gefühlen zu tun.

Die Ungewißheit

Wenn die Liebe des Heiligen Geistes durch Ihren Geist in Ihre Seele fließt, so werden dadurch zweifellos zuweilen auch Ihre Gefühle berührt werden. Aber es ist keine seelische Liebe, die aus Emotionen kommt, sondern eine geistliche Liebe, die ihren Ursprung in Gott hat. Beide Formen der Liebe sind sehr unterschiedlich.

Dasselbe gilt für die Freude und andere Wirkungen des Heiligen Geistes in Ihnen. Wenn die Freude Christi durch Ihre Seele fließt, werden Sie diese Freude manchmal fühlen, und Ihr Körper wird sie ausdrücken wollen. Auch dies ist keine emotionale, sondern eine geistliche Freude. Wenn Paulus schreibt: "Seid froh in dem Herrn!", dann will er, daß unsere Aufmerksamkeit immer Christus gilt, gleichgültig, wie es um unsere Gefühle oder Lebensumstände bestellt ist. Das bedeutet, daß es möglicherweise viele Gelegenheiten gibt, in denen Sie sich in Christus freuen, weil Sie es wollen, und weniger, weil Ihnen gerade der Kopf danach steht. Sie entscheiden sich dafür, sich von Ihren Gefühlen und Schwierigkeiten abzuwenden, und sich Jesus und der Freude, die er schenkt, zuzuwenden.

Christen, die um sich selbst und ihre seelischen Bedürfnisse kreisen, zweifeln ständig an der Liebe Gottes zu ihnen. Viele werden behaupten, daß sie gar nicht anders können. Für jemanden aber, der wiedergeboren und in

Christus ist, stimmt diese Behauptung nicht. Nichts trennt einen Christen von der Liebe Gottes in Christus Jesus; aber wenn jemand nicht glaubt, daß er geliebt ist, dann hat er auch keinen Grund, froh zu sein. Ein solcher Mensch braucht keine Heilung, er braucht Glauben.

Seelisch orientierte Menschen konzentrieren sich auf ihre Gefühle. Sie glauben nur, daß sie geliebt sind, wenn sie diese Liebe *fühlen*. Sie glauben der Lüge des Teufels, daß sie Heuchler sind, wenn sie Gott loben, obwohl ihre Gefühle nicht bei der Sache sind.

In diesen Menschen gibt es ein Verlangen danach, geliebt, akzepiert, gelobt und erwünscht zu sein. Sie suchen ständig Bestätigung und werden leicht von der Zuwendung anderer abhängig. Man hat den Eindruck, als würden sie ständig rufen: "Liebe mich doch! Liebe mich doch! Bitte, sage mir doch, daß du mich wirklich liebst, daß dir etwas an mir liegt!" Wenn wir ihnen versichern, daß wir sie lieben und daß Gott sie liebt, dann bewirkt das wenig, es hat nur einen Kurzzeiteffekt. Es dauert nicht lange, und sie möchten die nächste Versicherung.

Ein Christ kann nicht mit der ständigen Ungewißheit leben, ob er nun von Gott und anderen geliebt und angenommen ist oder nicht. Aber die Lösung für dieses Problem kann nicht darin liegen, daß wir es untersuchen und die Gründe dafür ans Tageslicht bringen. Die Ursache liegt im Unglauben, denn nur der Glaube an die Liebe Gottes kann Ungewißheit heilen. Und Glaube entsteht *niemals* dadurch, daß wir uns selbst durchforsten. Glaube entsteht durch die Offenbarung der Wahrheit, durch das Hören auf Gottes Wort.

Es ist die Wahrheit und allein die Wahrheit, die einen Menschen von Selbstzweifeln und Ungewißheit befreit, und ihm das Vertrauen schenkt, von Gott in Christus geliebt zu sein. Die Wahrheit wird ihm klar machen, daß Gott seine Liebe in Christus Jesus offenbart hat. Nur wenn er sich selbst verliert und seine Seele Gott unterstellt, wird die Liebe des Geistes seine Seele überströmen. Nur wenn er der Kraft des Todes Jesu vertraut, wird er wissen, daß er angenommen ist in dem Geliebten, daß er schon vollkommen gerechtfertigt ist in den Augen Gottes. Und wenn er von Gott angenommen ist, kann er (oder sie) auch beginnen, die zwischenmenschlichen Beziehungen in Ordnung zu bringen.

Er wird dann auch entdecken, daß er wertvoll ist, wenn er die Frucht sieht, die durch das Wirken des Heiligen Geistes in ihm hervorgebracht wird. Er wird feststellen, daß Gott ihn gebraucht, er ist kein nutzloser Ausgestoßener.

Noch einmal möchte ich betonen, daß die Antwort des Neuen Testaments nicht darin liegt, sich auf die Seele zu konzentrieren, um sie zu heilen. Unsichere Menschen kreisen immer viel zu sehr um sich selbst. Wenn wir sie darin unterstützen, werden wir diese Fehlhaltung nur noch verstärken und bei ihnen den Eindruck erwecken, die Antwort auf ihre Not liege in ihnen selbst und nicht in Christus.

Jesus hat jede Not behoben. Wer sich einbildet, er lebe außerhalb der Liebe Gottes, kann davon nur durch die Wahrheit geheilt werden. Dann erst wird der Heilige Geist seine Seele mit einer geistlichen Liebe sättigen, die sich wesentlich von der seelischen Liebe unterscheidet, die auf Emotionen beruht. Wer Jesus gehorcht und sein Leben um seinetwillen verliert, der wird die Liebe finden, die er braucht. Eine Liebe, die nicht mit den Umständen kommt und geht, eine Liebe, die in die Ewigkeit hineinreicht. Aber auch eine Liebe, die man mehr an Taten erkennt als an Gefühlen, die aber dennoch auch unsere gefühlsmäßigen Nöte befriedigt, wenn wir zulassen, daß sie unsere Seele durchdringt.

Je mehr sich jemand der Liebe Gottes überläßt, umso gewisser wird er dieser Liebe, und trägt in sich die Überzeugung, daß nichts ihn von dieser Liebe trennen wird. Unabhängig von seinen Gefühlen, Problemen, Lebensumständen oder Schmerzen. Denn diese Gewißheit ruht in seinem Glauben.

Liebender Gehorsam

Wir brauchen das Wissen von der Liebe Gottes zu uns aber nicht nur, damit wir unsere Selbstzweifel verlieren, sondern weil diese Überzeugung zugleich die Grundlage dafür ist, daß wir ihm gehorchen. Nur durch den Gehorsam bleibt ein Christ in der Liebe Jesu. "Wenn ihr meine Gebote haltet, so bleibt ihr in meiner Liebe, wie ich meines Vaters Gebote halte und bleibe in seiner Liebe. Das sage ich euch, damit meine Freude in euch bleibe und eure Freude vollkommen werde" (Joh. 15,10.11).

Wer nur mit sich selbst beschäftigt ist, dem kommt nicht der Gedanke, daß er gehorchen muß. Er ist unfähig, andere Menschen zu lieben.

Gott liebt nicht die Seele, die um sich selbst kreist, er liebt den neuen Menschen, der durch den Glauben geboren wurde, denjenigen, der in Christus ist und in dem Christus lebt. Er liebt den Menschen, den er vollkommen angenommen hat in seinem geliebten Sohn.

Es besteht die Gefahr, daß wir Menschen einen falschen Glauben dadurch nahebringen, daß wir behaupten, Gott liebe, was er in Wahrheit nicht liebt. Mit Sicherheit liebt er kein Kreisen um sich selbst.

Es ist Gehorsam, das seelische Fixiertsein auf uns selbst aufzugeben und Ungehorsam, daran festzuhalten. Die einzige Weise, Jesus zu gehorchen, besteht darin, zu tun, was er sagt. Und er machte mehr als deutlich, daß *jeder*, der ihm nachfolgen möchte, sich selbst verleugnen und täglich sein Kreuz auf sich nehmen muß - gleichgültig, wer er ist und welche Probleme er hat. *Jeder heißt jeder!*

Es ist nicht unsere Aufgabe, Jesus davon zu überzeugen, daß er damit falsch liegt. Wir würden eine ähnliche Abfuhr einzustecken haben wie Petrus, als er mit Jesus nicht einer Meinung war: "Geh weg von mir, Satan! Du bist mir ein Ärgernis; denn du meinst nicht, was göttlich ist, sondern was menschlich ist" (Mt. 16,23).

Sie bleiben in der Liebe Jesu, wenn Sie Gottes Willen tun, in der Wahrheit leben und aus seiner Fülle schöpfen - nicht aus Ihrem Mangel.

Wenn wir irgendeinen anderen Weg gehen, entstehen unweigerlich Spannungen zwischen Gott und uns. Der Heilige Geist in uns gibt uns Frieden und Erfüllung, wenn wir tun, was Gott möchte.

Die Welt schreit nach Selbstverwirklichung. Die Antwort Jesu darauf lautet, sich selbst loszulassen und dadurch wirkliche Erfüllung zu finden.

Gott legt seine Liebe in einen Christen, damit diese Liebe aus ihm herausströmen kann wie ein Fluß lebendigen Wassers. Wer herumsitzt und darauf wartet, geliebt zu werden, anstatt sich aufzumachen, andere zu lieben, der steht sich selbst im Weg. Wir sind dazu berufen, andere zu lieben, wie Jesus geliebt hat.

Angst

Über den folgenden Satz des Paulus werden manche sagen, er sei unrealistisch: "Sorgt euch um nichts, sondern in allen Dingen laßt eure Bitten in Gebet und Flehen mit Danksagung vor Gott kundwerden! Und der Friede Gottes, der höher ist als alle Vernunft, bewahre eure Herzen und Sinne in Christus Jesus" (Phil. 4,6.7).

Paulus schlägt nicht vor, daß jemand die Gründe für seine Angst analysieren, sondern daß er sich Gott zuwenden soll.

1. Sie brauchen vor nichts Angst zu haben. Genau das sagt Jesus in Mt. 6,25: "Sorgt nicht um euer Leben, was ihr essen und trinken werdet; auch nicht um euren Leib, was ihr anziehen werdet. Ist nicht das Leben mehr als die Nahrung und der Leib mehr als die Kleidung?" Dies ist ein Befehl Jesu und Sie können tun, was er Ihnen aufträgt.

2. Beten Sie in jeder Lage.

3. Sagen Sie Ihr Anliegen Gott, nicht den Menschen.

4. Beten Sie mit Danksagung, denn der Vater wird das Gebet des Glaubens erhören. Es wird Zeiten geben, in denen Sie im Gebet ausharren müssen, bis Sie aufrichtig dankbar sind. Viele werden besiegt, weil sie zu früh aufgeben. Anstatt dankbar zu sein, ärgern sie sich über die Umstände.

5. Wenn Sie mit Danksagung beten, wird Gottes Friede auf Sie herabkommen.

6. Dieser Friede ist höher als alle Vernunft.

7. Dieser Friede wird Ihr Herz (Geist) und Ihren Sinn (Seele) in Christus bewahren. Sie werden mit allem fertig, gleichgültig, wie verzweifelt die Lage aussieht.

Einem Menschen wird geholfen, indem er sich Gott zuwendet. "Naht euch zu Gott, so naht er sich zu euch. Reinigt die Hände, ihr Sünder, und heiligt eure Herzen, ihr Wankelmütigen ... Demütigt euch vor dem Herrn, so wird er euch erhöhen" (Jak. 4,8.10).

Gott möchte, daß jeder Christ eine Beziehung zu ihm hat, diese entsteht durch den Glauben an sein Wort und durch Gebet. Wir lernen nur beten, wenn wir es tun.

Jesus kennt die Lebensumstände, denen jeder gegenübersteht. Er wird es nicht zulassen, daß jemand über seine Kräfte versucht wird (1. Kor.10,13), noch daß ihn die Ereignisse zerstören. "Darum sorgt nicht für morgen, denn der morgige Tag wird für das Seine sorgen. Es ist genug, daß jeder Tag seine eigene Plage hat" (Mt. 6,34).

Jesus leitet Ihr Leben souverän und sorgt dafür, daß die Forderungen des Tages Ihre Kräfte nicht übersteigen. Wenn Sie sich allerdings die Last von morgen noch dazu aufladen, wird Sie das überfordern. Dann haben Sie das Gefühl, es nicht zu schaffen.

Sie fühlen sich von den Aufgaben erdrückt, wenn Sie versuchen, die Probleme von heute, morgen und übermorgen alle auf einmal zu lösen. Jesus macht Ihnen diesen Vorschlag nicht.

Viele gehorchen ihm nicht, und machen ihn dann anschließend für die Folgen verantwortlich. Wenn wir seine Wege gehen, werden wir merken, daß er für uns sorgt, uns fähig macht, uns in jeder Schwierigkeit unterstützt, nicht zuläßt, daß wir fallen, und uns zum Sieg führt.

9. Glaube

Gerechte leben aus Glauben - nicht durch Seelsorge. Sie vertrauen Gott jeden Tag. Sie vertrauen seinen Worten und seinen Taten und geben ihm dadurch die Möglichkeit, ihr Leben zu beeinflussen. Sie haben begriffen, daß Glaube mehr ist, als einige Sätze für wahr zu halten, sondern bedeutet, sein ganzes Vertrauen auf den Einen zu setzen, von dem die Bibel zeugt.

Bevor Jesus Menschen 'behandelte', die bei ihm Hilfe suchten, stellte er ihnen Fragen, um herauszufinden, ob sie glaubten, worum sie ihn baten. Und oft genug machte er deutlich, daß es ihr Glaube war, der sie heilte.

"Geh hin; dir geschehe, wie du geglaubt hast" (Mt. 8,13).

"Sei getrost meine Tochter, dein Glaube hat dir geholfen" (Mt. 9,22).

"Euch geschehe nach eurem Glauben!" (Mt. 9,29).

"Frau, dein Glaube ist groß. Dir geschehe, wie du willst!" (Mt. 15,28).

"Als nun Jesus ihren Glauben sah ..." (Mk. 2,5).

"Steh auf, geh hin; dein Glaube hat dir geholfen" (Lk. 17,19).

"Dein Glaube hat dir geholfen; geh hin in Frieden!" (Lk. 7,50).

Ich habe Menschen kennengelernt, die diese Konzentration auf den Glauben wegerklären wollten. Sie behaupteten, daß Jesus nicht wirklich meinte, daß Glauben heilen könne. Warum sagte er es dann? Jesus war sicher fähig, zu sagen, was er meinte. Er sagte: "Dein Glaube hat dir geholfen!", denn genau das meinte er.

Dies macht klar, welche Macht Glauben im Leben eines Christen hat. Es ist die Stimme der Wahrheit, die sagt: "Dein Glaube hat dir geholfen!" und "Dir geschehe nach deinem Glauben!" Offensichtlich fragte Jesus nur bei Menschen, die dämonisch gebunden waren, nicht nach ihrem Glauben.

Gleichgültig, was die Ursache der Krankheit war, der Glaube an Jesus brachte Heilung. Manchmal, wie in der Geschichte des Gelähmten, der durch das Dach heruntergelassen wurde, war Sünde entweder die Ursache der Krankheit oder ein Hindernis für die Heilung, aber auch damit konnte er umgehen, indem er Sünde vergab.

Unglaube

Als Jesus nach seiner Auferstehung zum erstenmal den elf Jüngern begegnete, schalt er ihren Unglauben (Mk. 16,14).

So wie der Glaube in positiver Hinsicht sehr mächtig ist, ist es der Unglaube in einer negativen Weise. Jesus ist manchmal von seinen Jüngern enttäuscht oder gar frustriert worden, wenn sie es versäumten, im Glauben zu handeln. Nachdem er vom Berg der Verklärung herabgekommen war, sagte er zu den neun Jüngern, die dem fallsüchtigen Jungen nicht helfen konnten: "O du ungläubiges und verkehrtes Geschlecht, wie lange soll ich bei euch sein? ..." (Mt. 17,17).

Das war nicht unbedingt das Aufbauendste, das er jemals sagte, aber er wollte sie aus ihrem Unglauben herausschütteln. Hinterher erklärte er ihnen, daß sie dem Kind nicht helfen konnten, weil sie so wenig Glauben hatten (Mt. 17,20).

Für Jesus war klar: "Alle Dinge sind möglich dem, der da glaubt" (Mk. 9,23). Nur in Nazareth "konnte er nicht eine einzige Tat tun, außer daß er wenigen Kranken die Hände auflegte und sie heilte. Und er wunderte sich über ihren Unglauben" (Mk. 6,5.6).

Glaube ist eine Entscheidung. Sie haben zu entscheiden, ob Sie glauben wollen, was Gott in seinem Wort sagt, oder ob Sie Dinge glauben wollen, die mit den Worten Jesu nicht übereinstimmen. Es gibt fünf große Einwände gegen den Glauben, die ich hier kurz nennen möchte:

1. *Verstand.* Damit meine ich die natürliche, rationale Verstandeskraft. Der Verstand wird Gott immer begrenzen wollen, denn er selbst hat seine Grenzen im Natürlichen. Wenn Sie Ihr Denken unter den Einfluß des Geistes Gottes bringen, wird er Ihnen die Wahrheit des Wortes Gottes offenbaren, die einen übernatürlichen Charakter hat. Das wird Ihre Denkfähigkeit nicht beeinträchtigen, sondern Ihren Horizont erweitern. Sie denken dann mit der Weite Christi. Sie werden die übernatürlichen Möglichkeiten sehen, denn Sie haben dann die Kraft des Heiligen Geistes und des Reiches Gottes in sich. Aus diesem Grund drängt Paulus, "Trachtet nach dem, was droben ist, nicht nach dem, was auf Erden ist" (Kol. 3,2).

2. *Gefühle.* Es ist oft viel leichter, den Gefühlen zu glauben als dem Wort Gottes. Aber Gefühle sind unzuverlässig und ändern sich von einem Augenblick zum nächsten, oft beeinflußt von Gedanken oder den Umständen, in denen Sie sich gerade befinden. Die Wahrheit ändert sich nie. "Himmel und

Erde werden vergehen; aber meine Worte werden nicht vergehen" (Mt. 24,35). Wenn Sie die Wahrheit glauben, werden sich auch Ihre Gefühle ändern. Wenn Sie Ihren Gefühlen glauben, wird Sie das oft dazu bringen, die Wahrheit zu verleugnen.

Wie Ihr Verstand wurden Ihnen auch Ihre Gefühle von Gott gegeben, sie sind wichtig. Die Seele - und dazu gehören auch die Emotionen - soll dem Geist dienen. Gott möchte, daß Sie seine Liebe, Freude und seinen Frieden ausdrücken und nicht die negativen selbstzentrierten Gefühle, die oft genug seinem Willen entgegenstehen.

Diese negativen Gefühle bestimmen das Leben von manchen Menschen und es ist offensichtlich, daß sie die Gesinnung Jesu brauchen. Nur wenn Sie glauben, daß Sie wirklich der Mensch sind, als den Gott Sie sieht, werden Sie Ihre Gefühle unter Kontrolle bekommen.

3. *Lebensumstände.* Diese sind oft schwierig. Jesus verspricht uns kein locker-leichtes Leben. "In der Welt habt ihr Probleme", sagt er - und jeder glaubt das! Dennoch verlangt er von uns, daß wir diesen Problemen mit Glauben begegnen, daß wir zu den Bergen sprechen und erwarten, daß sie sich bewegen. Er gibt seinen Nachfolgern die Vollmacht, auf Erden zu binden und zu lösen, zu verhindern oder zuzulassen, was immer im Himmel gebunden oder gelöst ist (Mt. 18,18). Sie haben Schwierigkeiten, nicht resigniert zu akzeptieren in der Annahme, Gott wolle sie damit 'erschlagen'.

Umstände dürfen Sie nicht bestimmen. Sie müßen lernen, zu glauben und sie auf diesem Weg zu überwinden. Sie müssen wählen, ob Sie die Tatsachen oder die Wahrheit glauben. In jeder Lage.

4. *Satan.* Der Feind möchte nicht, daß Sie im Glauben handeln oder die Vollmacht gebrauchen, die Sie als Christ haben, deshalb appelliert er an Ihre Vernunft. "Sei vernünftig", lautet eine seiner typischen Bemerkungen. Er gebraucht auch negative Gefühle und lenkt damit die Aufmerksamkeit auf Sie selbst anstatt auf Jesus und sein Wort. Sein ganzes Tun ist darauf ausgerichtet, Sie auf sich selbst zurückzuwerfen und auf diese Weise zu verhindern, daß Sie geistlich leben.

Der Teufel ist der Betrüger. Er versucht, Sie zu täuschen, indem er Ihnen nahelegt, daß Ihre Probleme gelöst werden, wenn Sie seelische Heilung suchen. Er will, daß Sie glauben, daß die Vergangenheit noch immer Ihr Leben bestimmt, anstatt zu begreifen, daß Sie gestorben und zu einem neuen Leben befreit sind.

Gott verurteilt uns nicht, auch wenn wir getäuscht wurden. Ein Mensch ist erst dann der Betrogene, wenn er darauf beharrt, recht zu haben, während er in Wahrheit unrecht hat. Es ist eine Täuschung zu meinen, wir würden durch eine Praxis freigesetzt, die angeblich im Einklang mit der Wahrheit steht. Stimmt etwas mit der Wahrheit nicht, oder reicht sie nicht aus? Jesus sagt, daß uns die Wahrheit frei macht und nicht irgendetwas, das angeblich mit ihr verwandt ist. Oft leugnen die Dinge, die vorgeblich mit der Wahrheit in Einklang stehen, auf subtile Weise die Wahrheit. Der Teufel kommt manchmal als Engel des Lichts.

Der Teufel ist auch der Ankläger der Brüder. Er fördert das Gefühl der Unzulänglichkeit und untergräbt damit den Glauben an das Werk Christi. Er möchte stehlen, töten und zerstören. Er möchte Ihnen die Wahrheit stehlen, denn er weiß, daß er verloren hat, wenn Sie im Einklang mit Gottes Wort leben. Er kann das Geschehen von Golgatha nicht rückgängig machen, aber er kann dafür sorgen, daß Sie es nicht glauben. Unterstellungen sind eine erprobte Möglichkeit, dies zu bewerkstelligen: "Du bist ein Versager!", "Du schaffst das nie!", "Du nennst dich Christ?", "Schau dich doch mal an!", "Wieso sollte Gott dich lieben?"

Hören Sie nicht auf seine Lügen, hören Sie auf die Wahrheit!

5. *Tradition.* Viele bemerken nicht, wie sehr ihre kirchlichen Traditionen der Wahrheit widersprechen. Jesus warnte seine Jünger: "Seht zu und hütet euch vor dem Sauerteig der Pharisäer und Sadduzäer!" (Mt. 16,6). Ein wenig Sauerteig durchdringt den ganzen Mehltopf. Jesus warnte sie vor den Lehren dieser religiösen Gruppen: "Ihr verlaßt Gottes Gebot und haltet der Menschen Satzungen" (Mk. 7,8). Und er nannte die verheerenden Folgen, die das hat: "... und hebt so Gottes Wort auf durch eure Satzungen, die ihr überliefert habt" (Mk. 7,13).

Gott beruft Christen dazu, im Glauben an sein Wort zu leben und nicht in Traditionen, die sein Wort auflösen. "Ohne Glauben ist's unmöglich, Gott zu gefallen" (Hebr. 11,6). "Was aber nicht aus dem Glauben kommt, das ist Sünde" (Röm. 14,23). Und letzteres schließt Traditionen mit ein.

Gewißheit

Wenn all dies dem Glauben entgegensteht, ist es kein Wunder, daß Paulus davon spricht, daß wir den guten Kampf des Glaubens zu kämpfen haben. Natürlich ist es ein Kampf, aber einer mit siegreichem Ausgang.

Wenn man überhaupt im Neuen Testament von einer Definition des Glaubens reden kann, dann bei dem bekannten Vers aus Hebräer 11,1: "Es ist aber der Glaube eine feste Zuversicht auf das, was man hofft, und ein Nichtzweifeln an dem, was man nicht sieht".

Glaube ist nicht der Versuch, etwas zu glauben, das man nicht glauben kann. Glauben heißt, überzeugt und zuversichtlich zu sein. Sie glauben Dinge nur dann, wenn Sie von ihnen vollkommen überzeugt sind.

Während Sie dies lesen, sitzen Sie aller Wahrscheinlichkeit nach auf einem Stuhl. Bevor Sie sich hinsetzten, standen Sie nicht vor dem Stuhl und sagten: "Ich glaube, dieser Stuhl hält mein Gewicht aus! Ich glaube es! Ich glaube es wirklich! Dieser Stuhl wird mich aushalten!" Sie waren so sicher, daß dieser Stuhl hält, daß Sie auf diese Angelegenheit keinen Gedanken verschwendeten.

Wenn ich Sie fragen würde: "Glauben Sie, daß Jesus der Herr ist?", würden Sie ohne zu zögern sagen: "Ja" - vorausgesetzt, Sie sind Christ. Sie bräuchten für Ihre Antwort keine Bedenkzeit. Sie wissen, daß er der Herr ist. Sie wissen es ohne jeden Zweifel.

Gott möchte, daß Sie alles, was er Ihnen in seinem Wort offenbart, mit der gleichen Überzeugung glauben, auch das, was er für Sie getan hat und wer Sie in seinen Augen sind.

Er möchte, daß Sie davon überzeugt sind, daß Sie gestorben sind, und Ihr Leben nun mit Christus in Gott verborgen ist. Er möchte, daß Sie davon überzeugt sind, daß Sie mit Christus gekreuzigt wurden, daß nun nicht mehr Sie leben, sondern Christus in Ihnen.

Er möchte, daß Sie davon überzeugt sind, daß Sie Ihr Leben verloren haben und nun der Herrschaft Jesu unterstehen, der durch seinen Heiligen Geist in Ihnen regiert.

Er will, daß Sie davon überzeugt sind, daß das Alte vergangen, und das Neue gekommen ist; daß Sie ein neuer Mensch sind. Er will, daß Sie davon überzeugt sind, daß Sie jeden geistlichen Segen des Himmels in Christus empfangen haben, daß Sie in ihm die Fülle des Lebens haben, daß er all Ihre Nöte beheben wird gemäß dem Reichtum seiner Herrlichkeit in Christus Jesus.

Paulus schreibt: "In Christus Jesus gilt weder Beschneidung noch Unbeschnittensein etwas, sondern der Glaube, der durch die Liebe tätig ist" (Gal. 5,6). Sie bekommen in all diesen Dingen keine Gewißheit, wenn sie versuchen, sich selbst zu kreuzigen, mit sich selbst zu kämpfen, sich selbst zu heilen. Wenn Sie das versuchen oder versucht haben, dann bitten Sie nun den Heiligen Geist, Ihnen diese Wahrheiten zu offenbaren, damit sie in Ihrem Geist lebendig werden.

Alt oder neu

Im folgenden zeige ich zwei Möglichkeiten, wie ein Mensch leben kann. Sie gehören entweder auf die eine oder die andere Seite. Sie können sich nicht gleichzeitig auf beiden Seiten befinden. Sie müssen sich entscheiden, ob Sie zum Alten oder zum Neuen gehören.

Alt	**Neu**
Ein Sünder	Ein Heiliger
Im Reich der Finsternis	Im Reich Gottes
Gebunden von Sünde	Frei von Sünde
Verdammt	Versöhnt
Ungerecht	Gerecht
Unerlöst	Erlöst
Unheilig	Heilig in Christus
Satan als Vater	Gott als Vater
Kind der Finsternis	Kind des Lichts
Dem alten Menschen ausgeliefert	Ein neuer Mensch: Christus in dir!
Gefallen	Neue Schöpfung
Ohne ewiges Erbe	Miterbe Christi
Wertlos	Wertvoll
Unwürdig	Geliebt in Christus
Ohne Herrlichkeit	Verherrlicht
Ohne einen Platz im Himmel	An himmlischen Orten

Ohne Gottes Kraft	Erfüllt mit Kraft durch den Heiligen Geist
Krank	Geheilt durch Jesu Wunden
Ein Versager	Kind Gottes
Unter der Herrschaft von Sünde und Tod	Unter der Herrschaft des Geistes des Lebens
Mit einem Geist der Furcht	Erfüllt mit dem Geist der Kraft, der Liebe und der Besonnenheit

Was für ein Unterschied. Und Sie können nicht zu beiden Seiten zugleich gehören. Wenn Sie zu Jesus gehören, gilt alles auf der rechten Seite für Sie - alles! Man könnte versucht sein, sich zum Teil auf beiden Seiten einzuordnen, aber das liegt daran, daß wir nicht Gottes Sicht der Dinge haben.

Viele suchen Seelsorge, weil sie sich auf der falschen Seite wiederfinden. Es ist fatal, mit ihnen so umzugehen, als hätten sie recht. Sie befinden sich nur dann auf der linken Seite, wenn sie keine Christen sind.

Wir werden später sehen, daß manche sehr kranke Menschen durch einen längeren Prozeß der Umkehr hindurchmüssen, bevor sie vom Alten befreit sind und die Wahrheit ergreifen. Aber sobald sie von neuem geboren wurden, sind sie neu und alles in der rechten Spalte gilt für sie, ob sie es wahrhaben oder nicht.

Satan möchte, daß Christen nicht glauben, was Gott für sie getan hat. Er kann Gottes Werk nicht zerstören, deshalb versucht er, Christen an ihre Vergangenheit zu binden und ihnen damit das neue Leben, das sie in sich tragen, zu verbauen.

Satan ist ein Lügner und der Vater aller Lüge. Die Rückkehr zur Vergangenheit macht keinen Menschen frei und eröffnet nie den Weg zu einem neuen Leben. Neues Leben gibt es nur durch den Glauben an Jesus. Man glaubt eine Lüge, wenn man meint, nur leben zu können, wenn man in seiner Vergangenheit herumwühlt. Das Alte ist vergangen, gekreuzigt mit Christus. Es ist bereinigt durch die Tat Christi. Der Glaube vertraut dem, was er getan hat.

Nichts kann dem Werk am Kreuz hinzugefügt werden. Paulus schrieb einen wütenden Brief an die Galater. Er hatte den Galatern das Evangelium vom

Kreuz verkündet, aber nach ihm kamen Prediger, die behaupteten, daß der Glaube an die Heilstat Jesu zur Rettung nicht ausreiche, daß zum Glauben auch noch das Befolgen der Gebote und die Beschneidung kommen müssen. Paulus war sauer und im übrigen der Meinung, daß die Galater wohl nicht ganz bei Trost wären, einen solchen Quatsch zu glauben. Was machte ihn so ärgerlich? Die Behauptung dieser Prediger, daß der Glaube an Jesus und seinen Kreuzestod zur Rettung nicht genüge. Auch heute ist dies zu beobachten. Manche meinen, auf die Bekehrung zu Christus muß seelsorgerliche Beratung, innere Heilung oder die Heilung der Erinnerungen folgen. Paulus wäre heute genauso zornig wir damals, wenn er sich das anhören müßte. Er würde überhaupt nicht verstehen, wie Christen sich so täuschen lassen können.

Er fragte die Galater, ob sie den Heiligen Geist empfangen und Wunder gesehen hätten, weil sie das Gesetz gehalten oder weil sie dem Evangelium geglaubt hatten. Auf diese Frage gab es nur eine Antwort: Durch den Glauben an das Evangelium.

Das gleiche gilt heute. Der einzige Weg zur Freiheit besteht darin, das zu glauben, was uns das Neue Testament über das vollkommene Heilswerk Jesu am Kreuz auf Golgatha mitteilt. In dieser Tat wurde alles vollbracht, was zu unserem Heil nötig ist - für Geist, Seele und Leib.

Der Glaube hält Jesu Tod für den eigenen Tod, seine Auferstehung für die eigene Auferstehung. Wer in Christus angenommen ist, ist von Gott genauso angenommen, wie Gottes Sohn selbst. Er ist vollkommen durch das Werk Jesu.

Teil 2

Anderen Menschen mit der Wahrheit dienen

10. Gesalbt durch den Geist

Jeder Seelsorger muß sich vollkommen dem Heiligen Geist unterordnen, dem Beistand, den uns Gott gegeben hat. Wir müssen seine Wahrheit weitergeben, nicht unsere Ratschläge. Und er führt uns direkt zu Jesus hin. Unsere eigentliche Aufgabe ist es, einem Christen zu zeigen, daß er durchaus fähig ist, selbst Jesus um Leitung, Hilfe oder Heilung zu bitten. Der Heilige Geist lebt in ihm, um die Wahrheit Jesu zu offenbaren, damit er in Freiheit in der Kraft Gottes leben kann.

Wiedergeboren

Wenn Sie versuchen, anderen zu helfen, müssen Sie zuerst sicherstellen, daß sie von neuem geboren wurden. Dies scheint oft klar zu sein, aber es ist keineswegs immer der Fall. Wenn ein Mensch von neuem geboren werden soll, bedarf es dazu der Umkehr und des Glaubens an Jesus Christus und an seine Heilstat am Kreuz.

Viele sind heute nicht wirklich wiedergeboren. Sie wurden dazu aufgefordert, eine ernsthafte aber oft oberflächliche Antwort auf das Evangelium zu geben. Folgende Formeln sind weit verbreitet: "Er hat sein Leben übergeben." oder "Sie hat Jesus gebeten, in ihr Herz zu kommen."

Beide Ausdrücke sind unbiblisch und bedeuten nicht unbedingt, daß die betreffende Person Buße getan hat, oder nun an den gekreuzigten und auferstandenen Christus glaubt.

Im Laufe der Jahre wurden viele Christen mit größeren Problemen von anderen Gemeinden aus Großbritannien und darüber hinaus zu uns geschickt. Es war erstaunlich, wie oft diejenigen, die sie um Rat baten, voraussetzten, daß sie Christen waren, obwohl dies traurigerweise häufig nicht der Fall war. Wir mußten diese Menschen zur Umkehr und zum Glauben führen, damit sie eine Beziehung zu Jesus aufnehmen konnten. Zuerst mußten sie das Evangelium vom Kreuz hören.

Das Traurige an der Sache ist, daß viele von denen, die zu uns kamen, schon langwierige und erfolglose Seelsorgeversuche über sich ergehen lassen mußten, weil andere fälschlicherweise annahmen, sie seien Christen, weil sie eine Lebensübergabe vollzogen hatten oder sonntags zur Kirche gingen. Oft stellte sich heraus, daß sie niemals zur Umkehr aufgefordert worden waren.

Mehr als einmal sagten Menschen zu mir: "Warum soll ich Buße tun? Ich bin Anglikaner!"

Man kann auch einen kirchlichen Betrieb aufrechterhalten, ohne daß man predigt, daß die Kirchenmitgliedschaft keine Eintrittskarte für den Himmel ist, sondern daß dies nur durch die neue Geburt möglich ist, der Umkehr und Glaube vorausgehen.

Wenn jemand umkehrt, an Jesus glaubt und von neuem geboren wird, löst allein dies schon viele Probleme in seinem Leben. Wenn dann die Taufe durch den Heiligen Geist hinzukommt, ändert das auch sein seelisches Befinden. Dies wiederum löst viele weitere Schwierigkeiten.

Anbetung gewinnt an Bedeutung, denn diese Menschen wissen, zu wem sie beten. Sie entdecken, wie das Leben Jesu durch sie hindurch zu anderen fließt, wie nie zuvor. Liebe und Freude erfüllen sie, und sie lernen Gottes Frieden in neuer Weise kennen. Die Frucht des Geistes wächst in ihnen und bald können sie die Gaben des Geistes gebrauchen, wenn man sie dazu ermutigt.

Dies bedeutet natürlich nicht das Ende aller Probleme, denn das Leben des Geistes muß uns dauerhaft prägen. Wir brauchen nicht nur die Taufe durch den Heiligen Geist, sondern müssen beständig in ihm leben. Paulus schreibt an die Epheser, daß sie sich immer wieder vom Heiligen Geist erfüllen lassen sollen. Dies ist ein fortwährender Prozeß, der mit einem konkreten Anfangspunkt beginnt, der von Jesus selbst gesetzt wird.

Die Taufe im Heiligen Geist

Wir haben gesehen, daß der Heilige Geist mit der Neugeburt den Geist des Menschen lebendig macht. Wir haben weiter gesehen, daß ein Christ seinen Leib und seine Seele Jesus unterordnen muß, damit das Leben, das der Heilige Geist mitbringt, dauerhaft in ihn hineinfließen kann und in ihm zu Strömen lebendigen Wassers wird. Jesus tauft im Heiligen Geist: "Ich (Johannes) taufe euch mit Wasser zur Buße; der aber nach mir kommt, ist stärker als ich, und ich bin nicht wert, ihm die Schuhe zu tragen; der wird euch mit dem heiligen Geist und mit Feuer taufen" (Mt. 3,11).

Taufen bedeutet untertauchen, völlig durchdringen. Wenn ein Mensch getauft wird, wird er untergetaucht, um deutlich zu machen, daß sein altes Leben tot und mit Christus begraben ist. Er erhebt sich aus dem Wasser, um das neue Leben in Christus zu führen.

Wenn jemand im Heiligen Geist getauft wird, wird seine Seele 'eingetaucht' in den Geist. Die Fülle des Heiligen Geistes fließt durch seine Seele und gibt ihm die Kraft, das neue Leben in Christus zu führen. "Ihr werdet die Kraft des heiligen Geistes empfangen, der auf euch kommen wird, und werdet meine Zeugen sein" (Apg. 1,8). Die Taufe symbolisiert, daß dieser Mensch durch den Glauben in Christus 'eingefügt'geworden ist. Die Taufe im Heiligen Geist gibt ihm die Kraft, in Christus zu leben.

Diese beiden Geschehen werden oft nicht sauber unterschieden. Beides will Gott den Christen schenken. In manchen Fällen geschehen beide Dinge nacheinander am selben Tag, wie es bei Jesus der Fall war. Er ließ sich von Johannes dem Täufer taufen, und der Heilige Geist kam auf ihn herab, als er aus dem Wasser auftauchte - nicht während er darin war. "Und als Jesus getauft war, stieg er alsbald herauf aus dem Wasser. Und siehe, da tat sich der Himmel auf, und er sah den Geist Gottes wie eine Taube herabfahren und über sich kommen. Und siehe, eine Stimme vom Himmel herab sprach: Dies ist mein lieber Sohn, an dem ich Wohlgefallen habe" (Mt. 3,16-17).

Bei anderen liegen beide Ereignisse Jahre auseinander, nicht, weil das dem Willen Gottes entspräche, sondern deshalb, weil niemand diesen Menschen gesagt hat, daß es eine Taufe im Heiligen Geist gibt und sie sie brauchen.

Oft fragen sich Menschen, weshalb sie nicht im Heiligen Geist getauft sind. Gewöhnlich meinen sie, dies sei der Fall, weil sie nicht die Gabe des Sprachengebets haben. Sie zäumen damit das Pferd von hinten auf. Man spricht nicht in Sprachen, damit man vom Heiligen Geist erfüllt wird, sondern weil man vom Heiligen Geist erfüllt ist. Zuerst kommt die Taufe, die wir durch den Glauben erlangen, und danach kommt das Sprachengebet. Jesus sagt: "Bittet, so wird euch gegeben; suchet, so werdet ihr finden; klopfet an, so wird euch aufgetan. Denn wer da bittet, der empfängt; und wer da sucht, der findet; und wer da anklopft, dem wird aufgetan. Wo ist unter euch ein Vater, der seinem Sohn, wenn der ihn um einen Fisch bittet, eine Schlange für den Fisch biete? oder der ihm, wenn er um ein Ei bittet, einen Skorpion dafür biete? Wenn nun ihr, die ihr böse seid, euren Kindern gute Gaben geben könnt, wieviel mehr wird der Vater im Himmel den heiligen Geist geben denen, die ihn bitten!" (Lk. 11,9-13).

Wenn für einen Menschen bei zahlreichen Gelegenheiten darum gebeten wurde, daß Gott ihn mit seinem Heiligen Geist erfüllt, dann gehe ich davon aus, daß er keine weiteren Gebete braucht, sondern den Glauben, daß Gott seine Versprechen hält. Wenn Menschen erst einmal glauben, daß sie Gottes

Geist empfangen haben, dann haben sie auch keine Probleme damit, in Sprachen zu beten.

Einmal mehr zeigt sich daran, wie sehr Menschen geneigt sind, ihre Erfahrungen über das Wort Gottes zu stellen. Wenn wir dem Wort Gottes glauben, dann machen wir die entsprechenden Erfahrungen. (Dies bedeutet nicht, daß es nicht manchmal andere Gründe gibt, warum jemand nicht empfängt, worum er bittet. In der Praxis habe ich aber entdeckt, daß dies selten der Fall ist.)

Üblicherweise ändert sich das ganze Verhalten eines Menschen, sobald er begreift, daß Gott ihn gesegnet hat. "Sie sind der Meinung, ich bin im Heiligen Geist getauft?" fragen sie oft. Wenn man ihnen Gottes Treue versichert, beten viele auf der Stelle in Sprachen, ohne weitere Unterstützung.

Dies alles zeigt die Macht von Glauben und Unglauben. Es ist tragisch, wenn dies von Pfarrern oder Seelsorgern nicht erkannt wird, die der Meinung sind, daß es einen moralischen Grund geben muß, weshalb Gott seine Segnungen zurückhält. Das bestätigt nur die schlimmsten Befürchtungen dieser Personen, und führt zu einer intensiven Beschäftigung mit sich selbst, was dem Glauben in keiner Weise förderlich ist.

Gesalbt

"Doch ihr habt die Salbung von dem, der heilig ist, und habt alle das Wissen" (1. Joh. 2,20). Dies gilt für jeden Christen. Danach führt Johannes aus, was es bedeutet, in dieser Weise gesalbt zu sein: "Und die Salbung, die ihr von ihm empfangen habt, bleibt in euch, und ihr habt nicht nötig, daß euch jemand lehrt; sondern wie euch seine Salbung alles lehrt, so ist's wahr und ist keine Lüge, und wie sie euch gelehrt hat, so bleibt in ihm" (1. Joh. 2,27).

1. Ein Christ hat "eine Salbung". Dies bedeutet nicht, daß er sich nicht nach einer weiteren Salbung ausstrecken soll, aber daß er bereits eine erhalten hat.

2. Diese Salbung kommt von dem heiligen Gott. Er salbt einen Christen mit seinem eigenen Geist, dem Heiligen Geist.

3. Diese Salbung ermöglicht allen, die sie empfangen haben, die Wahrheit zu erkennen. Der Geist der Wahrheit offenbart einem Christen Jesus und die Wahrheit seiner Worte.

4. Diese Salbung bleibt in Ihnen. Gott nimmt sie nicht weg. Er weiß, daß Sie ständig die Offenbarung seiner Wahrheit brauchen.

5. Da Sie diese Salbung haben, brauchen Sie niemanden, der Sie lehrt. Sie brauchen niemanden als Ersatz für den Heiligen Geist. Er gibt Ihnen das Wort, das Sie in jeder Situation brauchen. Er ist Ihr Beistand, Ihr persönlicher Seelsorger.

Offensichtlich meint Johannes nicht, daß niemand Ihnen das Evangelium erklären muß. 'Lehrer' sind von Gott gegebene Diener einer Gemeinde (1. Kor. 12,28). In diesem Zusammenhang sagt Johannes: "Was ihr gehört habt von Anfang an, das bleibe in euch. Wenn in euch bleibt, was ihr von Anfang an gehört habt, so werdet ihr auch im Sohn und im Vater bleiben" (1. Joh. 2,24). Der Heilige Geist erinnert uns an das, was uns beigebracht wurde. Wir müssen ihn um Rat fragen. Gott hat Ihnen die Salbung gegeben, dies zu tun.

6. Diese Salbung lehrt Sie alle Dinge. Sie haben den Lehrer in sich. Er weist Sie auf den Aspekt der Wahrheit Gottes hin, der in Ihrem Leben gegenwärtig nötig ist, er verweist Sie nicht auf Ihr Inneres oder Ihre Vergangenheit.

Es ist falsch zu behaupten, man könne die Stimme Gottes nicht klar verstehen. Jesus sagt, daß seine Schafe seine Stimme kennen. Er kennt Sie. Er weiß, was er Ihnen zu sagen hat und wie er es Ihnen sagen muß. Sie hören seine Stimme, aber manchmal schieben Sie sein Wort beiseite, weil Ihnen nicht gefällt, was er sagt.

7. Diese Salbung ist echt, nicht eingebildet. Der Heilige Geist macht Ihnen nie etwas vor oder widerspricht dem Wort Gottes.

8. Diese Salbung lehrt Sie, in Jesus zu bleiben, in ihm zu leben. Jesus sagt: "Wenn ihr in mir bleibt und meine Worte in euch bleiben, werdet ihr bitten, was ihr wollt, und es wird euch widerfahren" (Joh. 15,7). Gibt es ein größeres Versprechen? "Was ihr wollt", das gilt nicht nur für Sie, sondern für jeden Christen, der sich an Sie wendet.

Wenn er nun nicht bereit ist, die Worte Jesu zu glauben, was tun Sie dann? Sicher ersetzen Sie Jesu Worte nicht durch irgendetwas anderes. Der Heilige Geist wird Ihnen die richtigen Worte für die betreffende Person geben. Sie sprechen im Namen Jesu, also werden Sie sagen, was er in der Situation sagen würde. Wenn Sie nicht bereit sind, die Wahrheit in Liebe zu sagen, dann schweigen Sie besser.

Vor Caesarea Philippi hatte Petrus der unangenehmen Tatsache ins Auge zu sehen, daß nicht alle seine Worte der Wahrheit entsprachen. Jetzt sprach er eine Offenbarung Gottes des Vaters aus, und im nächsten Moment widersprach er Jesus und machte sich damit zum Werkzeug Satans.

Wir sollten daraus lernen, niemals der Wahrheit zu widersprechen. Warum auch sollten wir eine Wahrheit verleugnen, die uns und anderen die Freiheit schenken kann? Sich von der Wahrheit abzuwenden bedeutet, daß wir weiterhin unfrei bleiben oder die Situation gar verschlimmern. "Wenn jemand predigt, daß er's rede als Gottes Wort" (1. Petr. 4,11). Wenn Sie ein Wort Gottes zu Menschen sprechen, dann geschehen Dinge. Leben oder Heilung kann dadurch vermittelt werden. Paulus schreibt an die Korinther, daß wir durch Christus Jesus reich gemacht sind in allen Stücken, in aller Lehre und in aller Erkenntnis, so daß wir keinen Mangel haben an irgendeiner Gabe" (1. Kor. 1,5.7). Das gilt für Sie, wenn Sie andere beraten, und es gilt für diejenigen, denen Sie helfen. Paulus spricht von allen Gläubigen: "... samt allen, die den Namen unseres Herrn Jesus Christus anrufen an jedem Ort, bei ihnen und bei uns" (V.2).

In Christus ist jeder Gläubige in jeder Hinsicht reich beschenkt. Möglicherweise weiß er es nicht oder glaubt es nicht, fast sicher *fühlt* er es nicht. Dennoch ist es die Wahrheit. Es kann auch gar nicht anders sein, wenn er in Gott lebt und Gott in ihm. Er hat eine neue Sprache empfangen, die es ihm ermöglicht, mit der Wahrheit übereinzustimmen und die Wahrheit in sein Leben und seine Situation hineinzusprechen. Seine ganze Sicht des Lebens ist bereichert worden durch die Erkenntnis der Wahrheit.

Es ist nötig, sich immer wieder klarzumachen, daß ein Mensch nicht jemanden braucht, der für ihn betet, sondern der ihn zur Wahrheit führt. Aus diesem Grund schrieb Paulus zahlreiche seiner Briefe. Zum größten Teil brachte er seinen Lesern keine neuen Offenbarungen, sondern erinnerte sie an das, was ihnen bereits gesagt worden war. Regelmäßig benutzt er Ausdrücke wie: "Ihr wißt, daß ...", "Wir wissen, daß ..." Immer wieder weist er sie auf Jesus und seine Heilstat hin.

Sie können alle Gaben des Heiligen Geistes gebrauchen. Und der Heilige Geist wohnt in jedem Gläubigen, um ihm zu helfen. Deshalb müßen Sie einem Menschen helfen, selbst Gott zu hören und zu begreifen, daß die Gaben des Geistes auch ihm gegeben sind. Er hat selbst die Salbung des Geistes und muß sich seiner Leitung überlassen.

Es ist viel zu weit verbreitet, daß Christen die Taufe im Heiligen Geist empfangen und dadurch verändert werden - aber leider nur für wenige Wochen. Während dieser Zeit erleben sie, wie sie ihre Probleme in den Griff bekommen, denn sie sind sich der Gegenwart Jesu in diesen Wochen sehr bewußt. Aber langsam gleiten sie wieder ab, richten ihren Blick von Jesus weg auf sich selbst und ihre Lebensumstände, und anstatt weiterhin ihre Probleme zu beherrschen, fühlen sie sich ihren Schwierigkeiten ausgeliefert.

Eine Zeitlang war ihre Seele Gott untergeordnet, aber dann erstarkte ihr altes Ich wieder und damit schien der Segen des Geistes zu verschwinden.

So jedenfalls erfahren es Menschen, obwohl ihnen Gott nichts weggenommen hat. Sie leben nur nicht mehr aus der Fülle, die ihnen Gott in seinem Heiligen Geist geschenkt hat. Deswegen ist es bei einem Gespräch mit einem Hilfesuchenden wichtig, auf folgende Dinge zu achten:

1. daß der betreffende Mensch wiedergeboren ist,

2. daß er die Taufe im Heiligen Geist empfangen hat,

3. daß er sein Leben unter der Leitung des Geistes führt. Also daß er im Geist wandelt und danach strebt, Jesus zu gehorchen.

Wenn Sie versuchen, Menschen zu helfen und dabei diese drei elementaren Dinge außer acht lassen, dann werden Sie einen katastrophalen Mißerfolg erleben. Wenn jemand nicht bereit ist, sich auf die drei genannten Punkte einzulassen, werden Sie ihm nur sehr begrenzt helfen können.

Nur der Heilige Geist kann die Worte Jesu in einem Menschen vollkommen leben, aber er kann es nur, wenn der Gläubige bereit ist, mit ihm zusammenzuarbeiten. Niemand kann als Christ leben aus eigener Kraft oder durch eigene Fähigkeiten. Er wird entweder ständig versagen, oder sich in einen Käfig aus Gesetzen sperren.

Gott sieht einen Menschen oft vollkommen anders, als er sich selbst wahrnimmt. Ein Christ sieht ein Problem oder einen Berg von Schwierigkeiten, um die sich Gott kümmern sollte, Gott hingegen sieht einen Menschen, den er liebt, den er gerne bei sich hätte und dem er durch seinen Geist Leben schenken möchte.

Der Dienst des Heiligen Geistes

Der Heilige Geist, der in einem Christen lebt, möchte diesem Menschen dienen. Wenn Sie einer Person helfen wollen, müssen Sie sein Wirken unterstützen, nicht ersetzen. Nicht Ihre geistliche Erfahrung wird dafür sorgen, daß ein Mensch in den Jahren, die vor ihm liegen, stark bleibt, sondern seine eigene Beziehung zum Geist Gottes in ihm. Der Seelsorger mag unter Umständen dazu beitragen können, daß ein Mensch diese Beziehung verstärkt wahrnimmt, aber es muß von Anfang an sein Ziel sein, auf Jesus hinzuweisen, nicht auf die eigene Hilfe.

Der Heilige Geist wirkt in Gläubigen in vielfacher Weise.

1. Er ist der Geist der Wahrheit, der einen Christen in die Wahrheit leitet, in Gottes Wort (Joh. 16,13).

2. Er erinnert den Christen an alles, was Jesus für ihn getan hat (Joh. 14,26).

3. Der Geist hilft unserer Schwachheit auf (Röm. 8,26).

4. Der Heilige Geist macht uns fähig zu beten. "Betet allezeit mit Bitten und Flehen im Geist" (Eph. 6,18). Damit ist auch die Sprachengabe gemeint, die alle durch den Geist empfangen haben.

5. Wer in Sprachen redet, baut sich selbst auf - etwas, das jeder braucht, der Hilfe sucht (1. Kor. 14,4).

6. Wer in Sprachen redet, spricht zu Gott (1. Kor. 14,2). Der Heilige Geist in uns betet in rechter Weise zum Vater. Er weiß immer, wie er beten soll, und Sie können gewiß sein, daß der Vater die Stimme seines eigenen Geistes hört.

7. Der Heilige Geist tritt für uns ein (Röm 8,26).

8. Der Heilige Geist möchte das Leben eines Christen leiten, aber er wird es nur in Zusammenarbeit tun, niemals wird er einen Menschen zwingen, auf ihn zu reagieren.

9. Der Heilige Geist wird nicht aus sich selbst reden, er wird nur reden, was er hört (Joh. 16,13). Was der Geist sagt, das ist das Wort des Vaters selbst.

10. "Er wird mich verherrlichen; denn von dem Meinen wird er's nehmen und euch verkündigen" (Joh. 16,14). Er offenbart Jesus den Gläubigen.

11. Er gibt dem Christen die Kraft, das zu tun, was Gott von ihm möchte. Deshalb wird ein Christ nie sagen können: "Ich kann nicht!", wenn er dem Heiligen Geist vertraut, der in ihm und durch ihn wirkt.

12. Ein Gläubiger hat "keinen Mangel an irgendeiner Gabe" (1. Kor. 1,7). Einem Christen stehen alle Gaben Gottes zu Verfügung. In 1. Kor. 12 spricht Paulus vom öffentlichen Gebrauch der Gaben. Im Gottesdienst einer Gemeinde wird nicht jeder immer alle Gaben gebrauchen, die Gott ihm gegeben hat, sondern nur, was dem Nutzen aller dient. Der Heilige Geist offenbart sich in *jedem*. Von jedem, der bei einem Gottesdienst anwesend ist, wird erwartet, daß er die Gabe gebraucht, die der Geist ihm gegeben hat.

Der öffentliche Gebrauch der Gaben muß in geregelten Formen erfolgen. Aber diese Einschränkung bedeutet nicht, daß in einem Christen zu allen Zeiten nur eine Gabe offenbar wird. Alle Gaben des Geistes sind für seinen persönlichen Gebrauch in ihm, wann immer sie ihm nötig sind - also oft!

Es macht wenig Sinn, daß Gott seine Gaben Menschen anvertraut, damit diese sie ignorieren oder nie lernen, mit ihnen umzugehen.

13. Ein Christ sollte sich um die Gaben des Geistes bemühen (1. Kor. 14,1). Er sollte also gebrauchen, was Gott ihm zur Verfügung gestellt hat. Für Paulus gibt es keine Alternative zwischen der Liebe und den Gaben. Ein Christ steht nicht vor der Entscheidung, entweder zu lieben oder die Gaben zu gebrauchen, wie es von manchen Theologen unter Bezug auf 1. Kor. 13 nahegelegt wird. Er erwartet, daß die Gaben in Liebe gebraucht werden.

Sich um Gaben zu bemühen bedeutet nicht, zu Gott zu sagen: "Herr, ich möchte gerne diese Gabe haben, wenn du sie mir gibst." Es bedeutet, sich nach dieser Gabe auszustrecken, darum zu ringen, daß sie im Leben offenbar wird.

Es ist ganz offensichtlich, daß ein Seelsorger die Aufgabe hat, der Kraft des Heiligen Geistes in einem anderen Christen zum Durchbruch zu verhelfen. Wer dies tun möchte, braucht selbst alle Kraft des Heiligen Geistes in sich. Denn der Geist allein gibt uns die Weisheit, das Richtige auf die richtige Weise zu sagen. Stunden fruchtloser Gespräche können wir uns ersparen, indem wir die Worte der Erkenntnis und Weisheit sprechen, die uns der Geist gibt.

Ein Seelsorger muß jeden Stolz vermeiden, wenn er die Gaben des Geistes ausübt. Es ist nicht seine Aufgabe, einem anderen seine geistliche Erfahrung zu demonstrieren, sondern ihn zu ermutigen, selbst auf Gott zu hören.

11. Die Kraft von Gottes Wort

Soviel Sie möchten

Jesus reiste heimlich nach Tyros, aber er konnte seine Anwsenheit nicht verbergen (Mk. 7,24). Eine heidnische Frau, deren Tochter von einem bösen Geist geplagt wurde, suchte ihn in ihrer Verzweiflung auf. Sie bat Jesus, den Dämon auszutreiben, er aber antwortete ihr: "Laß zuvor die Kinder satt werden; es ist nicht recht, daß man den Kindern das Brot wegnehme und werfe es vor die Hunde" (Mk. 7,27).

Ich hatte mit diesem Vers lange meine Probleme, denn Jesus schien diese Frau in seiner Antwort eine 'Hündin' zu nennen. Was einen allerdings stutzig macht, ist die Antwort der Frau, denn anstatt sich beleidigt abzuwenden, stimmt sie Jesus zu: "Ja, Herr; aber doch fressen die Hunde unter dem Tisch von den Brosamen der Kinder" (V. 28). Jesus lobte diese Frau für ihren Glauben und sagte ihr zu, daß der Dämon ihre Tochter verlassen hatte.

Warum bewunderte Jesus ihren Glauben? Sie wußte, daß sie keinen Platz an seinem Tisch hatte, denn sie war nur eine heidnische 'Hündin', die kein Recht hatte, irgendetwas von ihm zu erwarten. Aber sie glaubte, daß nur ein Brosamen vom Tisch Jesu genügen würde, um ihre Tochter zu heilen.

Aber sehen Sie sich einmal die erste Reaktion Jesu auf die Bitte der Frau an: "Erst laß die Kinder essen, soviel sie wollen!" Jeder Christ, der aus Gottes Geist geboren wurde, ist ein Kind Gottes und hat seinen Platz an Jesu Tisch. Jeder kann soviel essen, wie er möchte - aber Sie können nicht für andere essen. Jeder Christ empfängt von Jesus soviel, wie er möchte. Jeder verbringt soviel Zeit im Gebet, mit dem Lesen der Bibel, in der Anbetung, in der Nachfolge, im Dienen, in der Verkündigung, wie er möchte.

Ermutigen Sie andere, die Wahrheit aufzunehmen. Ein Brosamen heilte das Mädchen! Welche Auswirkung kann dann erst eine ganze 'Mahlzeit' auf das Leben eines Menschen haben. Wir können Menschen zum Tisch führen, aber wir können sie nicht dazu zwingen zu essen.

Jesus spricht eine Einladung an alle Mühseligen und Beladenen aus: "Kommt zu mir!" sagt er, "ich werde euch erquicken!" Er sagte den Leuten nicht, sie sollten zum Pfarrer, zum Priester, zum Diakon oder zum Seelsorger gehen. Er sagte: "Kommt zu mir!" Diese Einladung gilt noch immer.

Unglücklicherweise wollen heute viele, daß ein anderer Mensch als Vermittler zwischen ihnen und Gott tätig wird. Sie sind sich ihres Glaubens und ihrer Gottesbeziehung so ungewiß, daß sie jemanden brauchen, der die Stelle Gottes vertritt. Sie sprechen eine Frau oder einen Mann an, anstatt direkt zu Jesus zu kommen.

Eine Frau besuchte ihren Pfarrer und schüttete eine Stunde lang all ihre Probleme und Sorgen vor ihm aus. Ein bekannte Evangelist war zu Besuch in dieser Gemeinde und platzte in das Studierzimmer des Pfarrers. Der Pfarrer dachte, daß die Erfahrung dieses Mannes von Nutzen sein könnte und sprach ihn an: "Diese Frau würde gerne mit Ihnen über ihre Probleme reden!" Der Evangelist schaute die Frau an und antwortete: "Haben Sie schon mit Gott über dies alles gesprochen?" Sie gestand, daß sie das noch nicht getan habe. "Gut, dann reden Sie jetzt mit ihm und hören damit auf, die Zeit des Pfarrers zu verschwenden!"

Warum suchen Menschen Hilfe bei anderen? Oft deshalb, weil ihre eigene Beziehung zu Gott schlecht ist. Sie sind damit zufrieden, die bessere Beziehung eines anderen zu nutzen, statt selbst im Gebet und Bibellesen Gott zu begegnen. Sie gebrauchen lieber andere als Krücken, als auf eigenen Beinen zu stehen.

Oft handelt es sich dabei um geistlich faule Menschen. Selbst wenn ihnen ein Seelsorger sagt, was sie tun sollen, lassen sie es bleiben und bitten ständig wieder um Hilfe oder wenden sich an andere.

Das bedeutet nicht, daß wir niemals die Hilfe anderer Menschen oder eines Seelsorgers in Anspruch nehmen sollten, keineswegs. Wir alle profitieren in gewissen Zeiten von der Ermutigung, die andere uns geben können und von ihrer Erfahrung, aber niemals können sie ein Ersatz für Gott oder sein Wort sein. "Mein ist beides, Rat und Tat, ich habe Verstand und Macht" (Spr. 8,14).

Wenn Menschen kommen, erwarten sie oft, daß für sie gebetet wird und sich die Probleme danach sofort in Luft auflösen. Sie wollen, daß die Kraft Gottes über sie kommt und alle Probleme löst, mit denen sie sich herumschlagen. Oft brauchen sie aber ein Wort der Wahrheit vor dem Gebet, erst die Wahrheit, dann die Kraft. Ihr Gebet kann ein Problem für kurze Zeit lindern, aber wenn der Mensch, für den Sie gebetet haben, danach nicht in der Wahrheit lebt, wird er sehr schnell in neue Abhängigkeiten fallen, sobald die nächste Schwierigkeit auftaucht.

Manche denken vielleicht, wenn sie zu Ihnen kommen, dann werden sie die Antwort auf ihr Problem durch Ihren Glauben finden. Gott erwartet aber von einem Gläubigen, daß er glaubt. Es ist eine gute Sache, gemeinsam zu glauben und im Glauben eins zu sein, aber nicht als Ersatz für den persönlichen Glauben an Jesus.

Die Macht des Wortes

Es ist wichtig, daß diejenigen, denen Sie helfen möchten, das Wort Gottes als Autorität akzeptieren. Ohne Gehorsam gegenüber dem Wort Gottes kann sich niemand Gott selbst unterordnen, denn Gott läßt sich nicht von seinem Wort trennen, das er offenbart hat.

Ohne das Vertrauen zu seinem Wort entsteht auch kein Glaube, der über negativen Gedanken, Gefühlen und Umständen steht.

Wer Jesus liebt, wird nicht nur sein Wort achten, sondern diesem Wort Folge leisten; mit anderen Worten, er wird diesem Wort glauben und danach handeln. Der Vater und der Sohn werden in einem solchen Menschen Wohnung nehmen. "Wer mich liebt, der wird mein Wort halten; und mein Vater wird ihn lieben, und wir werden zu ihm kommen und Wohnung bei ihm nehmen" (Joh. 14,23).

Ein Brosamen vom Tisch war genug, um die Tochter der Frau zu heilen. Gottes Wort bietet uns die ganze Mahlzeit an. Jesus ist Gottes Wort, er ist das lebendige Brot, das vom Himmel gekommen ist. "Ich bin das Brot des Lebens. Wer zu mir kommt, den wird nicht hungern; und wer an mich glaubt, den wir nimmermehr dürsten" (Joh. 6,35).

Wieder liegt die Betonung darauf, daß wir direkt zu Jesus kommen sollen, persönlich ihm glauben. Sie kommen *mit* dem Menschen, der Hilfe sucht, nicht *für* ihn. Sie glauben *mit* ihm, nicht *für* ihn. In den Sprüchen lesen wir: "Mein Sohn, merke auf meine Rede und neige dein Ohr zu meinen Worten. Laß sie dir nicht aus den Augen kommen; behalte sie in deinem Herzen, denn sie sind das Leben denen, die sie finden, und heilsam ihrem ganzen Leibe. Behüte dein Herz mit allem Fleiß, denn daraus quillt das Leben. Tu von dir die Falschheit des Mundes und sei kein Lästermaul. Laß deine Augen stracks vor sich sehen und deinen Blick geradeaus gerichtet sein. Laß deinen Fuß auf ebener Bahn gehen, und alle deine Wege seien gewiß. Weiche weder zur Rechten noch zur Linken; wende deinen Fuß vom Bösen" (Spr. 4,20-27).

Lassen Sie uns einige Schlüsselwahrheiten aus diesem Abschnitt festhalten:

1. Ein Sohn wird hier angesprochen, also ein Mensch, der eine persönliche Beziehung zu Gott hat.

2. Dieser Sohn wird aufgefordert, genau auf die Worte zu hören, die Gott zu ihm spricht.

3. Er soll diese Worte auf keinen Fall außer acht lassen.

4. Er soll sie in seinem Herzen behalten. Er muß sie zuerst in seinem Herzen aufnehmen, indem er sie glaubt, bevor er sie dort bewahren kann.

5. Diese Worte sind Leben für ihn, nicht nur gute Ratschläge.

6. Sie werden seinem ganzen Leib Heilung bringen. Gott wirkt von innen nach außen. Satan greift von außen an und versucht, in das Denken eines Christen einzudringen. Wenn das lebendige Wort Gottes im Herzen eines Menschen ist, dann wird Heil vom Geist des Menschen überfließen durch die Seele hindurch und selbst dem sterblichen Leib Heilung bringen.

7. Der Sohn soll sein Herz bewahren, damit nichts, was dem Wort Gottes widerspricht, dort Wurzeln fassen kann.

8. Sein Herz ist eine Quelle des Lebens, wenn es mit der Wahrheit von Gottes Wort gefüllt ist. Von dieser Quelle wird Leben durch ihn strömen.

9. Er soll Ungerechtigkeit von seinem Mund fernhalten. Er soll nichts über sich selbst, über andere oder über Situationen sagen, das dem Wort Gottes widerspricht. Jedes Wort, das Gott widerspricht, ist falsch. Ein Christ kann die richtigen Dinge sagen, in einer Gebetsgemeinschaft, im Seelsorgegespräch oder wenn er auf der Hut ist, aber erst das, was er zu anderen Zeiten sagt, offenbart, was in seinem Herzen ist.

10. Er soll Geschwätz von seinen Lippen fernhalten. Wenn er die Wahrheit glaubt, wird er die Wahrheit reden und durch die Wahrheit leben.

11. Seine Augen sollen nach vorne sehen. Ein Kind Gottes wird nach vorne gewiesen, nicht zurück und nicht auf sich selbst, sondern geradewegs nach vorne.

12. Er soll seinen Blick direkt vor sich richten, nicht einen Moment zur Seite schielen.

13. Er soll auf einem ebenen Weg gehen. Er tut dies, indem er in der Wahrheit lebt. Johannes sagt: "Mein Lieber, ich wünsche, daß es dir in allen

Dingen gut gehe und du gesund seist, so wie es deiner Seele gut geht. Denn ich habe mich sehr gefreut, als die Brüder kamen und Zeugnis gaben von deiner Wahrheit, wie du ja lebst in der Wahrheit" (3. Joh. 2.3). Warum ging es Gajus so gut, und warum war er gesund? Er blieb treu in der Wahrheit. Er lebte beständig im Glauben.

14. Er soll nur Wege gehen, die fest sind - felsenfest. Die einzige Weise, dies zu tun besteht darin, das Wort nicht nur zu hören, sondern danach zu handeln.

15. Er soll weder zur Rechten noch zur Linken abweichen. Er soll sich nicht von Gottes Wort abwenden, indem er auf menschliche Ideen oder Meinungen hört. Er darf aber auch nicht zulassen, daß er Dinge tut, die dem Wort Gottes widersprechen.

16. Er soll seine Füße vom Bösen abwenden. Wenn er im Wort bleibt, verbunden mit Jesus, wird er im Glauben wandeln, in Gerechtigkeit, im Leben des Geistes. Dies wird ihn vor dem Bösen bewahren. "Lebt im Geist, so werdet ihr die Begierden des Fleisches nicht vollbringen" (Gal. 5,16).

Es ist nicht richtig, Heilung von einem Leben im Glauben zu trennen; es ist ebenfalls verkehrt, bestimmte Bibelstellen so zu interpretieren, daß sie unsere vorgefaßte Meinung bestätigen. Es geht darum, die Bibel zu lesen und sie danach zu befragen, was einen Christen zum Christen macht, und wie ein Christ leben soll.

Sprechen Sie die Wahrheit

Wir wollen, daß das Wort unser Denken formt, unser Reden prägt und die Grundlage unseres Handelns ist. Wer nur Gottes Wort hört, ohne es zu tun, betrügt sich selbst, es wird nicht in ihm leben. "Seid aber Täter des Worts und nicht Hörer allein ... der wird selig sein in seiner Tat" (Jak. 1,22.25).

Jakobus betont, daß es wichtig ist, was ein Christ *sagt*. Die Zunge kann sowohl Segen als auch Fluch bringen. Sie ist wie das Steuerruder eines Schiffes. Obwohl sie nur ein kleiner Körperteil ist, bestimmt sie dennoch den Weg eines Menschen.

Wir alle wünschen uns, Gott möge unser Leben bestimmen, und sicher möchte er das auch. In Wirklichkeit aber können wir sündigen, ungehorsam sein, rebellisch oder einfach ungläubig, in all diesen Fällen weichen wir von dem Kurs ab, den Gott uns gegeben hat. Umkehr bringt uns wieder zurück auf den Kurs, aber es wäre zweifellos besser, gar nicht erst aus dem Ruder zu laufen.

Wenn das Herz eine Quelle des Lebens ist, weil es mit der Wahrheit erfüllt ist, dann wird auch unser Mund die Wahrheit reden. Viele verfluchen sich selbst, weil sie schlecht von sich reden, anstatt sich zu segnen, indem sie die Wahrheit sprechen - die Worte, die Geist und Leben sind. Es ist enorm wichtig, mit Gottes Sicht übereinzustimmen und mit schwierigen Problemen so umzugehen, wie er es uns aufträgt. "Herr, behüte meinen Mund und bewahre meine Lippen!" (Ps. 141,3).

Sie stellen Ihr Leben unter die Worte, die Sie sprechen. Wir alle kennen innere Konflikte, bei denen wir uns fragen müssen, welche Worte von Gott, von uns selbst oder gar vom Feind sind! Wir müssen entscheiden, welchen dieser widersprechenden Gedanken wir glauben. Unsere Worte sind die Nagelprobe für unsere Entscheidung.

Weigern Sie sich deshalb, irgendetwas über sich oder andere zu sagen, was im Widerspruch zu Gottes Offenbarung steht.

David verstand etwas von der Macht, die in Gottes Wort liegt:

"Meine Seele liegt im Staube; erquicke mich nach deinem Wort" (Ps. 119,25.28).

"Ich laufe den Weg deiner Gebote; denn du tröstest mein Herz" (V.32).

"Dein Wort ist meines Fußes Leuchte und ein Licht auf meinem Wege" (V.105).

"Denn deine Güte ist mir vor Augen, und ich wandle in deiner Wahrheit" (Ps. 26,3).

"Des Herrn Wort ist wahrhaftig, und was er zusagt, das hält er gewiß" (Ps. 33,4).

"Das Gesetz des Herrn ist vollkommen und erquickt die Seele. Das Zeugnis des Herrn ist gewiß und macht die Unverständigen weise. Die Befehle des Herrn sind richtig und erfreuen das Herz. Die Gebote des Herrn sind lauter und erleuchten die Augen" (Ps. 19,8.9).

Wollen wir es wirklich wagen, die Wahrheit durch irgendetwas anderes zu ersetzen? Menschen zu lieben bedeutet, sie in der Wahrheit zu lieben, auch wenn dies Streit einschließt. Zu jeder Zeit haben wir die Wahrheit in Liebe zu sagen. Es geht nicht an, daß wir unsere Liebe oder unsere Zeit von Menschen mißbrauchen lassen, die die Wahrheit nicht wollen.

Gott hat uns seinen Ratgeber gegeben, damit er uns in alle Wahrheit leitet, nicht damit er uns hilft, dem Anspruch Gottes auf unser Leben auszuweichen. Freiheit kommt durch den Glauben an die Wahrheit, nicht durch das Leugnen derselben.

12. Seelsorge an zutiefst verletzten Menschen

Es gibt Menschen, bei denen die Bekehrung sich über einen längeren Zeitraum erstreckt. Bei ihnen geht es darum, sie aus einem Bereich der Finsternis zu befreien, aus einem tiefen Loch herauszuholen.

Um deutlich zu machen, was ich meine, nehme ich einen besonders schweren Fall als Beispiel. Möglicherweise werden Sie nie mit einem solchen Problem konfrontiert werden, aber wenn Sie sehen, was in diesem besonderen Fall nötig war, werden Sie es auch leicht auf andere Situationen übertragen können. Aus verständlichen Gründen habe ich für die betroffene Person einen anderen Namen gewählt.

Sally wuchs in einer Familie von Satanisten auf und wurde schon bei ihrer Geburt Satan geweiht. Ihr wurde beigebracht zu hassen, nicht zu lieben; zu fluchen, nicht zu segnen. Sie wurde als Kind mißbraucht und als Teenager zur Prostitution gezwungen, um Männer für den Satanskult zu gewinnen. Ihr wurde beigebracht, daß ihr Körper Satan gehöre und sie sich ihm hinzugeben habe, weshalb sie auch Vereinigungen mit dämonischen Mächten vollzog.

Sally wurde schwanger mit der Absicht, das Kind sofort nach der Geburt in einem Ritualmord zu opfern. Obwohl sie während der ganzen Schwangerschaft darum wußte, war es für sie eine traumatische Erfahrung, als nach der Entbindung der Wunsch in ihr wach wurde, das Kind zu behalten.

Ihre Verzweiflung wuchs immer mehr, da sie keinen Ausweg erkennen konnte. Sie kam zu uns durch andere Personen, die vom Satanskult befreit worden waren. Sie hatte vom Evangelium keine Ahnung, sieht man von den Lügen ab, die von Satanisten darüber verbreitet werden.

Sally hatte enorme Angst vor dem Blut Jesu, durch das sie frei werden sollte. (Satanisten wird beigebracht, daß sie sofort sterben, wenn sie aus einem Abendmahlskelch trinken).

Zunächst ging es darum, Sally aufzunehmen und ihr die Chance zu geben, aus allem herauszukommen, weshalb wir ihr anboten, bei uns zu wohnen, bis sie aus ihrer Gebundenheit befreit war. Sie zog zu einer Familie unserer Gemeinschaft, die die Verantwortung für sie übernahm. Eine andere junge Frau teilte aus Gründen, die im folgenden klar werden, ihr Zimmer mit ihr.

Während ihrer Zeit dort, wurde Sally auf einem kleinen Spaziergang in der Nähe des Hauses von Satanisten entführt. Nachdem man sie grausam mißbraucht hatte, ließ man sie wieder laufen, weil sie angeblich 'deprogrammiert' war, wie ihre Peiniger das bezeichneten.

Was sie damit meinten, war die Tatsache, daß sie zu diesem Zeitpunkt bereits von neuem geboren war und sich deshalb trotz aller Quälerei weigerte, über Jesus zu lästern. Sie hatte gelernt, dem Feind zu widerstehen, anstatt sich seinen Forderungen zu unterwerfen.

Nach ihrer Rückkehr wurde sie von einem christlichen Arzt behandelt und durch die Liebe ihrer Gastfamilie wieder ganz gesund.

Heute, viele Jahre später, arbeitet Sally unter behinderten Kinder und ist eine großartige Zeugin für Jesus, der sie von ihrer Vergangenheit vollkommen befreit hat. Wie wurde sie diese schrecklichen Verletzungen los? Durch die Wahrheit, die ihr durch Christen in der Liebe und Kraft des Heiligen Geistes mitgeteilt wurde.

Es ging nicht darum, mit Sally ihre Vergangenheit aufzuarbeiten, wer möchte eine solche Vergangenheit erneut durchleben? Aber während ihrer Bekehrung brachte sie die dunklen und schmerzhaften Dinge zu Jesus. Dies brauchte eine gewisse Zeit.

Bei jeder Gelegenheit wurde sie ermutigt, diese entwürdigenden Erfahrungen vor Jesus auszusprechen und empfing danach die Zusage, daß sie vergeben sind. Zu Beginn fiel es ihr sehr schwer zu glauben, daß ihr wirklich vergeben war, aber allein die Tatsache, daß sie diese furchtbaren Dinge aussprach, brachte ihr schon Erleichterung. Allmählich war sie in der Lage zu glauben, daß ihr Jesus nicht nur vergab, sondern sie annahm und bereit war, ihr ein vollkommen neues Leben zu schenken. Sie begann danach zu verlangen, ein neuer Mensch zu werden.

Im frühen Stadium waren besonders die Nächte oft sehr schwierig. Sie hatte nicht nur Alpträume, sondern erlebte auch Erscheinungen der dämonischen Mächte, mit denen sie sich eingelassen hatte. Die junge Frau, die das Zimmer mit ihr teilte, betete mit ihr und brachte ihr bei, diesen Angriffen zu widerstehen.

Es dauerte nicht lange, dann war Sally in der Lage, ihr Leben Jesus anzuvertrauen. Ihre Umkehr wahr tief und ehrlich. Dann empfing sie die Taufe im Heiligen Geist und damit die Vollmacht über alle Macht des Bösen.

Danach sprachen wir mit ihr über die Kraft des Blutes Jesu und seines Kreuzestodes sowie über ihr Sein in Christus. Daß sie dies wirklich verstanden und in sich aufgenommen hatte, war entscheidend dafür, daß sie die Zeit ihrer Entführung durchstand.

Da sie nun glaubte, sollte in ihrem Leben auch die Frucht des Glaubens sichtbar werden. Innerhalb weniger Monate, nachdem sie zu uns gekommen war, war sie ein überschäumender, ansteckender Christ, der in unserem Team mitarbeitete und nun seinerseits anderen Menschen half.

Gelegentlich war sie mit mir unterwegs, und manchmal legte sie bei evangelistischen Veranstaltungen ein überzeugendes Bekenntnis ab. Sie legte Wert darauf zu betonen, daß sie ihr gegenwärtiges Leben und ihre Freiheit allein der Kraft des Kreuzes Jesu zu verdanken habe. Nachdem sie verstanden hatte, wer sie in Christus Jesus war, hatte sich ihr gesamtes Leben geändert, weil sie wußte, daß Gott sie brauchte und gebrauchte. Die Vergangenheit existiert für sie nicht mehr, die Wahrheit hatte sie davon befreit.

Zu Beginn ihres Christseins war sie mehrmals in der Versuchung, zurückzuschauen, zumal körperliche Symptome sie an ihre Vergangenheit erinnerten. Sie lernte, diese Versuchungen zurückzuweisen.

Viele wurden von ihrer Geschichte tief berührt und fanden über sie zum Glauben an Christus. Eines Tages jedoch, vor einer Veranstaltung, in der sie ihre Lebensgeschichte erneut berichten wollte, machte mir Jesus klar, daß sie dies nicht mehr tun sollte. Eine Zeitlang hatte er sie in dieser Weise gebraucht, aber er wußte auch, was es sie kostete, auf eine solche Vergangenheit zurückzublicken. (Obwohl sich Sally in der Öffentlichkeit immer nur sehr diskret äußerte.)

Als ich Sally sagte, was ich von Jesus gehört hatte, antwortete sie mir: "Ich bin so froh, daß Sie mir das sagen. Ich hatte eigentlich nie Probleme damit, meine Geschichte zu erzählen, aber die letzten Male fiel es mir sehr schwer. Ich hatte den Eindruck, als wollte Jesus, ich solle nicht mehr zurückblicken, auch nicht in einem Zeugnis."

Sally erzählt auch heute noch viel von sich, aber nicht mehr über ihre Vergangenheit, sondern darüber, was Gott heute in ihrem Leben bewirkt.

Als der Heilige Geist Sallys Leben in seine Obhut nahm, entfernte er alle finsteren Flecken in ihrem Leben. Es war nicht nötig, nachzugraben.

Worauf wir nicht verzichten können

Wenn es möglich ist, jemanden wie Sally so zu befreien, dann muß das auch bei anderen möglich sein, die ein ähnliches Schicksal hinter sich haben.

Viele Gläubige sind in christlichen Elternhäusern aufgewachsen, gehören einer Gemeinde an und sind dennoch nicht frei. Sie schauen ständig zurück oder in sich und leben eher als Unterlegene, denn als Sieger.

Und es gibt andere, die kommen aus Verhältnissen, in denen Drogen, Alkohol und sexueller Mißbrauch an der Tagesordnung sind, sie wenden sich zu Jesus, glauben ihm, was er für sie am Kreuz getan hat, werden frei und schauen niemals mehr zurück. Sie werden auf der Stelle Zeugen Jesu für diejenigen, die aus einem ähnlichen Hintergrund herkommen. Viele stehen innerhalb weniger Monate in einem hauptamtlichen Dienst mit großem evangelistischen Elan und Erfolg.

Woher diese Diskrepanz? Nicht deshalb, weil Gott einige mehr liebt als andere. Die Botschaft vom Kreuz gilt für sie alle. Das Erbe, das jeder Gläubige empfangen hat, ist dasselbe. Jeder hat dasselbe Wort in seiner Bibel und denselben Heiligen Geist, der in ihm lebt.

Was also macht den Unterschied? Das eine Wort: GLAUBE! Für manche liegt ihre Vergangenheit da, wo sie hingehört: hinter ihnen. Andere dagegen schauen permanent nach hinten, um sich ständig selbst zu analysieren - und werden von ihren 'Seelsorgern' noch dazu ermutigt.

Die Wahrheit ist, daß jeder aus Gottes Geist geborene Christ mit Christus gekreuzigt ist, ganz egal, was in seiner Vergangenheit war; er ist gestorben. Er lebt nicht mehr sich selbst, Christus lebt in ihm. Darum kann er nur im Glauben an Jesus leben, der ihn liebt und der sein Leben für ihn gab, damit er vollkommen frei ist.

Paulus versichert, daß das Evangelium für "*alle* gilt, die daran glauben" (Röm. 1,16). Für jeden - unabhängig davon, wie schrecklich, verletzend oder traumatisch sein Leben bisher verlief.

Das Evangelium ist nicht die Kraft Gottes, die diejenigen selig macht, die zu Seelsorgern gehen, sondern diejenigen, die glauben. Deshalb ist es notwendig, Menschen - auch tief verwundete Menschen - zum Glauben an die Wahrheit zu führen. Ohne Glauben werden sich auch die, die kleinere Schwierigkeiten haben, ständig im Kreis und um sich selbst drehen.

Wer also anderen helfen will, muß selbst die Kraft des Glaubens kennen. Er muß um die Wahrheit wissen. Niemand kann anderen geben, was er nicht selbst hat. Es ist leichter, irgendwelche Methoden an anderen auszuprobieren als im Glauben und Gehorsam gegenüber Gott zu leben. Darin lag schon immer die Versuchung, Gesetzlichkeit - dazu gehören auch 'Seelsorgemethoden' - dem Glauben vorzuziehen.

Vollkommenes Heil

Jesus hat jede Not am Kreuz getragen, "daher kann er auch für immer selig machen, die durch ihn zu Gott kommen; denn er lebt für immer und bittet für sie. Denn einen solchen Hohenpriester mußten wir auch haben, der heilig, unschuldig, unbefleckt, von den Sündern geschieden und höher ist als der Himmel" (Hebr. 7,25.26). Was Jesus am Kreuz tat, ist vollkommen. Kurz vor seinem Tod rief er die Worte: "Es ist vollbracht!" Alles, was zu unserem vollkommenen Heil nötig ist, wurde von ihm vollbracht. Jesus rettet jeden ganz, der durch ihn zu Gott kommt, er bittet ständig für ihn. Er steht vor Gott und tritt für uns ein.

Die Prophetie in Jesaja 53 beschreibt die Bedeutung des Todes Jesu. Er trug nicht nur unsere Sünden, sondern trug jede menschliche Not. Er trat an unsere Stelle, damit wir mit ihm eins werden können.

"Seine Gestalt war häßlicher als die anderer Leute und sein Aussehen als das der Menschenkinder" (Jes. 52,14). Selbst ein verstümmelter Mensch findet sich in ihm wieder.

"Er hatte keine Gestalt und Hoheit. Wir sahen ihn, aber da war keine Gestalt, die uns gefallen hätte" (Jes. 53,2). Wer keine Schönheit ist, oder sich selbst nicht für schön hält, war mit ihm am Kreuz.

"Er war der Allerverachtetste und Unwerteste, voller Schmerzen und Krankheit. Er war so verachtet, daß man das Angesicht vor ihm verbarg; darum haben wir ihn für nichts geachtet" (V.3). Alle, die verachtet und abgelehnt werden, können wissen, daß dies auch Jesus geschah und er es überwand. Er erlitt die Zurückweisung, um uns von Ablehnung zu befreien und jeden, der ihm vertraut, vor Gott annehmbar zu machen.

"Fürwahr, er trug unsere Krankheit und lud auf sich unsere Schmerzen" (V.4). Alle Krankheit wurde vom Sieg auf Golgotha überwunden.

"Wir aber hielten ihn für den, der geplagt und von Gott geschlagen und gemartert wäre ..." (V.4). Alle Mißhandelten finden in Jesus ihren Heiland, in dem, was ihm widerfuhr. Diejenigen, die meinen, Gott habe ihnen ein hartes Los auferlegt, müssen wissen, daß Jesus das härteste Schicksal von allen zu tragen hatte, um sie von jeder Not zu befreien.

"Aber er ist um unserer Missetat willen verwundet und um unserer Sünde willen zerschlagen ..." (V.5). Er nahm alle Sünde auf sich, ja, er brach unter seinem Kreuz zusammen, damit alle, die unter ihren Sünden, ihrem Versagen oder unter Schwierigkeiten zusammenbrechen, befreit werden können.

"Die Strafe liegt auf ihm, auf daß wir Frieden hätten ..." (V.5). Da Jesus die Strafe für unsere Sünden trug, wird Gott nicht noch einmal Sie für Ihre Schuld bestrafen. Gott bestraft dieselbe Sache nicht zweimal. Der Preis für Ihren Frieden mit Gott wurde bereits bezahlt, und es spielt keine Rolle, wie schwer Ihre Schuld wiegt.

".. und durch seine Wunden sind wir geheilt" (V.5). Die Heilung für Leib, Seele und Geist jedes Menschen fand am Kreuz statt. Gott muß dem nichts hinzufügen, um uns zu heilen. Der Glaube an ihn und seine Heilstat setzt die heilende Kraft Gottes in Ihnen frei.

Wenn Sie Ihre Sünden bekennen, muß Jesus nicht erneut gekreuzigt werden, damit sie vergeben werden können. Er hat alles getan. Sie ergreifen die Vergebung, die Ihnen durch seinen Tod am Kreuz angeboten wird.

Das Gleiche gilt für Ihre Heilung. Jesus braucht seinem Tun nichts mehr hinzuzufügen. Der Glaube ergreift die Heilung, die durch ihn geschehen ist. Sein Blut, das er um unseretwillen vergossen hat, ermöglicht unsere Heilung an Geist, Seele und Leib.

Sie haben gesehen, daß bei Sally alles, was im Kreuz geschehen ist, Wirklichkeit werden mußte. Die Aufgabe bestand nicht darin, ihre Seele zu heilen, sie bestand darin, sie zum Kreuz Jesus zu führen, weil sie nur dort von ihrer Vergangenheit vollkommen befreit werden konnte. Man mußte ihr die Wahrheit sagen, daß sie ihr Leben um Jesu Willen verlieren mußte, um es bei ihm zu finden. Sobald sie ihr Leben unter die Herrschaft Gottes gestellt hatte, begann der Heilige Geist, sie in das Bild Jesu umzuformen.

Egal, woher jemand kommt, jeder Christ muß sich selbst verlieren. Er muß bereit sein, sich selbst für gestorben zu halten, andernfalls wird er sich abmühen, ein neues Leben zu führen, und wird dabei mehr Niederlagen als Siege einstecken.

Das Evangelium wirkt. Die Wahrheit macht Menschen tatsächlich frei. Selbst ein früherer Satansanbeter kann ein reines, geisterfülltes Kind Gottes werden, an dem die Liebe Jesus Christi sichtbar wird und auf andere überspringt - durch den Glauben daran, daß Jesus alles vollbracht hat, damit er leben kann.

"Der Herr warf unser aller Sünde auf ihn" (V. 6). Gott legte selbst die schlimmsten Verbrechen auf seinen Sohn. Jeder Unglaube, alles Zerstörerische, das Menschen knechtet und tötet - alles wurde auf ihn gelegt.

"Als er gemartert ward, litt er doch willig und tat seinen Mund nicht auf wie ein Lamm, das zur Schlachtbank geführt wird; und wie ein Schaf, das verstummt vor seinem Scherer, tat er seinen Mund nicht auf" (V.7). Jesus wurde über seine Grenzen belastet, so daß er ausschrie: "Mein Gott, mein Gott, warum hast du mich verlassen?" (Mt. 27,46). Aber durch seinen Sieg am Kreuz überwand er alle zerstörerische Kraft der Dunkelheit, damit jeder, der von Satan gebunden ist, die Freiheit erlangen kann. "Er hat den Schuldbrief getilgt, der mit seinen Forderungen gegen uns war, und hat ihn weggetan und an das Kreuz geheftet. Er hat die Mächte und Gewalten ihrer Macht entkleidet und sie öffentlich zur Schau gestellt und hat einen Triumph aus ihnen gemacht in Christus" (Kol. 2,14.15).

Für Gott ist das alte Leben eines jeden Christen so unakzeptabel wie das von Sally. Es gibt darin kein Unterschied. Fleisch ist Fleisch, es kann nicht verbessert, nicht geheilt und nicht angenommen werden.

Erneut wird darin die Wahrheit der Worte Jesu sichtbar: "Kehrt um und glaubt an das Evangelium!" Das Evangelium ist einfach und enthält Kraft und Leben für jeden, der glaubt, unabhängig von seiner Rasse, Kultur und Intelligenz.

Nur diejenigen, die ihre Vernunft über Gottes Wort stellen und ihre Gefühle über den Geist Gottes, haben ihre Schwierigkeiten damit, sich demütig dem Kreuz Jesu unterzuordnen. Schon Paulus schreibt: "Wir aber predigen den gekreuzigten Christus, den Juden ein Ärgernis und den Griechen eine Torheit; denen aber, die berufen sind, Juden und Griechen, predigen wir Christus als Gottes Kraft und Gottes Weisheit" (1. Kor. 1,23.24). Und er fährt fort: "Denn ich hielt es für richtig, unter euch nichts zu wissen als allein Jesus Christus, den Gekreuzigten" (1. Kor. 2,2).

Jesus teilte das Los derer, die zerbrochenen Herzens sind, und deshalb "heilt er, die zerbrochenen Herzens sind, und verbindet ihre Wunden" (Ps. 147,3).

Jesaja 53 beginnt mit einer Frage: "Aber wer glaubt dem, was uns verkündigt wurde, und wem ist der Arm der Herrn offenbar?" (V.1). Das ist das Herz der Geschichte: "Wer glaubt?" Wir brauchen keine ausgefeilten Seelsorgemethoden, wir brauchen den Glauben an seine Heilstat am Kreuz. Allen, die glauben, offenbart sich Gott in seiner Macht, sie erkennen die Macht von Gottes Wort, die Kraft der Wahrheit, die sie befreit. "Denn das Wort vom Kreuz ist eine Torheit denen, die verloren werden; uns aber, die wir selig werden, ist's eine Gotteskraft" (1. Kor. 1,18).

Durch das Sterben Christi am Kreuz wurde Sally in Gottes Augen heilig, ohne jeden Makel und frei von aller Schuld (Kol. 1,22). "Jetzt aber in Christus Jesus seid ihr, die ihr einst Ferne wart, Nahe geworden durch das Blut Christi" (Eph. 2,13).

Sie entdeckte, daß sie alles, was sie brauchte, am Kreuz fand. Kein Wunder, daß Jesus ausrief: "Es ist vollbracht!"

13. Jemandem die Wahrheit sagen

Wenn jemand, der Hilfe sucht, zuallererst ehrlich umkehren muß, dann besteht der einzige Weg, ihm zu helfen, darin, ihn zur Umkehr zu bewegen.

Wenn er nicht in der Lage ist, Schwierigkeiten im Glauben zu begegnen, dann müssen Sie ihm die Wahrheit sagen und ihn lehren, entsprechend zu beten, damit der Heilige Geist ihm das Wort der Wahrheit offenbaren kann.

Wenn er ungehorsam ist und um sich selbst kreist, anstatt sich selbst zu verleugnen und sein Kreuz auf sich zu nehmen und Jesus nachzufolgen, dann müssen Sie ihn mit dem Anspruch Jesu auf sein Leben konfrontieren. Die Wahrheit ist oft hart, wie Jesus selbst mehr als einmal demonstrierte.

Wenn derjenige, der Hilfe sucht, Abneigungen und Groll in sich hegt, weil er den Menschen, die ihn verletzt und zurückgewiesen haben, nicht vergeben hat, dann müssen Sie ihm deutlich machen, daß er vergeben muß.

Gehorsam

Haben Sie begriffen, was ich oben gesagt habe? In all diesen Situationen ist nicht Heilung vonnöten, sondern Gehorsam gegenüber dem Wort Gottes. Gehorsam verändert die Lebensumstände von Menschen, denn Gehorsam kommt aus einer veränderten inneren Einstellung.

Es ist eine Lüge zu behaupten, ein Christ könne dem Wort Gottes nicht Folge leisten. Denn genau aus diesem Grund hat Gott selbst in der Person des Heiligen Geistes Wohnung in dem Gläubigen genommen. "Darum, wer diese meine Rede hört und *tut* sie, der gleicht einem Mann, der sein Haus auf Fels baute. Als nun ein Platzregen fiel und die Wasser kamen und die Winde wehten und stießen an das Haus, fiel es doch nicht ein; denn es war auf Fels gegründet. Und wer diese meine Rede hört und *tut* sie *nicht*, der gleicht einem törichten Mann, der sein Haus auf Sand baute. Als nun ein Platzregen fiel und die Wasser kamen und die Winde wehten und stießen an das Haus, da fiel es ein, und sein Fall war groß" (Mt. 7,24-27).

Der Unterschied zwischen dem Menschen, der sein Haus auf Sand baute, und dem, der es auf einen Felsen stellte, bestand darin, daß der letztere dem Wort gehorsam war, während der erste darauf verzichtete. Beide hörten das Wort, aber nur der eine lebte danach.

Solange Sie jemanden vor sich haben, der Gottes Wort nicht lebt, wird sein Leben auf Sand gebaut sein, bis er sich dazu entschließt, zu gehorchen. Es liegt in Ihrer Verantwortung, ihn nicht mit ein paar Augenblicken Gebet zu vertrösten, sondern mit der Notwendigkeit zu konfrontieren, daß er die Wahrheit zu leben und nicht nur zu hören hat. Dies ist der Weg in die Freiheit, weshalb Jesus sagt: "Wenn ihr bleiben werdet an meinem Wort, so seid ihr wahrhaftig meine Jünger" (Joh. 8,31.32).

Jeder, der ihn liebt, wird seine Worte halten (Joh. 14,23). Jeder Ungehorsam gegenüber dem Wort Gottes offenbart, daß die Liebe der betreffenden Person zu Gott schwach ist. Wer liebt, hört auf den Geliebten. Nichts steht der Selbstverleugnung und der Liebe zu Jesus so sehr im Wege als eine falsche Selbstliebe.

Diejenigen, die der Selbstliebe schuldig sind, werden Ihnen nicht immer dankbar dafür sein, wenn Sie ihnen das sagen. Sie werden Ihnen gegenüber oft behaupten, das träfe auf sie nicht zu. In der Tat, werden manche vielleicht sogar beanspruchen, sich selbst zu hassen, anstatt sich zu lieben, weil sie eine sehr geringe Meinung von sich selbst haben.

Selbstliebe hat nichts damit zu tun, wie Sie sich selbst sehen, sondern damit, wieviel Zeit Sie damit verbringen, über sich nachzudenken, sich Sorgen über persönliche Fragen zu machen, über sich zu reden, sich auf sich zu konzentrieren - und auf all Ihre Probleme.

Eine Mutter mag vielleicht ein schwieriges Kind haben, das ihr viel Kummer bereitet. Doch trotz all seiner Fehler ist es ihr Kind, und sie liebt es - auch wenn es diese Liebe auf eine harte Probe stellt oder die Mutter zur Weißglut reizt.

In ähnlicher Weise werden viele Christen ständig von sich selbst enttäuscht, aber dies ändert nichts an ihrem Kreisen um sich selbst und ihre Schwierigkeiten. Sie lieben ihr Leben, auch wenn Sie von sich selbst frustriert sind und sich selbst 'über' haben.

Es hat keinen Sinn, einem Menschen helfen zu wollen, der sich weigert, sich zu verleugnen; und genausowenig ist es sinnvoll, ein Leben heilen zu wollen, von dem ein Mensch glauben muß, daß es gestorben und begraben ist.

Der Sünde gestorben

Es gibt Menschen, die unnötige Niederlagen einstecken, weil sie nicht glauben, daß sie der Sünde gestorben sind. Sie haben das Gefühl zu versagen, weil sie den Eindruck haben, daß die Sünde in ihrem Leben übermächtig ist. Sie erwarten, daß sie sündigen, deshalb sündigen sie.

Das Fleisch kann nicht kontrolliert werden, es muß verleugnet werden. Wenn Sie an einer Stelle Ihrem Verlangen Raum geben, dann haben Sie sich ganz ausgeliefert. Wer sich an einer Stelle der Wahrheit verweigert, daß sein Leben am Kreuz zu Ende gebracht wurde und er nun in Christus für Gott lebt, der lebt noch sein eigenes Leben.

Den Kampf gegen uns selbst gewinnen wir nicht, er endet immer mit einer Niederlage. Während viele Christen behaupten, sie verleugneten sich selbst, tun sie genau das, was das Gegenteil beweist: Sie reden über sich! Sie tun es, weil sie nicht wirklich glauben, daß sie mit Christus gekreuzigt wurden oder daß die Bibel recht hat, wenn sie behauptet, daß wir der Sünde gestorben sind.

Wenn wir nicht am Wort Gottes entlanggehen, dann erleben wir Niederlagen und zwar solange, bis wir bereit sind, das zu tun, was er uns sagt. Dann wird das Wort zum Felsen unter unseren Füßen.

Viele machen sich Gedanken um die Werke des Fleisches, aber nicht um das Fleisch selbst. Sie weigern sich zu sterben. Sie wissen, daß sie zu Jesus Christus gehören, aber sie weigern sich, zu glauben, was dies alles miteinschließt. "Die aber Christus angehören, die haben ihr Fleisch gekreuzigt samt den Leidenschaften und Begierden" (Gal. 5,24). Dieser Vers sagt nicht, daß ein Gläubiger sein Fleisch kreuzigen muß, sondern stellt fest, daß er sein Fleisch zusammen mit seinen Begierden, die dem Willen Gottes entgegenstanden, gekreuzigt hat, denn er gehört zu Jesus.

Viele versagen, weil sie auf der einen Seite einen bestimmten Bereich ihres Lebens in Ordnung bringen wollen, aber auf der anderen Seite nicht bereit sind, sich selbst zu verleugnen, um den Sieg zu erlangen. Jemand haßt sich vielleicht selbst wegen seiner schmutzigen Wünsche, aber fährt auf der anderen Seite fort, pornographische Magazine zu lesen und indizierte Filme anzuschauen. Eine übergewichtige Dame redet vielleicht viel darüber, Diät zu halten, während sie gerade dabei ist, eine Cremetorte zu verspeisen.

Das Fleisch steht dem Geist entgegen. Nur wer sich selbst verleugnet und im Geist lebt, erlangt Selbstdisziplin, denn nur dann wird dem 'Ich' verweigert, das Leben zu bestimmen.

Ihre Wiedergeburt verändert nicht Ihr Fleisch; sie gibt Ihnen ein neues Leben, sie macht Sie zu einem neuen Menschen, der nicht mehr den Begierden des Fleisches gehorchen muß, sondern die Kraft hat, das neue Leben zu führen. Das Fleisch mit seinem Wunsch zu sündigen, wird überwunden durch das Festhalten des neuen Lebens, durch den Blick auf Jesus, nicht durch den Blick auf uns.

Unser 'Ich' will unser Leben bestimmen, aber genau dasselbe möchte auch der Heilige Geist. Wem geben wir den Vorzug?

Wer sucht Hilfe?

Wer hört, was Gott sagt, und es nicht tut, der belügt sich selbst. Sie können keine Lüge unterstützen, Sie können sie nur benennen, damit dieser Mensch umkehren kann. "Wer sagt: Ich kenne ihn, und hält seine Gebote nicht, der ist ein Lügner, und in dem ist die Wahrheit nicht" (1. Joh. 2,4).

Manchmal fragen Sie sich vielleicht, ob eine bestimmte Person wirklich ein Jünger Jesu sein und ihm nachfolgen möchte, ob sie überhaupt die geringste Absicht hat, in der Wahrheit zu leben, oder sogar, ob sie überhaupt geheilt werden will. Vielleicht finden Sie diese Aussage hart, aber es ist besser, keine Zeit an Menschen zu verschwenden, die nicht bereit sind, sich Jesus unterzuordnen. Sie können ihnen nicht helfen, solange sie nicht bereit sind, seine Autörität in ihrem Leben anzuerkennen. Es ist besser, Sie nehmen sich Zeit für Menschen, die wirklich bereit sind, bei Jesus Hilfe zu suchen, die nicht nur die Arzneiflasche anschauen, sondern auch die geistliche Medizin nehmen, die sie enthält, auch wenn sie bitter schmeckt. Eines ist jedenfalls sicher: Sie wird ihnen helfen.

Der Feind ist ein Meister darin, Ihnen seine Leute zu schicken, die Ihre Zeit rauben und Ihre Kraft verbrauchen, aber überhaupt nicht den Willen haben, Christus zu dienen. Gewöhnlich ist mit diesen Menschen am schwierigsten umzugehen.

In den ersten Jahren meines Dienstes zeigte mir Jesus, wie ich die Menschen, die er mir sandte, von denen unterscheiden konnte, die 'Angestellte' des Feindes waren. Die ersteren nahmen Rücksicht darauf, wieviel ich gerade zu tun hatte, sie waren bescheiden und zurückhaltend. Die anderen forderten und setzten mich unter Druck. Es ging ihnen nicht um den Weg Christi, es ging ihnen um sich.

"Das ist aber das Gericht, daß das Licht in die Welt gekommen ist, und die Menschen liebten die Finsternis mehr als das Licht, denn ihre Werke waren böse ... Wer aber die Wahrheit tut, der kommt zu dem Licht, damit offenbar wird, daß seine Werke in Gott getan sind" (Joh. 3,19.21). Warum findet sich seelische Heilung, wie sie heute praktiziert wird, bei früheren Erweckungen und Ausgießungen des Heiligen Geistes nicht? Weil das Kreuz gepredigt wurde und die Menschen sich von ganzem Herzen bekehrten. Sie wurden nicht darum gebeten, die Hand zu heben oder nach vorne zu kommen, als Zeichen der Lebensübergabe. Sie wurden wirklich von neuem geboren, denn die Predigt machte ihnen klar, was von einem Gläubigen erwartet wurde: ein heiliges und gerechtes Leben. Von Anfang an mußten sie der Sünde ins Auge sehen. Sie kamen zu keinem 'Seelsorgehelfer', sie kamen zu Christus, und man brachte ihnen bei, daß all ihr Vertrauen und ihr ganzer Glaube ihm allein gelten mußten.

Sie beteten so lange, bis sie Heilsgewißheit in Jesus hatten, oft unter Tränen und eine lange Zeit, nicht nur ein paar Minuten.

Viele wollen die Lösung eines bestimmten Problems, aber es soll sie nichts kosten. Sie ziehen es vor, ein selbstgefälliges Leben zu führen, mit der billigen Entschuldigung, daß sie sich unfähig fühlen zu beten oder zu glauben. Anstatt das Fleisch zu überwinden, werden sie vom Fleisch überwunden, und sind nicht bereit, die nötigen Schritte zu tun, um dieser Situation Herr zu werden.

Selbst manche, die den Heiligen Geist empfangen haben, leben weiterhin fleischlich, sie sind nicht bereit, sich selbst zu verleugnen, um Jesus nachzufolgen. Sie sind so mit sich selbst beschäftigt, daß sie jederzeit über sich reden. Sie wollen Aufmerksamkeit, keine Selbstverleugnung. Sie wollen überleben, nicht sterben.

Wer solche Menschen lieben und sich um sie kümmern will, tut gut daran, ihren Wünschen keinen Vorschub zu leisten. Jesus war zu keiner Zeit bereit, seine Worte dem Leben von Menschen anzupassen. Bei einer Gelegenheit "wandten sich viele seiner Jünger ab und gingen hinfort nicht mehr mit ihm" (Joh. 6,66), denn sie fanden seine Lehre zu hart. Bei einer andereren Gelegenheit ging ein reicher, junge Mann traurig davon, weil Jesus ihm gesagt hatte, daß sein Reichtum zwischen ihm und Gott stand.

Jesus ist keine Pille gegen geistliches Kopfweh, er ist der Herr der Herrlichkeit, der ein Volk zu sich ruft, das ihn verherrlicht. Er ist nicht gekommen, damit Menschen sich an ihn wenden, damit ihre Seele gestreichelt oder geheilt wird, sondern damit sie verleugnet wird, für gestorben angesehen wird, gekreuzigt mit ihm und begraben im Wasser der Taufe.

Seelisches Leben

Vor einigen Jahren fragte ich Jesus, warum die Bewegung des Heiligen Geistes, die sich in den Kirchen findet, und die man gewöhnlich als charismatische Erneuerung bezeichnet, so wenig Auswirkungen auf diese Welt hat. Eigentlich sollte man meinen, daß es einen gewaltigen Einfluß auf ein Land hat, wenn Gott sein Volk mit Kraft aus der Höhe ausstattet, wie das zu Zeiten früherer Erweckungen der Fall war.

Jesus machte mir klar, daß die meisten seiner Kinder noch immer ein selbstgefälliges Leben führen, obwohl er ihnen alle Gaben seines Geistes gegeben hat. Sie versuchen, seine Gaben für ihre eigenen Zwecke zu gebrauchen und nicht dazu, wozu sie sie empfangen haben. Dem evangelistischen Elan der frühen charismatischen Bewegung, durch den zahllose Menschen Jesus Christus als Herrn und Heiland entdeckten und mit dem Heiligen Geist erfüllt wurden, folgte allzu häufig die Zeit der Selbstbeweihräucherung, der Introspektive und der seelischen Heilung.

Hat sich der Teufel dessen bemächtigt, was als ein ureigenes Wirken Gottes begann? Sie können Ihre eigenen Schlüsse ziehen. Die Kirche hat den Auftrag, alle Völker zu *Jüngern* zu machen. Jesus fordert seine Jünger auf, sich selbst zu verleugnen, ihr Kreuz auf sich zu nehmen und ihm nachzufolgen - hinaus in die Welt, nicht hinein zu zahllosen Heilungskongressen.

Wir werden geheilt, wenn wir Gottes Ruf an uns mit Gehorsam und Glaube beantworten, nicht indem wir uns selbst betrachten. Es ist eine Lüge des Teufels, zu behaupten: "Ich kann Jesus nicht folgen, solange die Wunden meiner Vergangenheit nicht geheilt sind." Um die hat sich schon längst jemand gekümmert - am Kreuz!

Der Ruf Jesu in die Nachfolge erreichte seine Jünger zu Beginn ihrer Beziehung. "Meine Schafe hören meine Stimme, und sie folgen mir." Er geht vor Ihnen her und Sie folgen. Wenn Sie sich umdrehen und sich der Vergangenheit zuwenden, dann drehen Sie Jesus den Rücken zu, Sie gehen also weg von ihm, anstatt ihm zu folgen. Anstatt zu glauben, daß das Alte gestorben, begraben und zu Ende gebracht ist, zeigen Sie durch Ihr Verhalten, daß Sie der Meinung sind, daß die Vergangenheit sehr wohl noch lebendig ist und Ihr Leben stärker bestimmt als Jesus.

Als ich eines Tages mit einem Menschen betete, der der Meinung war, er wäre für Gott wegen seiner persönlichen Probleme unbrauchbar, gab mir Jesus für ihn eine einfache Frage: "Was machen Sie mit einer angeschlagenen, chinesischen Teetasse, die nicht mehr in Mode ist?" Antwort: "Tee daraus trinken, natürlich!" Gott wartet nicht, bis wir vollkommen sind, bevor er uns gebraucht. Wenn das der Fall wäre, könnte er keinen gebrauchen.

Das Geheimnis des Empfangens von Gott liegt darin, nicht sich auf sich selbst zu konzentrieren, sondern von sich selbst wegzusehen. Sie empfangen, indem Sie geben.

Paulus schreibt: "Denn ich hatte große Freude und Trost durch deine Liebe, weil die Herzen der Heiligen erquickt sind durch dich, lieber Bruder" (Phm. 7).

Ein Christ muß die Wahrheit kennen, damit er Glauben mitteilen kann. Je deutlicher er sie anderen gegenüber bezeugt, umso mehr wird sein Glaube selbst aufgebaut, und er wird fähig, die Wahrheit zu leben, die er verkündet.

Vergangene Probleme

Je stärker sich ein Mensch auf die eigenen Probleme konzentriert und über sie spricht, umso mehr wird er davon in Beschlag genommen. Er sollte über diese Dinge nur einmal sprechen, nämlich dann, wenn er sie zu Jesus bringt. Er kann dann gewiß sein, daß das, wovon er gesprochen hat, 'unter dem Kreuz' ist. Es gibt Dinge in unserem Leben, die nicht unterdrückt oder begraben werden sollten, sondern vor Jesus ans Licht gebracht werden müssen, damit sie durch die Kraft des Kreuzes verändert werden. Bei vielen Gelegenheiten mußte ich liebevoll und geduldig Menschen zuhören, die ihre Last abluden. Gemeinsam haben wir dann alles zu Jesus gebracht - *damit niemals mehr davon gesprochen würde!*

Wenn eine Person ein zweitesmal über dieselbe Sache sprechen will, dann gebiete ich dem sofort Einhalt: "Bitte sprechen Sie nicht mehr darüber. Wir haben es zum Kreuz gebracht, dort wurde es bereinigt!" Und gewöhnlich fahre ich fort: "Sie werden niemals das *Gefühl* haben, daß es vergeben ist, wenn Sie es nicht glauben. Die Gefühle folgen dem Glauben, nicht umgekehrt."

Mit solchen Menschen müssen Sie liebevoll aber konsequent umgehen. Es hilft ihnen nicht, wenn Sie zulassen, daß sie mit Ihnen immer wieder über dieselben Dinge reden. Wenn Sie das tun, bieten Sie dem Feind Angriffsflächen, denn es entsteht der Eindruck, daß eine tiefere Form der Befreiung notwendig ist. Es gibt Menschen, bei denen eine solche Seelsorge zu erheblichen Schwierigkeiten geführt hat, als sie Stunde um Stunde im 'Befreiungsdienst' behandelt wurde, ohne daß ein Ende sichtbar wurde; immer bleibt der Eindruck, daß da noch irgendetwas anderes, Tieferes oder Früheres vorhanden ist. Die betreffende Person fragt sich dann, ob die eigentliche Ursache jemals erkannt und wie lange das wohl dauern wird. Ihr wird für einen Augenblick geholfen - wenigstens denkt sie das - durch die Gebete und die Aufmerksamkeit, die sie erfahren hat, aber sie ist der Wahrheit um keinen Schritt näher gekommen, nämlich daß sie tot ist, und ihr Leben nun verborgen ist mit Christus in Gott.

Diese Person wird sich auch weiterhin nicht für gestorben ansehen. Ganz im Gegenteil, sie hat weiter Grund unter den Füßen verloren, weil sie befürchtet, niemals völlig frei zu sein, um das neue Leben zu führen, denn noch immer gibt es Schmutzflecken aus dem alten Leben, die sie behindern. Diese Form der Seelsorge ist letztenendes eine Lüge.

Kann ein Christ, der von neuem geboren wurde, noch Probleme mit seiner Vergangenheit haben? In den meisten Fällen schon. Aber die Lösung liegt nicht darin, in die Vergangenheit abzutauchen. Das Problem liegt in erster Linie darin, mit der Vergangenheit richtig umzugehen. Die folgende Zeichnung soll dies verdeutlichen:

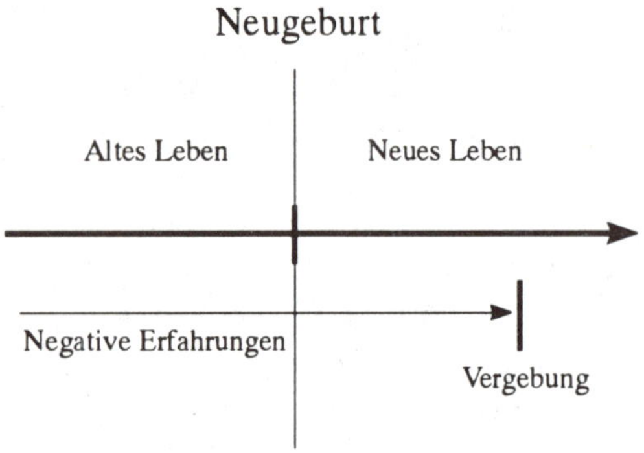

Das Kreuz trennt Sie von Ihrer Vergangenheit. Sie müssen nicht zum Fleisch zurückkehren, um das Leben des Geistes zu führen. Solch ein Vorschlag wäre geistlich lächerlich. Sie würden auch nicht auf die Idee kommen, eine Person solle ihre Sünden wiederholen, damit diese vergeben werden können. Das Bekenntnis vor Jesus genügt zu Vergebung.

Und was einmal am Kreuz vergeben wurde, braucht niemals wieder erwähnt zu werden. Es wurde ein für allemal bereinigt. Das gilt für jede andere Sache der Vergangenheit auch.

Vergib und vergiß!

Warum redet jemand immer und immer wieder über bestimmte Ereignisse seiner Vergangenheit? Weil er denjenigen nicht vergeben hat, die daran schuld waren. Deshalb bleiben Bitterkeit, Ablehnung und Verletzungen.

Es ist nicht leicht, Menschen zu vergeben, die uns zurückgewiesen, benutzt, mißbraucht und verletzt haben. Dennoch ist das die Methode Jesu für 'innere Heilung' - und die einzige, die wirklich funktioniert! Sobald eine Person bereit ist, denen zu vergeben, die sie verletzt haben, wird sie 'geheilt'.

Manche behaupten, sie könnten nicht vergeben. Dies ist eine verbreitete Reaktion, weil die meisten nach Gefühlen suchen. *Vergebung ist aber eine Entscheidung, ein Willensentschluß! Sie entscheiden sich, zu vergeben trotz Ihrer Gefühle.* Sobald Sie den ersten Schritt zur Vergebung getan haben, werden sich auch die Gefühle ändern. Vergebung beinhaltet aber auch den Entschluß, von dieser Sache nicht mehr zu sprechen. Sie ist vergeben und vergessen.

Es gab Zeiten, in denen mir viel Ablehnung von anderen entgegengebracht wurde. Zu derselben Zeit, als ich dieses Buch schrieb, wurden gerade auch zwei andere Bücher von unterschiedlichen Autoren verfaßt, eines über unsere Arbeit in Roffey Place und eine Biographie über mich. Zeitweise war ich für beide Autoren eine einzige Frustration. "Wie schätzen Sie jene Situation von damals heute ein?" fragten sie, und bezogen sich dabei auf Zeiten, in denen manche versuchten, meine Arbeit zu behindern.

"Wie soll ich sie einschätzen?" lautete meine Rückfrage.
"Was sagen Sie heute dazu?"
"Nichts!"
"Nichts? Wieso nichts?"

"Weil ich den betreffenden Menschen vergeben habe. Deshalb bin ich nicht mehr in der Lage, über diese Dinge zu sprechen. Es ist, als seien diese Dinge nie geschehen."

Beide Autoren haben dies akzeptiert, obgleich es für einen Schreiber sehr bedauerlich ist, weglassen zu müssen, was manche gerne gelesen hätten.

Jesus sagt, wir haben die Vollmacht, Sünden zu vergeben oder zu behalten. Sollten wir anderen gegenüber hartherzig sein, nachdem wir seine Barmherzigkeit kennengelernt haben? Sollen wir an Verletzungen festhalten, wenn uns Jesus niemals die Dinge vorhalten wird, die er uns vergeben hat. Sie sind vergessen und werden niemals mehr erwähnt werden, nicht einmal beim jüngsten Gericht. Es ist, als seien diese Sünden niemals geschehen.

So muß das auch mit den Verletzungen sein, die wir empfangen haben. Wer sich weigert zu vergeben, ist ein Opfer seiner mangelnden Barmherzigkeit. Je deutlicher ein Mensch erkennt, wie gnädig Gott zu ihm ist, umso leichter fällt es ihm, anderen gegenüber barmherzig zu sein. Wem viel vergeben ist, der liebt viel.

Jeder Christ muß sofort jedem vergeben, der ihn beleidigt, abgewiesen, verfolgt, verleumdet oder sonstwie verletzt hat, damit sich in ihm keine Bitterkeit festsetzt.

Jeder, der wirklich umgekehrt ist, hat Gottes überfließende Gnade kennengelernt. Ein Christ, der nur halbherzig Buße getan hat, muß ganz umkehren, bevor mit ihm um Heilung gebetet werden kann; und wenn nötig, dann muß er denen vergeben, die sich an ihm vergangen haben. Jesus sagt: "Denn wenn ihr den Menschen ihre Verfehlungen vergebt, so wird euch euer himmlischer Vater auch vergeben. Wenn ihr aber den Menschen nicht vergebt, so wird euch euer Vater eure Verfehlungen auch nicht vergeben" (Mt. 6,14.15).

"Ich kann nicht vergeben!" ist häufig eine Ausrede für: "Ich will nicht vergeben!" Die Haltung einer solchen Person lautet: "Warum sollte ich vergeben? Es war nicht mein Fehler! Ich bin derjenige, dem Unrecht getan wurde. Warum sollen die anderen ungestraft davonkommen? Sie wissen überhaupt nicht, was sie mir angetan haben - und es interessiert sie nicht einmal. Warum also soll ich vergeben?"

Wo Gefühle im Spiel sind, bleibt die Vernunft schnell auf der Strecke. Die geistliche Antwort ist klar: "Du mußt vergeben. Du bleibst sonst mehr ein

Opfer deiner mangelnden Bereitschaft zu vergeben als deiner Verletzungen - bis Du vergibst!"

Es hilft oft, Menschen zu erklären, daß Vergebung eine Willensentscheidung ist. Man kann nicht warten, bis man die richtigen Gefühle hat, um die richtigen Entscheidungen zu treffen.

Um zu vergeben, muß man mit einem Menschen nicht mehr die Vergangenheit zum Leben erwecken, genausowenig wie er seine vergangenen Sünden hervorholen muß. *Das Problem ist nicht die Vergangenheit, sondern unser Umgang mit der Vergangenheit.*

Jeder kann sich hinsetzen und über vergangene Verletzungen und Sünden nachgrübeln, wenn er so verrückt ist. Ich kann an vergangene Ereignisse denken, die mir große Not bereiteten, aber weil ich allen Beteiligten vergeben habe, schmerzen sie mich heute nicht mehr. Sie helfen mir, andern die Wahrheit in Liebe zu sagen und ihren Glauben an Christus zu stärken.

Was ist mit Menschen, die solche traumatischen Erlebnisse hatte, daß diese über das Bewußtsein gar nicht mehr greifbar sind? Es ist das Beste, diese Menschen an Personen zu verweisen, die dafür qualifiziert sind. Trotzdem ist jeder, der die Kraft des Heiligen Geistes empfangen hat, in der Lage, die Gaben des Geistes zu gebrauchen. Niemals ist es nötig, in der Vergangenheit dieser Personen zu bohren und zu stochern. Der Heilige Geist vermag Worte der Erkenntnis und der Weisheit zu schenken, die zum Herz der Sache vorstoßen und aufzeigen, wie sie bereinigt werden kann.

Schon oft hat mich der Heilige Geist auf irgendetwas in der Vergangenheit eines Menschen hingewiesen, für den ich betete. Wenn ich dann danach fragte, bekam ich oft zur Antwort: "Oh, das hatte ich vergessen!" - nicht, weil die Sache vergeben war, sondern vergraben. Auf der Stelle kann dann dieser Mensch vergeben und von etwas befreit werden, das sein Leben jahrelang bestimmte, ohne daß er sich dessen bewußt war.

Ich möchte, daß Ihnen klar ist, daß nichts in der Vergangenheit Sie daran hindern kann, das neue Leben zu führen.

Und wenn Sie anderen helfen, dann nehmen Sie sich in acht vor denen, die sich ständig entschuldigen, weil sie nicht bereit sind, die Kosten der Nachfolge zu tragen. Sie wollen sich nicht selbst verleugnen, sondern über sich selbst reden. Sie wollen dem Wort Gottes nicht gehorchen, sondern nur ihren Ungehorsam entschuldigen. Sie sind nicht bereit, die Bibel zu lesen, zu beten, Gott zu suchen und ihm zu begegenen. Also begegnen sie Ihnen. Ihre

Behauptung: "Ich kann nicht!" müßte eigentlich lauten: "Ich will nicht!" oder gar: "Ich weigere mich hartnäckig!" Anstatt sich Gott und seiner Liebe zu nähern, versuchen sie, von Ihnen Liebe zu erzwingen.

Sie werden ihnen nicht helfen, wenn Sie dies zulassen. Führen Sie sie liebevoll, vorsichtig, aber konsequent zur Wahrheit, die frei macht.

14. Einige Hinweise für Seelsorger

Wir haben gesehen, daß Sie als erstes darauf achten müssen, daß die Person vor Ihnen von neuem geboren und mit dem Heiligen Geist erfüllt wurde. Wenn dies klar ist, wie geht es weiter?

Von vorneherein sollte es klar sein, daß der Seelsorger die Leitung des Heiligen Geistes braucht. Es gibt als kein festes Schema. Jeder Mensch und jede Situation ist einmalig. Seelsorgetechniken auszuprobieren und anzuwenden hat nur zur Folge, daß Menschen erneut abhängig werden, anstatt in die Freiheit zu gelangen.

Es gibt keinen Ersatz für Salbung. Versuchen Sie nie, eine anderen Person zu kopieren; denn dies ist ebenfalls eine Form der Gefangenschaft. Sie sind einmalig und der Heilige Geist möchte in Ihnen und durch Sie wirken, um anderen zu helfen. Es geht nicht darum, ein Buch zu lesen oder Seminare zu besuchen, um das System eines anderen zu kopieren.

Ich werde Ihnen keine Methode an die Hand geben. Ich wage nicht einmal selbst, eine zu gebrauchen. Dieses Kapitel enthält einige Hinweise, die sich in den dreißig Jahren, in denen ich beobachte, wie die Wahrheit Menschen befreit, als hilfreich erwiesen haben.

Sie haben nicht meine Salbung und ich nicht die Ihre. Wenn Sie glauben, daß Gott Sie dazu beruft, anderen Menschen zu helfen, dann empfangen Sie von ihm die Salbung, damit Sie diese Berufung wahrnehmen können. Glauben Sie nicht, daß Sie diese Salbung automatisch haben. Berufung und Salbung muß man unterscheiden.

Es ist die Salbung, die das Joch der Sklaverei zerbricht (Jes. 10,27). Die Salbung wird daran erkannt, daß der Heilige Geist sich anderen mitteilt, wenn Sie ihnen mit der Wahrheit dienen.

Wenn Gott Sie zu einem bestimmten Dienst berufen hat, dann ist er auch bereit, Sie für diesen Dienst zu salben. Also äffen Sie nicht die Salbung eines anderen nach, sondern ergreifen Sie Ihre eigene.

1. Wenigstens die Hälfte Ihrer Aufmerksamkeit (wenn nicht mehr) sollten Sie darauf richten, was der Heilige Geist sagt. Der Heilige Geist führt Sie direkt zum Kern des Problems, wenn Sie darauf hören, was er sagt. Und das mag sich sehr von dem unterscheiden, was Ihnen die betreffende Person erzählt.

Oft wissen Sie nicht, ob Ihnen die Wahrheit gesagt wird. Menschen versuchen Dinge zu verbergen, weil sie Angst vor Ihrer Reaktion oder Zurückweisung haben. Nur sehr wenige Menschen erzählen einem Fremden die tiefsten Geheimnisse; sie sind noch weniger bereit, es einem Menschen zu erzählen, den sie gut kennen, denn sie werden diesem Menschen hinterher wieder begegnen.

2. *Gehen Sie davon aus, daß die Informationen, die sie von dem Hilfesuchenden bekommen, unter Umständen subjektiv sind.* Möglicherweise sind sie wahr, möglicherweise aber auch nicht. Die Person verhält sich vielleicht gemäß einer Rolle, die sie seit Jahren spielt, weshalb ihre Äußerungen sehr plausibel klingen. Ich möchte damit nicht sagen, daß jeder, der Ihre Hilfe sucht, unzuverlässig ist, oder Sie bewußt in die Irre führt. Ich möchte Sie nur davor warnen, alles, was gesagt wird, für bare Münze zu nehmen.

3. *Seien Sie sich bewußt, daß Ihnen viele das sagen, von dem sie meinen, daß sie es sagen sollten.* Jeder wird gerne von anderen akzeptiert. Auch für einen Hilfesuchenden ist es wichtig, daß Sie ihn akzeptieren. Dieser Wunsch wird also unter Umständen beeinflussen, was er Ihnen sagt, selbst unbewußt. Er will vielleicht gar nichts verbergen, aber wagt es dennoch nicht, genau das zu benennen, was gesagt werden müßte.

4. *Es gibt Personen, die es darauf anlegen, Sie zu schockieren.* Was sie sagen ist sehr unzuverlässig. Sie erzählen gerne reihenweise abscheuliche Dinge, die bestenfalls absolut übertrieben sind, oder schlimmstenfalls niederträchtige Lügen.

5. *Menschen kommen mit ganz bestimmten Absichten, und Sie müssen so schnell wie möglich feststellen, was sie wollen.* Sie suchen Hilfe in einer ganz bestimmten Angelegenheit, und alles andere soll unangetastet bleiben. Viele wollen eine schnelle, leichte Antwort auf ihr Problem. Sie wollen nicht mit ihrem unangemessenen Gebetsleben, ihrer mangelnden Kenntnis der Bibel oder ihrem Ungehorsam gegenüber Gottes Wort konfrontiert werden. Doch diese Dinge stehen fast immer in direktem Bezug zu ihrem Problem und dessen Lösung.

6. *Die Information, die Sie vom Heiligen Geist empfangen, ist bei weitem verläßlicher.* Wie erkennen Sie, ob der Heilige Geist Sie leitet? Einerseits gibt es darin keine vollkommene Sicherheit, es ist immer eine Portion Vertrauen notwendig. Nicht jeder Gedanke, den Sie haben, stammt vom Heiligen Geist. Erfahrung hilft, aber Ihre Fähigkeit, Gott klar zu hören, gründet in Ihrer Beziehung zu ihm. Normalerweise verbringe ich mindesten

eine halbe Stunde am Tag (und oft mehr) damit, darauf zu hören, was Gott mir sagt. Es ist unmöglich, seine Stimme wie ein Tonband einzuschalten, nur weil sie ihn gerade in einem schwierigen Gespräch brauchen. Gott möchte, daß jeder von uns zu jeder Zeit auf seine Stimme achtet.

7. Gebrauchen Sie die Gaben des Heiligen Geistes, auch während die Person spricht. Bitten Sie um ein Wort der Erkenntnis, das Sie direkt zum Kern des Problems hinführt; oder um ein Wort der Weisheit, damit Sie wissen, wie Sie verfahren sollen. In manchen Situationen müssen Sie die Gabe der Unterscheidung der Geister gebrauchen.

8. Lernen Sie, sorgfältig auf das 'innere Zeugnis des Heiligen Geistes' zu achten. Der Heilige Geist zeigt uns, ob ein Mensch ehrlich oder falsch ist. Er wird Ihnen die richtige Frage in den Mund legen oder das Wort, das angebracht ist, auch wenn Sie möglicherweise die besondere Bedeutung nicht verstehen.

9. Wenn Ihnen der Heilige Geist etwas offenbart, gehen Sie der Sache behutsam nach. Sie haben nicht die Aufgabe, zu urteilen, anzuklagen oder zu verdammen.

Angenommen, ein Christ kommt mit einem geschäftlichen Problem zu Ihnen. Alles läuft schief, und er muß dem Konkurs ins Auge sehen. Er hat für die Angelegenheit gebetet, aber von Gott keine direkte Antwort erhalten. Also bittet er Sie um Hilfe. Während er redet, spricht der Heilige Geist zu Ihnen nur ein Wort: "Ehebruch". Was machen Sie in dieser Lage? Sie könnten seinen Redefluß unterbrechen und ihn des Ehebruchs beschuldigen, aber Sie wissen nicht, ob Sie richtig gehört haben.

Ich würde den Mann fragen: "Sind alle Ihre Beziehungen zu anderen Menschen vor Gott in Ordnung?" Möglicherweise bejaht er diese Frage. In diesem Fall würde ich weiterhin auf den Geist hören. Wenn sein Hinweis auf Ehebruch sich wiederholt, dann würde ich die Frage direkter formulieren: "Hatten Sie jemals eine außereheliche Beziehung?" Möglicherweise sagt er mir, daß er niemals eine solche Beziehung hatte oder nur eine in der Vergangenheit, bevor er Christ wurde.

Wenn das Zeugnis des Heiligen Geistes mir sagt, daß er lügt, dann muß ich schärfer werden, aber ohne ihn direkt anzuklagen. Vielleicht sage ich: "Während Sie redeten, hatte ich den Eindruck, als würde Gott mir sagen, Sie hätten eine Affäre mit einer andern Frau, und das sei der Grund, weshalb er

Ihnen auf Ihr Gebet nicht antwortet." Sie legen ihm also dar, was nach Ihrem Eindruck die Wahrheit ist.

An dieser Stelle kann es sein, daß der Mann erkennt, daß er ertappt und der Sünde überführt ist - aber nicht unbedingt. Wenn er seine Schuld zugibt, dann brauchen Sie Gottes Liebe, Gnade und Barmherzigkeit, um ihn wieder aufzurichten und ihm klar zu machen, daß er diese Beziehung sofort beenden muß. Es ist sehr wahrscheinlich, daß ihn diese Situation innerlich zerrieben hat und er jemanden brauchte, der ihm half, sie anzupacken.

10. Wenn Sie die Antwort auf das Problem einer Person deutlich vor Augen haben, dann helfen Sie ihr dazu, sie selbst zu entdecken. Das ist viel hilfreicher, als wenn Sie die Antwort selbst sagen.

11. Haben Sie keine Angst, einen Menschen darauf hinzuweisen, daß er Buße tun muß, wenn es nötig ist; und ermutigen Sie ihn, die Dinge beim Namen zu nennen, für die er Vergebung benötigt. Bedenken Sie bitte auch, daß Unglaube im Blick auf sein Problem eine Sünde ist, die er bekennen muß.

12. Ihre Aufgabe ist es, Glauben aufzubauen und zu ermutigen, wo er fehlt. Glaube kommt aus dem Hören auf Gottes Wort. Es ist wichtiger, daß Ihnen der Heilige Geist ein Wort gibt, das Glauben wirkt, als daß Sie Wagenladungen voller geistlicher Ratschläge über andere auskippen.

13. Jesus heilte mit einem Wort. Ein Satz von Gott bewirkt mehr als viele Predigten. Also predigen Sie nicht! Sie können einem Menschen die Lösung sagen, und er bleibt davon völlig unberührt. Deshalb ...

14. Sie werden erstaunt sein, wie die Menschen durch die Wahrheit verändert werden. Die Wahrheit bringt Leben zu den Menschen, wenn sie sie glauben.

15. Wenn Glaube für eine bestimmte Angelegenheit notwendig ist, bitten Sie den Heiligen Geist um ein Wort der Offenbarung für die Person, entweder direkt oder durch Sie.

16. Wenn weitere Lehre über Gottes Wort nötig ist, damit die Wahrheit einen Menschen befreit, dann machen Sie einen passenden Termin dafür aus.

17. Beten Sie sobald wie möglich in der Erwartung, daß Gott in das Herz der Person hineinspricht, entweder direkt oder durch ein Wort, das er Ihnen gibt. Ich habe erlebt, daß man eine Situation richtig einschätzt und der Person die Lösung mitteilt, ohne daß dies irgendwelche Folgen hat. Aber wenn Ihnen Gott im Gebet ein besonderes Wort gibt, erlebt die betreffende

Person sofort eine Veränderung. Sie braucht die Wahrheit in der Kraft des Heiligen Geistes.

18. Möglicherweise müssen Sie mit Vollmacht gegen das Wirken des Feindes vorgehen und die betreffende Person ermutigen, es selbst auch zu tun. Näheres in Kapitel 20.

19. Möglicherweise ist es angebracht, der Person die Hände aufzulegen, nicht als eine freundliche Geste, sondern um den besonderen Segen Gottes mitzuteilen. Dies ist dann der Fall, wenn Sie und die Person, für die Sie beten, den Eindruck haben, daß Gott etwas Besonderes tun möchte.

Es ist gut, vorher den Menschen zu fragen, was er von Gott erwartet. Wenn er Vertrauen zu Gott hat, dann ermutigen Sie ihn, genau zu benennen, worum er bittet und was er erwartet. Wenn er nur eine unklare Hoffnung hat, denn sagen Sie ihm ein Wort von Gott, bevor Sie beten. Glaube kommt durch das Hören des Wortes.

20. Sie möchten einen Christen dazu ermutigen, im Glauben zu leben, vermeiden Sie also die Versuchung, etwas für ihn zu tun. Sorgen Sie dafür, daß er soviel wie möglich selbst beteiligt wird. Beten Sie nicht sein Gebet für ihn, bitten Sie ihn, laut zu beten, gleichgültig, wie einfach oder stockend sein Gebet ist. Und machen Sie sich keine Sorgen darüber, daß er etwas vergessen könnte, was Sie gesagt hätten. Gott antwortet auf das Gebet des Herzens. Möglicherweise passiert nicht alles, was nötig ist, beim erstenmal. Jesus ist sehr viel geduldiger als die meisten Seelsorger.

21. Gehen Sie nicht weiter, als der Heilige Geist Sie in einer bestimmten Situation leitet, nur weil Sie selbst mehr sehen wollen.

Dies alles sind - und ich wiederhole mich - ein paar hilfreiche Hinweise. Es sind nicht die 21 Gesetze der Seelsorge.

Es besteht immer die Versuchung, Abkürzungen einzuschlagen, besonders wenn die Zeit drängt. Wenn Lehre notwendig ist, dann sorgen Sie dafür, daß genügend Zeit vorhanden ist. In der Zwischenzeit ist es auch hilfreich, christliche Bücher oder Hefte zu lesen, die den Glauben aufbauen - und natürlich bestimmte Abschnitte in der Bibel.

Die Gemeinde im Hintergrund

Während meines Reisedienstes ist es gelegentlich der Fall, daß ich eine Person, die Lehre über bestimmte Aspekte des Glaubens braucht, etwa über ihr Sein in Christus oder über das Kreuz, zu ihrem Pfarrer schicke.

Nun kommt es vor, daß diese Person zu einer Kirche gehört, wo Gottes Wort weder gepredigt noch geglaubt wird. Aber alle Schafe müssen gefüttert werden - mit der Wahrheit. Kein Wunder, daß sich viele abmühen zu überleben, wenn sie mit einer Diät aus Tradition, Laienpsychologie und Lebensweisheiten gefüttert werden, anstatt mit Gottes Wort.

Lehrmaterial, Bücher und Kassetten sind Hilfsmittel, die einem Menschen helfen, persönlich in der Nachfolge Christi zu leben, sie können aber nicht die Zugehörigkeit zu einer Gemeinde ersetzen, in der der Glaube gelebt wird.

Es ist ein Elend, daß viele an Orten dahinsiechen, an denen sie nicht die Worte hören, die sie brauchen, weil sie eine emotionale oder seelische Bindung an eine bestimmte Kirche haben. Sie haben nicht verstanden, daß ihre Treue Jesus gilt. Gott wird in unserer Frucht verherrlicht, deshalb muß jeder Christ an einer Stelle sein, wo er aufgebaut und dazu befähigt wird, Frucht zu bringen, und nicht dort, wo er unter dem Unglauben seiner Gemeindeleitung erstickt.

Selbstverständlich gibt es viele gute Kirchen und Gemeinden, in denen die Wahrheit gelehrt und gelebt wird und in denen Menschen dazu befreit werden, Frucht zu bringen. Und es ist auch wahr, daß es Gemeinschaften gibt, in denen zwar die Wahrheit gelehrt wird, aber wenig Freiheit und Kraft des Heiligen Geistes vorhanden ist.

All dies sollte uns dazu ermutigen, für eine Erweckung in den Kirchen zu beten und zu glauben, bei der die Menschen zu einem starken Glauben an Gottes Wort und zur Kraft des Heiligen Geistes zurückkehren.

Allzuoft wird von einem Gastprediger in wenigen Augenblicken das erwartet, was nur in einem längeren Zeitraum in einer Gemeinde getan werden kann.

15. Der Gott der Verheißungen

Jesus erwartet von seinen Jüngern, daß sie glauben. Wenn wir Jesu Worte zum Thema Gebet betrachten, dann sehen wir, daß auch dort der Glaube im Mittelpunkt steht. Er ermutigt seine Jünger, gemeinsam zu beten, und dabei zu erwarten, daß sie von Gott erhört werden, wenn sie in einer Sache eins sind. "Wahrlich, ich sage euch: Wenn zwei unter euch eins werden auf Erden, worum sie bitten wollen, so soll es ihnen widerfahren von meinem Vater im Himmel. Denn wo zwei oder drei versammelt sind in meinem Namen, da bin ich mitten unter ihnen" (Mt. 18,19-20). Wer im Namen Jesu zusammenkommt, trifft sich, um gemeinsam zu glauben.

"Alles, was ihr bittet im Gebet, wenn ihr glaubt, so werdet ihr's empfangen" (Mt. 21,22). "Alles, was ..." schließt Heilung und alles andere ein. Auf den ersten Blick sieht das nach einem gefährlichen Versprechen Jesu aus. Bedeutet dies etwa, daß unser Vater im Himmel gezwungen ist, uns Dinge zu geben, die er uns eigentlich verweigern möchte? Keineswegs, wie dies an anderen Worten Jesu über Gebet deutlich wird. Er sagt uns, daß wir alles haben können, was wir uns wünschen, aber unter gewissen Bedingungen: "Wenn ihr in mir bleibt und meine Worte in euch bleiben, werdet ihr bitten, was ihr wollt, und es wird euch widerfahren" (Joh. 15,7).

Ein Christ lebt aufgrund dessen, was er in Christus ist. Wenn seine Worte in uns leben, werden wir glauben und gehorchen. Diese beiden Dinge gehören zusammen. Wer glaubt, der gehorcht. Und wenn jemand gehorcht, dann deshalb, weil er glaubt.

Viele glauben, daß die Bibel die göttlich inspirierte Offenbarung der Wahrheit ist. Aber zu behaupten, daß die Bibel die Wahrheit ist, ist nicht dasselbe, wie der Wahrheit Glauben zu schenken. *In Wirklichkeit glauben wir nur die Worte der Bibel, denen wir gehorchen.*

Jesus will, daß seine Worte in denen leben, die zu ihm gehören. Er weiß, wenn dies der Fall ist, werden wir uns ihm auch unterordnen; und weil seine Worte in uns leben, werden wir um nichts bitten, was ihnen widerspricht. Wir werden nicht in der Lage sein, mit ehrlicher Überzeugung und Glauben für etwas zu beten, das dem Willen Jesu widerspricht, denn der Heilige Geist schenkt nur Glauben für die Dinge, die den Zielen Gottes entsprechen. Es ist wichtig, auf dieses innere Zeugnis des Heiligen Geistes zu achten.

Unter diesen Bedingungen wird zudem alles, worum wir bitten, den Vater verherrlichen: "Darin wird mein Vater verherrlicht, daß ihr viel Frucht bringt und werdet meine Jünger" (Joh. 15,8).

Es besteht kein Zweifel, daß Jesus diese Frucht mit den Antworten auf unsere Gebete verbindet. "Nicht ihr habt mich erwählt, sondern ich habe euch erwählt und bestimmt, daß ihr hingeht und Frucht bringt und eure Frucht bleibt, damit, wenn ihr den Vater bittet in meinem Namen, er's euch gebe" (Joh. 15,16.17).

Leben Sie in Jesus, lassen Sie seine Worte in Ihnen leben; dann werden Sie Frucht bringen, und der Vater wird Ihnen alles geben, worum Sie in Jesu Namen bitten. Dies ergibt sich aus dem, was Jesus sagt, und betont erneut die zentrale Aussage dieses Buches: *Ein Leben in der Wahrheit wird uns frei machen, nicht nur von unserer Vergangenheit, sondern auch dazu, das neue Leben im Glauben zu führen.*

In Joh. 14,12-14 steht ein weiterer Gedanke: "Wahrlich, wahrlich, ich sage euch: Wer an mich glaubt, der wird die Werke auch tun, die ich tue, und er wird noch größere als diese tun; denn ich gehe zum Vater. Und was ihr bitten werdet in meinem Namen, das will ich tun, damit der Vater verherrlicht werde im Sohn. Was ihr mich bitten werdet in meinem Namen, das will ich tun."

1. Was Jesus sagt, leitet er mit den Worten ein: "Wahrlich, wahrlich ..." Er weist damit ausdrücklich darauf hin, daß das Folgende die Wahrheit ist, auch wenn seine Zuhörer Probleme damit haben, dies zu glauben.

2. Er spricht von *jedem*, der glaubt.

3. *Jeder, der an ihn glaubt, wird tun, was er getan hat:* auf die Worte Gottes hören, sich Gott unterordnen, die Gegenwart des Reiches Gottes verkündigen, in der Vollmacht des Reiches Gottes handeln und die Werke der Kraft tun, die das Reich Gottes begleiten. Dies sagt er von *jedem*, der glaubt.

4. Gläubige werden sogar größere Dinge tun, denn sie werden darum bitten können, daß der Heilige Geist auf Menschen herabkommt; etwas, das Jesus während seines Wirkens nicht tun konnte, weil der Heilige Geist noch nicht ausgegossen war, denn Jesus war noch nicht verherrlicht (Joh. 7,39).

5. Jesus wird alles tun, was Sie ihn in seinem Namen bitten, wenn Sie ihm glauben und gehorchen.

6. Auf diese Weise verherrlicht der Sohn den Vater. Gott wird in Ihnen verherrlicht durch den Glauben, durch den Gebete beantwortet werden.

7. Sie können um alles in Jesu Namen bitten, und er wird es tun, denn Sie leben in seinem Wort.

Viele Christen suchen nach anderen, die für sie beten in der Hoffnung, daß dadurch das Wunder bewirkt wird, das sie brauchen, aber sie tun es, ohne selbst in Glauben und Gehorsam zu leben. Wir dürfen diesem Verhalten keinen Vorschub leisten. Der Auftrag der Kirche lautet, alle Völker zu Jüngern zu machen, und Jünger streben danach, im Glauben und im Gehorsam gegenüber Jesus zu leben.

Ein Lebensstil

Glaube ist ein Lebensstil: "Der Gerechte wird aus Glauben leben" (Röm. 1,17). Aus Glauben zu leben heißt, in Jesus zu sein und seinen Worten zu erlauben, in uns zu bleiben.

Es geht nicht an, das Wort Gottes durch irgendetwas anderes zu ersetzen. Es ist nicht überraschend, wenn Sie nur armselige Erfolge bei den Menschen erzielen, die Sie um Hilfe bitten, wenn Sie nicht sorgfältig darauf achten, daß sie glauben und gehorchen.

Dies bedeutet nicht, daß wir eine bestimmte Stufe der Vollkommenheit erklimmen müssen, bevor Gott unsere Gebete beantwortet, ganz im Gegenteil. Neue Christen erleben oft, wie Gott ihre Gebete in einer Weise beantwortet, die sie selbst überrascht. Ihnen bereitet es in der Regel auch keine größeren Schwierigkeiten, im Glauben und Gehorsam gegenüber Jesus zu leben, den sie gerade erst neu kennengelernt haben.

Der Gott, zu dem wir beten, ist der Gott der Gnade, und alles, was er in uns bewirkt, ist ein Werk seiner Gnade. Jedes erhörte Gebet ist ein Zeichen seiner Gnade. Unser Glaube und unser Gehorsam geben uns nicht das Recht auf erhörte Gebete. Aber beide schaffen die beste Bedingung dafür, daß die Gnade Gottes unser Leben wirksam verändert.

Es ist erfreulich, wenn Gott viele unserer Gebete beantwortet, obwohl unser Glaube nur klein und unser Gehorsam mangelhaft ist. Aber es ist klar, daß wir seine Gnade nicht mißbrauchen dürfen. Paulus schreibt: "Sollen wir denn in der Sünde beharren, damit die Gnade um so mächtiger werde? Das sei ferne! Wie sollten wir in der Sünde leben wollen, der wir doch gestorben sind" (Röm. 6,1).

Da Glaube ein Lebensstil ist, bei dem Sie in Jesus bleiben und seine Worte in Ihnen, ist es schwierig, ihn anzuschalten wie eine Lampe, weil wir gerade mal wieder im Dunkeln tappen. Das ist der Grund, weshalb sich viele Christen an andere um Hilfe wenden. Sie haben keinen Glauben in der schwierigen Situation, in der sie sich gerade befinden, weil sie nicht aus Glauben leben.

Vorbeugen ist besser als heilen. Wer aus Glauben lebt, nimmt den Schild des Glaubens gegen die Angriffe des Feindes und greift mit dem Schwert des Geistes, dem Wort Gottes, die Dinge an, die sich ihm entgegenstellen.

Man hat schon zu mir gesagt: "Ich gehöre nicht zu einer Glaubensgemeinde!" Manchmal reizt es mich, sie zu fragen: "Ja, gehören Sie dann zu einer Unglaubensgemeinde?" "Was aber nicht aus Glauben kommt, das ist Sünde" (Röm. 14,23), "In Christus gilt ... der Glaube, der durch die Liebe tätig ist" (Gal. 5,6).

Es ist wichtig, nicht nur selbst ein Leben des Glaubens und des Gehorsams zu führen, sondern auch Teil einer Gemeinschaft zu sein, in der ein Glaube gelebt wird, "der durch die Liebe tätig ist." Kein Glaube an Tradition, sondern Glaube an Gottes Wort. Nicht nur eine freundliche, liebevolle Gruppe von Menschen, sondern Christen, die ihre Liebe zu Jesus durch ihren Gehorsam ihm gegenüber ausdrücken. "Liebt ihr mich, so werdet ihr meine Gebote halten" (Joh. 14,15).

Da Gott liebt und gnädig ist, wartet er nicht darauf, daß wir eine bestimmte geistliche Reife erlangt haben, bevor er uns an seiner Kraft teilhaben läßt oder auf unsere Gebete antwortet.

Jeder Christ muß der Offenbarung der Wahrheit gehorchen, die er von Gott empfangen hat. Wenn wir Menschen helfen wollen, dann ermutigen wir sie zu glauben, indem wir ihnen Gottes Worte sagen. Wir können ihnen zusagen, daß sie fähig sind, durch die Kraft des Heiligen Geistes Gottes Wort zu tun.

Es ist ein enormer Unterschied, ob Sie einem Christen helfen, der Jesus liebt und darauf hinarbeitet, ihm zu begegnen, weil er ihn verherrlichen möchte, und einem Christen, dem Gebet, Bibel und Nachfolge gleichgültig sind.

Wer in Glauben und Gehorsam lebt, braucht manchmal jemanden, der mit ihm im Glauben steht. Bei anderen wird sehr schnell klar, daß sie nur von Ihrer Beziehung zu Gott profitieren wollen, anstatt ihre eigene zu verbessern. Aus diesem Grund ist es wichtig, Menschen auf Jesus hinzuweisen, sein Wort, das Glauben schafft und sie herausfordert, das zu *leben*, was sie in Jesus sind.

Es ist nicht schwer, Menschen zu ermutigen, deren ganzes Herz Jesus gehört, gleichgültig, wie unreif sich ihr Glaube äußert. Sie sind begierig darauf zu lernen und bereit, das Wort Gottes auf ihr Leben anzuwenden. Ihre Haltung steht in starkem Kontrast zu der Haltung derjenigen, die zwar genau wissen, was sie zu tun haben, aber es doch unterlassen. Und in der Regel sind es die Ungehorsamen, die dazu neigen, Gott alles in die Schuhe zu schieben, was in ihrem Leben danebenging.

Es ist traurig, daß so viele Christen, die Jesus von ganzem Herzen dienen wollen, in Gemeinden leben, in denen ihnen das Wort Gottes kaum gesagt wird und ihr Glaube deswegen auch nicht wächst. Wenn sie irgendwo zu einem Treffen kommen, bei dem ihr Glaube ermutigt wird und Gottes Geist wirkt, lassen sie sich schnell auf das Geschehen ein und werden oft geheilt oder bekommen eine Antwort auf eine Not ihres Lebens. Leider müssen sie dann nur nach Hause zu ihrer Gemeinde zu fahren, wo sich keiner für das interessiert, was sie erlebt haben. Sie wirken auf Menschen, die religiös sind, aber nicht wirklich glauben sogar fast bedrohlich, - nicht anders als in den Tagen Jesu.

Gott erfüllt seine Versprechen

Wer lernen will, aus Glauben zu leben, muß lernen, aus Versprechen zu leben. Petrus schreibt: "Durch sie (Gottes Kraft) sind uns die teuren und allergrößten Verheißungen geschenkt, damit ihr dadurch Anteil bekommt an der göttlichen Natur" (2. Petr. 1,4).

In Jesus zu leben, in Gott zu leben, im Geist zu wandeln, bedeutet dann nichts anderes, als mit diesen großartigen und kostbaren Versprechen zu leben. Sie sind so groß, daß sie häufig völlig außerhalb unserer Reichweite zu liegen scheinen. Das liegt allerdings nur daran, daß Gott sehr viel größer ist als wir. Paulus beschreibt ihn als einen, der "überschwenglich tun kann über alles hinaus, was wir bitten oder verstehen" (Eph. 3,20).

Dies ist das neue Leben: an Gottes Wesen teilhaben, mit Jesus verbunden sein, seine Kraft in sich zu tragen, die es ermöglicht, als Kinder des Reiches Gottes zu leben. Hüten Sie sich davor, die Versprechen Gottes von den Voraussetzungen zu trennen, unter denen er sie gegeben hat. Denn gleichgültig, wieviele Versprechen Gott gegeben hat, *in Christus* hat er dazu sein "Ja" und "Amen" gesagt (2. Kor. 1,20).

"Weil wir nun solche Verheißungen haben, meine Lieben, so laßt uns von aller Befleckung des Fleisches und des Geistes uns reinigen und die Heiligung vollenden in der Furcht Gottes" (2. Kor. 7,1).

Wenn wir in der Heiligkeit Gottes leben, zuerst nach seinem Reich und seiner Gerechtigkeit trachten, werden wir auf diese Weise die Erfüllung von Jesu Zusage erleben, daß uns alles andere dazugeschenkt wird. Seien Sie zurückhaltend, wenn Sie mit Menschen beten sollen, die die Versprechen für sich beanspruchen, aber den Voraussetzungen, unter denen sie gegeben wurden, keine Aufmerksamkeit schenken. Zeit für ein gemeinsames Gebet ist erst dann, wenn es ihnen darum geht, daß die Gebote Gottes sich in ihrem Leben genauso erfüllen wie seine Versprechen.

Halten Sie Verheißungen fest

"Dann werdet ihr euch freuen, die ihr jetzt eine kleine Zeit, wenn es sein soll, traurig seid in mancherlei Anfechtungen, damit euer Glaube als echt und viel kostbarer befunden werde als das vergängliche Gold, das durchs Feuer geläutert wird, zu Lob, Preis und Ehre, wenn offenbart wird Jesus Christus" (1. Petr. 1,7).

Keiner von uns wird gerne geprüft, und keiner wartet gerne, wenn er etwas haben will. Jesus lehrt uns, im Gebet ausdauernd zu sein, entschlossen, die Antwort zu erhalten, die wir auf eine Not brauchen. Wir werden leicht ungeduldig oder fangen an, unser Inneres zu durchforsten, ob wir irgendeinen Fehler begangen haben, der die Erfüllung unserer Bitte behindert; oder wir fangen an, uns auf das Problem zu konzentrieren anstatt auf die Wahrheit.

"Meine lieben Brüder, erachtet es für lauter Freude, wenn ihr in mancherlei Anfechtung fallt, und wißt, daß euer Glaube, wenn er bewährt ist, Geduld wirkt. Die Geduld aber soll ihr Werk tun bis ans Ende, damit ihr vollkommen und unversehrt seid und kein Mangel an euch sei" (Jak. 1,2.4).

Abraham "zweifelte nicht an der Verheißung Gottes durch Unglauben, sondern wurde stark im Glauben und gab Gott die Ehre und wußte aufs allergewisseste: Was Gott verheißt, das kann er auch tun" (Röm. 4,20.21). Wenn Sie also ein Versprechen von Gott empfangen haben, müssen Sie dieses Wort festhalten und Gott glauben, daß er zu seinem Wort steht.

Der Glaube, der auch angesichts widriger Umstände treu bleibt, ist der Glaube, der sich als echt erweist und Gott preist. Wer die Anfechtung besteht, "wird die Krone des Lebens empfangen, die Gott verheißen hat denen, die ihn lieb haben" (Jak. 1,12).

Jemand mit einem echten Glauben wird nicht versuchen, Sie als Ersatz für seine eigene Beziehung zu Gott zu gebrauchen; aber er wir Ihnen für Ihre Liebe und Ihre Unterstützung während der Zeit des Wartens dankbar sein.

Es ist wichtig, Gott nicht im Wege zu stehen, wenn er mit einem Christen durch eine Zeit der Bewährung geht. Sie helfen ihm nur dazu, das Vertrauen zu Gott zu bewahren, damit dieser seiner Not abhelfen kann. Sobald er gelernt hat, an Gottes Wort festzuhalten und bis zum Sieg zu beten, wird er eine neue Dimension des Glaubens entdecken, die ihm den Rücken bei zukünftigen Schwierigkeiten stärkt.

Wenn ein Versprechen nicht sofort erfüllt wird, dann hat Gott dafür gute Gründe. Sein Timing ist perfekt. Möglicherweise weist er Sie darauf hin, daß dieser Christ von bestimmten Lebensbereichen Abschied nehmen sollte, möglicherweise sehen Sie aber auch, daß er nicht wirklich glaubt, obwohl er das selbst nicht erkennt; er glaubt nicht, daß sein Gebet erhört ist. Sie können sowohl zu Glaube als auch zu Gehorsam ermutigen, je nachdem, wie sich die Situation darstellt.

Dies ist Ihr Ziel: Sie ermutigen Menschen, sich auf Jesus und seine Worte zu stützen, nicht aber auf sich selbst oder irgendeinen anderen Menschen.

16. Furcht

Wenn ein Christ Gott seine Worte nicht glaubt, lebt er in Furcht.

Furcht ist eine Reaktion auf bestimmte Gedanken oder Worte (die häufig vom Widersacher kommen) oder auf Lebensumstände. Negative Gedanken rufen Angstgefühle hervor, die einen Menschen leicht bestimmen können. Es ist weit verbreitet, daß Christen Heilung von ihren Ängsten suchen. Dies geht oft soweit, daß sie glauben, von einem Geist der Furcht befreit werden zu müssen. Aber das ist gewöhnlich nicht der Kern des Problems. Ein gläubiger Mensch hat keinen "Geist der Furcht, sondern der Kraft und der Liebe und der Besonnenheit" (2. Tim. 1,7).

Warum lebt er dennoch in Angst? Weil er zuläßt, daß seine Seele seinen Geist zu beherrscht, anstatt sich Gott unterzuordnen. Sein Geist ist nicht in der Lage, seine Seele in der Weise zu bestimmen, wie Gott es möchte. In seinem Geist ist Kraft, Liebe und Vertrauen; aber all dies wird seine Seele solange nicht erreichen, bis der Geist die Herrschaft in seinem Leben hat.

Gottes Umgang mit Ängsten besteht nicht darin, sie zu analysieren, sondern Ihnen zu sagen: "Fürchte dich nicht!" - nicht weniger als 366 mal in der Bibel. Er nennt uns einen guten Grund, warum wir uns nicht zu fürchten brauchen: Er verspricht uns, immer bei uns zu sein. Wenn Jesus bei uns ist, und sein Geist in uns, dann brauchen wir nur das eine zu fürchten: daß wir unserer Seele erlauben, den Geist zu beherrschen.

Ich selbst war ein extrem furchtsamer Mensch, und in bestimmten Situationen kommt auch heute noch Angst in mir auf. Das ist die Reaktion meiner Seele auf die Umstände, in denen ich mich befinde. Wenn ich dieser Angst Raum gebe, dann bin ich wie gelähmt. Deshalb habe ich gelernt, dem Geist zu erlauben, meine Seele mit der Wahrheit zu füllen. Dies bedeutet, ich spreche mir Gottes Wort selbst zu. Ich fülle bewußt mein Denken mit der Wahrheit, damit meine Gefühle von der Wahrheit beeinflußt werden können, denn dadurch beginnt sich die Furcht zu verflüchtigen. Ich kann mich nicht zugleich fürchten und Vertrauen haben.

Ich muß mich oft bewußt entscheiden, voran zu gehen, obwohl bei mir noch Reste von Furcht vorhanden sind; denn Glaube an Gott schließt ein, daß wir nach seinem Willen handeln. Ich kann nicht warten, bis alle Angstgefühle weg sind, bevor ich gehorsam tue, was eine Situation erfordert. Oft haben wir uns dazu durchzuringen, Gott trotz unserer Angst zu gehorchen.

Menschen haben fast immer Angst, wenn sie einen Auftrag Gottes ausführen sollen. Anscheinend wählt Gott Menschen aus, die sich seinen Aufträgen nicht gewachsen fühlen, damit sie ihr Vertrauen auf Gott setzen.

Jesus macht deutlich, daß diese Furcht eine seelische Reaktion auf seine Herausforderung ist. Aber es spielt keine Rolle, wer wir sind. Jesus erwartet nicht von uns, daß wir seine Werke aus eigener Kraft tun. Was zählt, ist, daß er in uns ist und daß er uns zu jedem Werk befähigen kann, zu dem er uns auffordert.

Gott sagte zu Abraham: "Fürchte dich nicht, Abram! Ich bin dein Schild und dein sehr großer Lohn" (1. Mose 15,1).

Als Mose sich weigerte, nach Ägypten zurückzukehren und vor den Pharao zu treten, um das Volk Gottes aus der Sklaverei zu führen, sagte Gott zu ihm: "Ich will mit dir sein" (2. Mose 3,12). Gott gab ihm ein Versprechen nach dem anderen, und Mose erfüllte seine Aufgabe.

Als der Engel Gottes vor Gideon erschien, der aus Furcht vor den Midianitern in einer Weinkelter seinen Weizen drosch, redete er ihn an: "Der Herr mit dir, du streitbarer Held" (Ri. 6,12). Als Gideon zögerte, seinen Auftrag zu übernehmen, sagte Gott zu ihm: "Friede sei mit dir! Fürchte dich nicht, du wirst nicht sterben" (Ri. 6,23).

Jeremia zögerte, seine Berufung, ein Prophet für die Völker zu sein, anzunehmen, aber Gott ging sehr unnachsichtig mit ihm um. "Sage nicht: 'Ich bin zu jung', sondern du sollst gehen, wohin ich dich sende, und predigen alles, was ich dir gebiete. Fürchte dich nicht vor ihnen; denn ich bin bei dir und will dich erretten" (Jer. 1,7.8).

Und als Gott den Propheten Hesekiel dazu berief, zu seinem ungehorsamen Volk zu reden, sagte er zu ihm: "Und du Menschenkind sollst dich vor ihnen nicht fürchten noch vor ihren Worten fürchten ... sondern du sollst ihnen meine Worte sagen, sie gehorchen oder lassen es" (Hes. 2,6).

Für Gott ist Furcht offensichtlich die Folge eines falschen Glaubens an sich selbst. Die Antwort darauf lautet dann einfach: "Glaube an Gott, an seine Macht und an seine Gegenwart in dir!"

Dies ist sicher nicht die Antwort, die heutzutage in manchen Seelsorgekreisen populär ist. Dennoch entspricht sie der Wahrheit. Ein Mensch, der schnell von Furcht erfüllt ist, erlaubt seinem seelischen Ich, aber nicht seinem Geist, sein Leben zu bestimmmen. Er glaubt eher den negativen

Gedanken und Gefühlen als der Kraft, der Liebe und der Selbstbeherrschung des Geistes in ihm.

Gott weiß, daß wir alle durch Zeiten der Versuchung gehen müssen, aber er hat uns großartige Versprechen gegeben, die uns durch diese Zeiten hindurchtragen werden: "Fürchte dich nicht, denn ich habe dich erlöst; ich habe dich bei deinem Namen gerufen; du bist mein! Wenn du durch Wasser gehst, will ich bei dir sein, daß dich die Ströme nicht ersäufen sollen; und wenn du ins Feuer gehst, sollst du nicht brennen, und die Flamme soll dich nicht versengen. Denn ich bin der Herr, dein Gott, der Heilige Israels, dein Heiland" (Jes. 43,1-3).

Sie gehören zu Gott; er hat Sie dazu berufen und auserwählt, sein Eigentum zu sein. Deshalb verspricht er, in jeder Weise für Sie zu sorgen und Ihnen in jeder Not zu helfen.: "Mein Gott aber wird all eurem Mangel abhelfen nach seinem Reichtum in Herrlichkeit in Christus Jesus" (Phil. 4,19).

Wie schwierig auch die Umstände sein mögen, niemand und nichts kann Sie von Gott trennen, der durch seinen Heiligen Geist in Ihnen wohnt und dessen vollkommene Liebe alle Furcht austreibt. "Denn ich bin gewiß, daß weder Tod noch Leben, weder Engel noch Mächte noch Gewalten, weder Gegenwärtiges noch Zukünftiges, weder Hohes noch Tiefes noch eine andere Kreatur uns scheiden kann von der Liebe Gottes, die in Christus Jesus ist, unserem Herrn" (Röm. 8,38.39).

"In dem allen" schreibt Paulus, "überwinden wir weit durch den, der uns geliebt hat" (Röm. 8,37).

Im Licht dieser Wahrheit hat es wenig Sinn, uns auf unsere Ängste und deren Ursachen zu konzentrieren. Sobald Ihr Herz und Ihr Verstand die Wahrheit ergriffen haben, werden Sie im Glauben leben und nicht in der Furcht.

Gott sagte zu Josua: "Es soll dir niemand widerstehen dein Leben lang. Wie ich mit Mose gewesen bin, so will ich auch mit dir sein. Ich will dich nicht verlassen noch von dir weichen" (Jos. 1,5).

Dies waren die Worte der Ermutigung und des Beistandes, die er in diesem Augenblick brauchte angesichts der überwältigenden Aufgabe, das Volk Gottes in das gelobte Land zu führen. Wunder mußten geschehen, wenn sie sehen wollten, daß die Feinde zurückwichen. Deshalb schärfte ihm Gott noch einmal die Notwendigkeit ein, in der Wahrheit zu leben und gab ihm ermutigende Versprechen. "Sei getrost und unverzagt; denn du sollst diesem

Volk das Land austeilen, das ich ihnen zum Erbe geben will, wie ich ihren Vätern geschworen habe. Sei nun getrost und ganz unverzagt, daß du hältst und tust in allen Dingen nach dem Gesetz, das dir Mose, mein Knecht, geboten hat. Weiche nicht davon, weder zur Rechten noch zur Linken, damit du es recht ausrichten kannst, wohin du auch gehst. Und laß das Buch dieses Gesetzes nicht von deinem Munde kommen, sondern betrachte es Tag und Nacht, daß du hältst und tust in allen Dingen nach dem, was darin geschrieben steht. Dann wird es dir auf deinen Wegen gelingen, und du wirst es recht ausrichten. Siehe, ich habe dir geboten, daß du getrost und unverzagt seist. Laß dir nicht grauen und entsetze dich nicht; denn der Herr, dein Gott, ist mit dir in allem, was du tun wirst" (Jos. 1,6-9).

Glaube und Gehorsam waren die Voraussetzungen für den Erfolg und den Reichtum, den Gott Josua versprach.

Das gilt auch für uns. Gott möchte, daß es Ihnen und jedem seiner Kinder gut geht. Dies ist nur möglich, wenn Sie sich dafür entscheiden, in der Wahrheit zu wandeln (3. Joh. 3.4). Gott forderte Josua auf, sich nicht von den Umständen entmutigen zu lassen, er wußte, daß sowohl Schwierigkeiten als auch Triumphe vor ihm lagen.

Gott möchte, daß es Ihnen auch innerlich gut geht. Darum leben Sie in der Wahrheit und lassen nicht zu, daß die Lebensumstände ihr Denken bestimmen.

Die wiederholte Aufforderung Gottes: "Fürchte dich nicht!" ist keine bequeme Antwort, um Not zu umgehen. Aber es ist die Antwort, die uns dazu befähigt, mit Not richtig umzugehen.

Sobald Sie um Ihr Ich kreisen, werden Sie anfällig für Furcht, Verlangen, Versagen und Enttäuschungen. Jedesmal, wenn Sie auf sich selbst sehen oder sich einbilden, Sie müßten allein einer schwierigen Situation gegenübertreten, werden Sie unweigerlich Angstgefühle bekommen. Dies bedeutet nicht, daß Gott seinen Geist von Ihnen genommen hat oder daß Sie "innere Heilung" nötig hätten, sondern es zeigt nur, daß Sie Ihre Seele wieder Ihrem Geist unterordnen müssen, damit sein Leben Sie wieder mit Kraft und Liebe erfüllen kann. Danach werden Sie wieder fähig sein, sich in Gott zu freuen.

17. Körperliche Heilung

Am Kreuz finden wir alles, was für unsere seelische, geistliche und körperliche Heilung notwendig ist. Manche 'vergessen' letzteres, weil nicht jeder, für den sie beten, geheilt wird. Es ist gefährlich, Glaubenslehren auf Erfahrungen aufzubauen anstatt auf Gottes Wort. Wenn wir Gott glauben, was er sagt, dann erleben wir, was er verspricht.

Die Vergebung, die am Kreuz geschah, wird durch Glauben erlangt, genauso wie körperliche Heilung. Manche bitten Gott immer wieder um Vergebung, weil sie nicht glauben, daß sie sie empfangen haben. Und manche beten aus dem gleichen Grund immer wieder um Heilung.

In Matthäus Kapitel 8 faßt der Autor alle Heilungen zusammen, die Jesus vollbrachte. Es waren körperliche Heilungen genauso wie Befreiungen aus dämonischen Bindungen. "Am Abend aber brachten sie viele Besessene zu ihm; und er trieb die Geister aus durch sein Wort und machte alle Kranken gesund" (Mt. 8,16).

Danach erklärt Matthäus, warum dies alles geschah: "Damit erfüllt würde, was gesagt ist durch den Propheten Jesaja, der da spricht: 'Er hat unsre Schwachheit auf sich genommen, und unsre Krankheit hat er getragen" (Mt. 8,17).

Fraglos verbindet der Schreiber sowohl Befreiung als auch Heilung mit dem Kreuzesgeschehen. Aber warum zitiert er die Prophetie, die sich auf das Kreuz Jesu bezieht, am Anfang des Wirkens Jesu, bevor die Kreuzigung überhaupt geschah?

Solange Jesus auf der Erde war, diente er nur einer Generation und auch nur an einem Ort zur gleichen Zeit. Das Kreuz macht es möglich, daß jedem Menschen jeder Generation an jedem Ort dieser Welt das ganze Heil Gottes zugänglich ist. Es war ein weltumspannendes Ereignis mit ewigen Konsequenzen.

Wer nicht von der heilenden Kraft des Kreuzes predigt, erlebt in seinem Dienst auch wenige Heilungen. Und wenn wir nicht sehen, wie Gott bestimmte Dinge tut, ist die Versuchung groß, unseren Mangel an Glauben damit zu rechtfertigen. Jesus dagegen sagt: "Alles, was ihr bittet im Gebet, wenn ihr glaubt, so werdet ihr's empfangen" (Mt. 21,22). "Alles" schließt körperliche Heilung ein.

Gottes Wille zu heilen

Das rettende Werk Jesu ist zugleich ein heilendes Werk. Es entspricht Gottes Wesen zu heilen. "Ich bin der Herr, dein Arzt" (Ex. 15,26).

Eigentlich sollte es nicht nötig sein, über den Willen Gottes zu heilen Worte zu verlieren. Aber in dieser Hinsicht herrscht soviel Unsicherheit, daß es mir doch angebracht scheint, klarzumachen, was Gott darüber offenbart.

Es gibt keinen Zweifel über die Bereitschaft Jesu zu heilen. Der erste, der zu ihm kam, war ein Leprakranker, der sagte: "Herr, wenn du willst, kannst du mich reinigen" (Mt. 8,2). Jesus antwortete, indem er das "wenn" wegließ: "Ich will's tun" (V. 3). Sofort war der Mann von der Lepra geheilt.

Menschen reden vom "souveränen Handeln Gottes", wenn Menschen nicht geheilt werden. Hat Gott seinen 'souveränen' Willen in Jesus nicht offenbart? Jede Not unseres Lebens findet ihre Antwort in dem Gekreuzigten. Gott wird sich niemals einem Menschen verweigern, der im Vertrauen auf die Tat Jesu seine Hilfe sucht.

Wir sollten uns daran erinnern, daß wir in unserem Leben nicht immer Gottes Wege gehen. Sündigen Sie noch? Ja, Sie tun es! Möchte Gott, daß Sie sündigen? Wird er jemals wollen, daß Sie sündigen? Nein! Gott will, daß alle Menschen gerettet werden und hat durch das Opfer seines Sohnes die Möglichkeit für diese Rettung geschaffen. Aber werden alle Menschen gerettet? Nein, sondern nur die, die das Heilswerk Jesu im Glauben ergreifen.

Gott sitzt nicht auf seinem Thron und sinnt darüber nach, wem er vergeben will und wem nicht, wen er heilen will und wer krank bleiben soll. Er hat alles getan, damit wir Vergebung, Rettung, Heilung und Befreiung erlangen können. Wenn wir im Glauben die Wahrheit festhalten, werden wir sehen, wie seine Versprechen sich in unserem Leben erfüllen.

Ein Teil des gegenwärtigen Durcheinanders rührt daher, daß Menschen zur falschen Zeit um Heilung bitten. Selbst Jesus konnte nur wenige Wunder in Nazareth tun wegen des Unglaubens der Leute.

Wenn Menschen zu ihm kamen, um geheilt zu werden, stellte er ihnen Fragen um herauszufinden, ob sie glaubten, daß sie geheilt würden. Glaube heißt, einer Sache gewiß sein.

Oft wird Menschen die Hand aufgelegt, ohne daß vorher geklärt wurde, was sie sich davon erwarten. Oft wird auch keine Möglichkeit zu Umkehr gelassen, die unter Umständen nötig ist, um Gottes Gabe zu empfangen. Hat die kranke Person anderen vergeben? Wenn nicht, dann wird sich Gott auch ihr verweigern. Wer nicht vergibt, der wird auch selten geheilt.

Wer für andere betet, sollte all diese Fragen *vor* dem Gebet klären und wird danach ganz andere Ergebnisse haben. Das Auflegen der Hände ist nicht als spontane Geste bei öffentlichen Gottesdiensten gedacht, auch wenn manche dadurch geheilt werden. Es ist sowohl für die kranken Personen als auch für die Gemeinde zermürbend, wenn immer wieder dieselben Menschen nach vorne kommen, ohne daß sich dadurch in ihrem Leben irgendetwas ändert.

Salbung

Oft wird mit Salbung in einer Weise umgegangen, die nicht der Bibel entspricht. Beachten Sie, was Jakobus schreibt: "Ist jemand unter euch krank, der rufe zu sich die Ältesten der Gemeinde, daß sie über ihm beten und ihn salben mit Öl in dem Namen des Herrn. Und das Gebet des Glaubens wird dem Kranken helfen, und der Herr wird ihn aufrichten; und wenn er Sünden getan hat, wird ihm vergeben werden. Bekennt also einander eure Sünden und betet füreinander, daß ihr gesund werdet. Des Gerechten Gebet vermag viel, wenn es ernstlich ist" (Jak. 5,14-16).

1. *Die kranke Person soll die Ältesten zu sich rufen.* Nicht die Ältesten sollen die Initiative ergreifen. Der Kranke muß im Glauben auf seine Heilung auf sie zugehen.

2. *Die Ältesten sollen für ihn beten.* Sie sollen mit Glauben beten.

3. *Sie sollen ihn mit Öl salben.* Sowohl der Kranke als auch die Ältesten können das als die Handlung verstehen, durch die die Heilung gegeben und empfangen wird.

4. *Es ist das Gebet des Glaubens, das Heilung bewirkt.*

5. *Sünden sollen vor den Anwesenden offen bekannt und vergeben werden, damit "ihr gesund werdet".*

6. *Das Gebet des Gerechten* (dessen, der durch Jesus gerecht gemacht wurde) *vermag vieles.*

Wieder gilt, wir würden erheblich bessere Ergebnisse erzielen, wenn wir Salbung so gebrauchen würden, wie es dem Willen Gottes entspricht.

Wo immer es möglich ist, sollten wir das Gebet und die Salbung in dieser Weise vorbereiten. Natürlich gilt dies nicht in Ausnahmefällen, etwa beim Gebet für kleine Kinder (wenngleich sich die Eltern schon vorbereiten sollten), bei Menschen, die geistig behindert sind oder bei kleineren Problemen, wo ein spontanes Gebet offensichtlich angebracht ist.

Vorbereitung

Während der Arbeit in Gemeinden ist mir aufgefallen, daß einige wenige Tage der Vorbereitung für die kranke Person ungeheuer wertvoll sind. Als hilfreich hat sich dabei Folgendes erwiesen, wobei es natürlich kein Heilsweg ist, den jeder so gehen muß!

1. Die meisten Menschen, die kommen, tragen ihre Krankheit schon länger mit sich herum, deshalb ist es in der Regel keine Zumutung für sie, noch ein paar weitere Tage mit ihrer Krankheit zu leben.

2. Gott ist am ganzen Menschen interessiert, nicht nur an der Krankheit. Deshalb stellt sie eine Möglichkeit für den Christen dar, Gott erneut zu begegnen: geistlich und körperlich.

3. Der Kranke braucht Zeit, um zu klären, ob er Schuld zu bekennen hat, ob er ungehorsam ist oder ob er einem Menschen zu vergeben hat.

4. Glaubt der Kranke? Wenn nicht, braucht es Zeit, damit sich ihm durch die Bibel der Wille Gottes zu heilen erschließt. Es sollte nicht selbstverständlich vorausgesetzt werden, daß der Kranke dies glaubt. Jeder weiß und glaubt auch, daß Gott heilen *kann*. Die entscheidende Frage ist, glaubt die betreffende Person, daß Gott *sie* heilen *wird*, wenn sie ihn darum bittet.

5. Ich nenne dem kranken Menschen drei oder vier Bibelworte, die sich auf seine Not beziehen und schlage ihm vor, sich dreimal am Tag still hinzusetzen und zuzulassen, daß Gott diese Worte in sein Herz spricht. (Dies ist die Gebetsform, die ich in meinem Buch "Höre und Lebe" erläutert habe.) Glaube kommt aus dem Hören des Wortes, deshalb schlage ich ihm vor, die Heilungsgeschichten des Neuen Testaments zu lesen. Er kommt zu Jesus, nicht zu mir; deshalb schlage ich ihm vor, den Heiligen Geist zu bitten, diese Worte und Erzählungen seinem Herzen zu offenbaren.

6. Dann mache ich einen Termin aus, bei dem wir gemeinsam beten. Ich mache gewissermaßen einen Termin für die Heilung aus. Dies gibt allem

einen klaren Bezugspunkt. Der Kranke darf nicht kommen, um ein Gebet, sondern um seine Heilung zu empfangen.

7. Wenn er zum vereinbarten Termin kommt, dann sorge ich dafür, daß *er* betet. Er hat die Gelegenheit, sich vor Gott zu öffnen, ihm Schuld zu bekennen, um Vergebung zu bitten, noch vorhandene Zweifel auszusprechen und Gott zu sagen, was er ihm in seiner Situation zutraut.

8. Dann bete ich, wie mich der Heilige Geist leitet, spreche ihm Vergebung zu, wenn dies nötig ist, und bitte Gott um seine Salbung für uns, bevor ich um Heilung bitte.

9. Ich bete in Sprachen und bete mit meinem Verstand, und wenn es nötig ist, gebiete ich dem Feind.

An dies alles sollten Sie sich nicht sklavisch halten. Es ist hilfreich, in Menschen Erwartungen zu wecken, aber es wird immer andere geben, die sagen, dies sei ein gefährliches Unternehmen, weil Menschen enttäuscht werden können. Wenn wir nicht erwarten, daß Menschen durch unser Gebet geheilt werden, warum beten wir dann für sie?

Ich kann nicht behaupten, daß ich immer perfekte Heilungen erlebt habe, wenn ich in der oben beschriebenen Weise vorgegangen bin, aber irgendetwas geschah immer. Die Person begegnete Gott, der Heilungsprozeß begann, der Glaube wuchs. Natürlich wurden Menschen auch auf der Stelle gesund. In jedem Fall dankten wir Gott für das, was er tat, denn wir sollen jederzeit mit Danksagung beten.

Hat Jesus Menschen vorbereitet? Die meisten Heilungen, von denen im Neuen Testament berichtet wird, finden 'unterwegs' statt, wo eine Vorbereitung schlichtweg unmöglich ist. Trotzdem stellte Jesus bohrende Fragen, und die Antworten zeigten, ob sie glaubten, daß sie geheilt würden.

Mein Dienst geschieht mittlerweile auch meistens 'unterwegs', und ich muß gestehen, daß es bis zu einem gewissen Grad frustrierend ist, Menschen nicht angemessen vorbereiten zu können, obwohl ich bei öffentlichen Veranstaltungen immer eine Zeit für Umkehr vorsehe und auf die Bedeutung des Glaubens hinweise, bevor ich bete.

Wenn der Heilige Geist mir grünes Licht gibt, bete ich aber auch sofort mit Menschen ohne Vorbereitung.

In Vollmacht dienen

Jesus beauftragte seine Gemeinde, Menschen zu heilen. Wir haben die Vollmacht, dies in seinem Namen zu tun. Obgleich der Glaube das zentrale Element bei Heilungen ist, besonders auf Seiten des Kranken, muß auch beim Seelsorger eine Vollmacht für seinen Dienst vorhanden sein.

Wir haben schon gesehen, daß unsere Vollmacht davon abhängt, in wieweit wir uns der Autorität Jesu unterordnen. Da sich Jesus seinem Vater vollkommen unterordnete, hatte er absolute Vollmacht über alle Krankheiten und dämonischen Mächte. Er gibt diese Vollmacht an seine Jünger weiter. "Seht, ich habe euch Macht gegeben, zu treten auf Schlangen und Skorpione, und Macht über alle Gewalt des Feindes; und nichts wird euch schaden. Doch darüber freut euch nicht, daß euch die Geister untertan sind. Freut euch aber, daß eure Namen im Himmel geschrieben sind" (Lk. 10,19.20).

Christen haben diese Autorität, weil ihre Namen im Himmel geschrieben stehen. Sie gehören zum Reich Gottes, dessen Macht die Kraft der Finsternis bei weitem übersteigt. Der Heilige Geist, der in Christen lebt, ist unvergleichlich größer als die Macht der Finsternis dieser Welt.

Wir werden später über Befreiung sprechen. Hier geht es darum zu begreifen, daß diese Autorität unverzichtbar ist, wenn die Kirche den Heilungsauftrag Jesu ausführen will.

Gottes Geist erfüllt seine Gemeinde, um Gottes Volk dazu auszurüsten, den Kampf Jesu gegen Krankheit fortzuführen. Jesus selbst sagte: "Der Geist des Herrn ist auf mir, weil er mich gesalbt hat, zu verkündigen das Evangelium den Armen; er hat mich gesandt, zu predigen den Gefangenen, daß sie frei sein sollen, und den Blinden, daß sie sehen sollen, und den Zerschlagenen, daß sie frei und ledig sein sollen, zu verkündigen das Gnadenjahr des Herrn" (Lk. 4,18-19).

Er schickte die Boten Johannes' des Täufers zurück mit dem Autrag, zu berichten, was sie gesehen hatten: "Geht und verkündet Johannes, was ihr gesehen und gehört habt: Blinde sehen, Lahme gehen, Aussätzige werden rein, Taube hören, Tote stehen auf, Armen wird das Evangelium gepredigt" (Lk. 7,22).

Obwohl Gott will, daß alle Menschen gerettet werden, weiß er dennoch, daß nicht alle gerettet werden. Gott will, daß alle Menschen geheilt werden, aber er weiß, daß nicht alle geheilt werden. Wir können sogar behaupten, Gott möchte nicht, daß irgendein Mensch sündigt oder krank ist, und fordert uns auf, darum zu bitten, daß sein "Wille geschehe im Himmel wie auf Erden" (Mt. 6,10).

Im Himmel finden sich weder Krankheit noch Sünde, deshalb bekämpfte Jesus beides, solange er auf der Erde war. Wir sollen es genauso machen.

Jesus heilte alle, die zu ihm kamen, aber er machte es sich nicht zur Aufgabe, alle Kranken in Israel aufzusuchen, um sie zu heilen. Die Heilung des Gelähmten am Teich Bethesda (Joh. 5,1-9) war die Ausnahme, nicht die Regel.

Unser Ziel muß es sein, unseren Glauben und unsere Vollmacht zu gebrauchen, damit alle, die zu Jesus kommen, geheilt werden. Es ist bezeichnend, daß Jesus bestimmte Fragen stellte: "Willst du gesund werden?" (Joh. 5,6) und "Glaubt ihr, daß ich das tun kann?" (Mt. 9,28).

Jesus hielt es keineswegs für selbstverständlich, daß jemand geheilt werden wollte, oder den Glauben hatte, geheilt zu werden, nur weil er zu ihm kam.

Desweiteren galt für ihn: "Wahrlich, wahrlich, ich sage euch: Der Sohn kann nichts von sich aus tun, sondern nur, was er den Vater tun sieht; denn was dieser tut, das tut gleicherweise auch der Sohn" (Joh. 5,19). Wenn dies für Jesus galt, gilt das auch für uns. "Ich kann nichts von mir aus tun" (Joh. 5,30). Ich würde mich freuen, wenn bei jeder Veranstaltung, auf der ich spreche, jeder Kranke gesund würde. Aber wie Jesus selbst bin ich völlig von Gottes Leitung abhängig; und das sind Sie ebenfalls.

Ich habe festgestellt, daß gebietende Worte, die Worten der Erkenntnis folgen, in öffentlichen Versammlungen sehr wirksam sind. Wer anderen dient, ist darauf angewiesen, daß Gott ihm die Nöte der Menschen aufdeckt. Wenn er der Krankheit mit Vollmacht gebietet zu weichen, dann geschieht Heilung auf der Stelle.

Menschen haben mir häufig erzählt, daß bei diesen Gelegenheiten die Kraft Gottes auf sie kam und sie geheilt wurden, sobald die Worte der Autorität gesprochen wurden. Bei anderen Gelegenheiten erzählten mir Menschen, daß sie geheilt wurden, sobald ich ihre Krankheit beim Namen nannte, obgleich ich das keineswegs tat. Wenn Gottes Geist auf diese Weise wirkt, dann hören manche offensichtlich direkt Gottes Worte und werden sofort geheilt.

Es gibt eine interessante Bibelstelle: "Und die Kraft des Herrn war mit ihm, daß er heilen konnte" (Lk. 5,17). Selbst bei Jesus muß es Zeiten des besonderen Wirkens des Geistes gegeben haben, zu denen viel mehr Menschen geheilt wurden.

Es ist klar, daß sich Heilung nicht aus dem Evangelium herauslösen läßt. Unser Auftrag ist größer, als nur Krankheiten gebieten zu weichen, aber er schließt dies ein. Jesu gebot dem Fieber, und es wich auf der Stelle (Lk. 4,39).

Jesus erwartet, daß jeder Gläubige den Bergen der Not mit Vollmacht gebietet. "Wahrlich, ich sage euch: Wer zu diesem Berge spräche: Heb dich und wirf dich ins Meer! und zweifelte nicht in seinem Herzen, sondern glaubte, daß geschehen werde, was er sagt, so wird's ihm geschehen. Darum sage ich euch: Alles, was ihr bittet in eurem Gebet, glaubt nur, daß ihr's empfangt, so wird's euch zuteilwerden" (Mk. 11,23.24).

Der Gläubige soll zu den Nöten selbst sprechen soll als eine Äußerung seines Glaubens; es wird ihm nicht vorgeschlagen, sich auf einen anderen zu verlassen, der für ihn zu den Bergen spricht. Wenn er den Problemen gebietet zu weichen, dann wird von ihm erwartet, daß er in seinem Herzen glaubt und nicht zweifelt, daß das, was er sagt, auch eintreffen wird.

Mit Glauben zu beten bedeutet zu glauben, daß wir die Antwort auf unser Gebet bereits erhalten haben. Dies unterscheidet sich erheblich Äußerungen wie: "Ich glaube wirklich, daß Gott es tun *wird*!" Das ist Hoffnung, nicht Glaube. Die Hoffnung sagt, daß es geschehen *wird*. Der Glaube ist davon überzeugt, daß es bereits geschehen *ist*, auch wenn nicht sofort etwas sichtbar ist, das dies bestätigt.

Vollmacht ruht sowohl in der Unterordnung eines Christen unter Gott wie in seinem Glauben an die Verheißungen Gottes. Es geht nicht um die Größe des Glaubens, sondern um seine Qualität: "Wenn ihr Glauben hättet so groß wie ein Senfkorn, dann könntet ihr zu diesem Maulbeerbaum sagen: Reiß dich aus und versetze dich ins Meer!, und er würde euch gehorchen" (Lk. 17,6).

Ein solcher Glaube zeigt sich darin, daß wir mit der Überzeugung zu den Problemen sprechen, daß das gewünschte Ergebnis eintritt; ein Glaube, der von Jesus kommt, dem "Anfänger und Vollender des Glaubens".

Umgang mit Unglaube

Was tun wir, wenn wir einem Menschen helfen sollen, der einen solchen Glauben nicht hat?

1. *Sie können nichts tun, um das Herz eines Menschen zu verändern,* das ist allein das Werk Gottes.

2. *Beten Sie, daß sich Gott dem betreffenden Menschen offenbart.*

3. *Machen Sie ihm Mut, seine Zweifel und seinen Unglauben Gott gegenüber ehrlich auszusprechen.* Gott haßt Heuchelei, aber er liebt Demut. Und er vergibt Unglauben.

4. *Fordern Sie ihn dazu auf, Gott um ein Wort zu bitten das seinen Glauben stärkt.* Möglicherweise tut Gott dies sofort oder auch später, wichtig ist, daß er von Gott ein solches Wort erwartet.

5. *Wenn er ein solches Wort des Glaubens empfangen hat und glaubt, ist die Zeit gekommen, mit ihm um Heilung zu bitten.*

6. *Möglicherweise drängt Sie Gott, schon vorher mit ihm zu beten, in diesem Fall müssen Sie sorgfältig darauf achten, wofür sie beten sollen.* Unter Umständen ist der Zeitpunkt noch nicht gekommen, an dem Sie um die Heilung bitten.

7. *Wenn Sie jemandem helfen, seien Sie sich immer bewußt, daß Sie es mit einem Menschen zu tun haben, der Gott wertvoll ist. Was auch immer Sie sagen oder tun, hat im Namen Gottes zu geschehen und darf nicht allein in Vollmacht, sondern muß mit Liebe und Barmherzigkeit getan werden.* Jeder Dienst muß in Liebe geschehen, wenn er im Namen Jesu getan sein soll.

8. *Vermeiden Sie unter allen Umständen spekulative, anklagende und verurteilende Äußerungen.* Sie kommen nur aus Ihrer eigenen Frustration, wenn die Dinge nicht so laufen, wie Sie es wünschen oder erwarten. Es ist leicht, den Menschen, für den Sie beten, bloßzustellen, indem Sie ihm vorwerfen, er habe nicht genug Glauben, oder es gibt irgendeine Sünde in seinem Leben, die ihn daran hindert, seine Heilung zu empfangen. Aber all diese Behauptungen helfen nicht. Möglicherweise sind sie wahr, aber es ist Ihre Aufgabe, auf Gott zu hören und von ihm das Wort des Glaubens, der Korrektur oder der Ermutigung zu empfangen. Gott klagt nicht an und er vermittelt auch nicht das Gefühl, wertlos zu sein - und Sie sprechen in seinem Namen!

Bevor Sie sich also einem Menschen zuwenden, bitten Sie Gott, daß die Liebe Jesu so wie seine Wahrheit und seine Kraft durch Sie hindurchfließen.

3. Teil

Den Feind besiegen

18. Dem Feind widerstehen

Manchmal, wenn Jesus mit Menschen zu tun hatte, die nicht an ihn glaubten, befreite er sie von den dämonischen Kräften, die sie beherrschten und forderte sie danach auf, ihm nachzufolgen. An keiner Stelle allerdings wird berichtet, daß er mit Menschen, die an ihn glaubten, ebenso verfuhr. Jeder Christ hat die Aufgabe, dem Feind selbst zu widerstehen. Er hat sich Gott unterzuordnen und dem Teufel zu widerstehen, der dann vor ihm fliehen wird.

Jeder Christ muß wissen, daß er Vollmacht über den Feind hat und wie er mit dieser Autorität umgeht. Er muß den Feind kennen, der sich ihm in den Weg stellt, seine Taktiken und die Wege, auf denen er versucht, seinen Glauben zu untergraben.

Christen haben die Vollmacht, alles zu binden und zu lösen, was im Himmel gebunden oder gelöst ist. Jesus sagt: "Wahrlich, ich sage euch: Was ihr auf Erden binden werdet, soll auch im Himmel gebunden sein, und was ihr auf Erden lösen werdet, soll auch im Himmel gelöst sein" (Mt. 18,18).

Binden bedeutet verhindern, lösen heißt zulassen. Es ist schwierig, die griechischen Worte in ihren Bedeutungsnuancen eindeutig widerzugeben. Jesus meint, daß wir die Vollmacht haben, alles auf der Erde zu verhindern, was auch im Himmel nicht geschieht. Und umgekehrt, alles geschehen zu lassen, was der Himmel zuläßt.

"Was ihr ..." bezieht sich dabei nicht ausschließlich auf dämonische Sachverhalte, aber schließt diese mit ein. Nach Paulus haben wir mit einer geistlichen Opposition zu rechnen, die das Geschehen auf der Erde beeinflußt. "Denn wir haben nicht mit Fleisch und Blut zu kämpfen, sondern mit Mächtigen und Gewaltigen, nämlich mit den Herren der Welt, die in dieser Finsternis herrschen, mit den bösen Geistern unter dem Himmel" (Eph. 6,12).

Paulus fordert Paulus nun die Gläubigen auf, die Rüstung Gottes anzulegen. Er illustriert an den Teilen einer Rüstung die wesentliche Elemente, die in dieser geistlichen Auseinandersetzung eine Rolle spielen. Diese sind:

1. Wahrheit
2. Gerechtigkeit
3. Das Evangelium des Friedens

4. Glauben
5. Heil
6. Der Geist und das Wort
7. Gebet

Ein Christ braucht in keine solche Abhängigkeit zu geraten, daß er einen anderen Menschen braucht, der seine Vollmacht über den Feind ausübt, um ihn daraus zu befreien. Er hat die Kraft, den Feind selbst zu überwinden! Jeder 'Soldat' trägt seine Rüstung, soll sein Schild des Glauben gebrauchen und mit dem Schwert des Geistes angreifen.

1. *Wahrheit*

Die Wahrheit macht frei. Wer in der Wahrheit lebt, der lebt in der Freiheit und gerät nicht in Abhängigkeiten.

2. *Gerechtigkeit*

Wer in der Gerechtigkeit lebt, die er von Christus empfangen hat, wird keine Sünden begehen. Wenn er sündigt, kann er seine Schuld bekennen und wird von seinem Unrecht gereinigt.

3. *Das Evangelium des Friedens*

Durch das Kreuz Jesu Christi hat ein Christ Frieden mit Gott. Nichts wird diese Beziehung des Friedens zerstören, solange er den Angriffen des Feindes widersteht.

4. *Glaube*

Der Glaube an Christus und sein Wort ermöglichen es dem Christen, allem standzuhalten, was ihm der Feind entgegenschleudert. Er kennt die Wahrheit und kann darum den Lügen widerstehen. Er kennt seinen Platz und sein Erbe in Christus, deshalb kann er den Versuchen standhalten, ihm seinen Wert, sein Angenommen- und sein Geliebtsein abzusprechen. Er schlägt sich nicht nur durch, sondern er überwindet durch den Glauben.

5. *Heil*

Ein Christ weiß, daß er gerettet ist, und daß ihm dies eine besondere Stellung gegenüber Gott gibt. Niemand kann ihn von Jesus trennen.

6. *Der Geist und das Wort*

Ein Christ ist mit dem Heiligen Geist erfüllt. Der in ihm ist größer als der, der in der Welt ist. Der Geist der Wahrheit leitet ihn in alle Wahrheit.

Darum kann er das Wort Gottes gebrauchen, um den Feind zurückzuschlagen, wie es Jesus in der Wüste tat.

7. *Gebet*

Ein Christ soll zu jeder Zeit im Geist beten. Der Heilige Geist wird ihm nicht nur sagen, was er beten soll, sondern wird seinem Gebet auch Kraft geben.

All diese Gaben haben Christen von Gott empfangen, um das Böse zu überwinden. Im Geist zu wandeln bedeutet, in der Wahrheit zu leben, im Licht zu sein, in Christus zu bleiben und zuzulassen, daß sein Wort in uns lebt. Wer so lebt, braucht nichts zu fürchten, denn er geht den Weg der Heiligkeit. "Es wird da kein Löwe sein und kein reißendes Tier darauf gehen; sie sind dort nicht zu finden, sondern die Erlösten werden dort gehen" (Jes. 35,9). "Kein Unreiner darf ihn betreten" (V.8). Auf diesem Weg können nur die Kinder Gottes gehen.

Der Löwe ist Sinnbild für Satan, "euer Widersacher, der Teufel, geht umher wie ein brüllender Löwe und sucht, wen er verschlinge" (1. Petr. 5,8). Und die wilden Tiere sind die Dämonen, die Satan dienen. Wer auf dem Weg der Heiligkeit geht, ist außerhalb ihrer Reichweite. Sie drohen und machen viel Lärm, aber sie können einem Christen nicht wirklich schaden.

Sünde und Ungehorsam machen einen Christen für die Angriffe des Feindes verwundbar - ein guter Grund, in Gerechtigkeit zu leben. Aber nicht immer tun wir, was angemessen oder richtig ist, und werden darum aufgefordert, um Weisheit zu bitten, wenn sie uns fehlt. Ungehorsam beweist einen Mangel an Weisheit. Wer ungehorsam ist, ist sich nicht bewußt, daß er damit dem Feind in die Hände spielt und sich verwundbar macht.

Andauernder Ungehorsam kann einen Menschen in Abhängigkeiten führen, auch wenn er Christ ist. Die meisten dieser Abhängigkeiten werden durch eine ehrliche Umkehr gelöst. Die Kraft des Kreuzes bricht die Kraft der Sünde, die zeitweilig einen Christen beherrscht. Er wurde durch eigene Schuld abhängig, durch ständigen Ungehorsam oder Unglauben. Umkehr bringt ihn mit Gott ins reine.

Die Notwendigkeit von Weisheit

"Die Weisheit aber von oben her ist zuerst lauter, dann friedfertig, gütig, läßt sich etwas sagen, ist reich an Barmherzigkeit und guten Früchten, unparteiisch, ohne Heuchelei" (Jak. 3,17). Was also ist Weisheit?

1. *Weisheit ist rein.* Weise zu leben bedeutet, rein zu leben, nicht sündig. Weise Entscheidungen sind richtige Entscheidungen.

2. *Gottes Weisheit ist friedfertig.* Ein weiser Christ wird keine Entscheidungen treffen, die seinen Frieden mit Gott stören. Er wird sich für die Gerechtigkeit entscheiden, denn die Sünde wird ihm seinen Frieden rauben.

3. *Ein weiser Mensch hat Geduld mit anderen.* Er weiß, daß sich Glaube durch Liebe offenbart, daß das Maß, mit dem er gibt, das Maß ist, mit dem ihm selbst zugemessen wird; daß er erntet, was er sät.

4. *Er ist barmherzig mit anderen*, weil ihm Gott selbst so viel vergeben hat. Er strebt nach einem barmherzigen Herzen.

5. Da er sich dazu entschlossen hat, im Geist zu wandeln, *bringt ein weiser Mensch viel Frucht* zur Ehre Gottes, des Vaters.

6. *Ein weiser Mensch hält an der Wahrheit fest*, denn sie allein ermöglicht es ihm, alle Dinge zu beurteilen. "Der geistliche Mensch aber beurteilt alles und wird doch selbst von niemandem beurteilt" (1. Kor. 2,15).

7. Er hat ein *ehrliches Herz*, ist eine integere Person, der man trauen kann.

Viele, die Hilfe suchen, haben sich vom Weg der Weisheit abgewandt, daher kommen Spannungen und Ängste. Es ist nicht unsere Aufgabe, diese Menschen zu verurteilen, sondern sie zurück zur Weisheit zu bringen. Dies schließt unverzichtbar ein, daß ein Mensch zu Jesus umkehrt, damit er mit Gott eins ist und Frieden hat.

Ein Mangel an Weisheit mag über eine längere Zeitspanne dazu geführt haben, daß ein Mensch in tatsächliche Abhängigkeiten geraten ist. Möglicherweise hat er den Eindruck, daß er sich nicht selbst davon lösen kann und also einen anderen Menschen braucht.

Abhängigkeit

Es ist wichtig, die Dinge aus der richtigen Perspektive zu sehen. Für manche sind Dämonen an allem schuld, was schief geht. Eine solche Argumentation spricht sie natürlich von jeder persönlichen Schuld frei. Sie weisen jede Verantwortung für ihre Sünden oder für die Notwendigkeit umzukehren, von sich.

Natürlich greift der Feind jeden Christen an und gebraucht dämonsche Kräfte, um ihn anzuklagen oder zu betrügen. Viele werden niedergedrückt, weil sie eine Reihe von Lügen glauben, die vom 'Vater der Lüge' kommen. Anstatt dem Teufel zu widerstehen, haben sie ganze Bereiche ihres Lebens seinem Einfluß überlassen.

Weder der Teufel noch irgendeine Macht haben irgendein Recht an einem Christen. Das einzige, was es ihnen ermöglicht, in Lebensbereiche einzudringen, ist, daß ihnen diese Bereiche durch den Gläubigen überlassen wurden - durch Sünde, Ungehorsam oder Täuschung.

Niemand gibt gerne zu, daß er sich geirrt hat. Aber alle haben wir uns schon getäuscht, und wir alle haben schon in der festen Überzeugung, das Richtige zu tun, falsch gehandelt.

Gott hat unendlich viel Geduld mit uns. Er verurteilt uns nicht, weil wir Falsches getan haben oder uns täuschen ließen. Sein Geist führt uns sanft aber bestimmt zurück zur Wahrheit. Dies braucht unter Umständen viel Zeit, wenn wir voller Selbstgerechtigkeit stecken und entschlossen sind, unsere Position zu verteidigen, weil wir nicht zugeben wollen, Fehler gemacht zu haben. Da wir stolz sind, wollen wir vor anderen verbergen, daß wir uns nicht nur selbst getäuscht haben, sondern auch dazu benutzt wurden, andere in die Irre zu führen. Wir haben versucht, ihnen unsere Meinung aufzudrükken, obwohl diese vor der Wahrheit keinen Bestand hatte.

Statt sich von Stolz beherrschen zu lassen, sollte sich ein Christ vor der Wahrheit beugen.

Auch wenn der Heilige Geist einen Christen seiner Sünde überführt, ist es möglich, sich dieser Einsicht zu verweigern. Er kann sein Leben wie gehabt weiterführen, Gott anbeten und seine Liebe empfangen und dennoch dem Drängen des Geistes widerstehen.

Er kann sich dafür entscheiden, in der Sünde zu verharren. Wenn er dies tut, wird sie immer mehr Besitz von ihm ergreifen. Manchmal fühlt er sich deswegen unwohl, weil ihn der Heilige Geist darauf hinweist. Aber die Liebe zur Sünde überwiegt seinen Wunsch, Gott zu gehorchen, und deshalb bleibt er ungehorsam. Er meint, er habe die Situation im Griff, weil ihn Gott trotz allem liebt.

Nach einiger Zeit spürt er, daß die Sünde ihn nicht nur an einer Stelle in der Gewalt hat, sondern sein ganzes geistliches Leben beeinflußt, seine Beziehung zu Gott und zu anderen. Er beginnt für die Angelegenheit zu beten, aber da er sich so lange selbst betrog, kann er nicht mehr mit Überzeugung und Glaube beten. Die Sünde bleibt. Er sucht die Hilfe eines anderen, ohne aber die wirkliche Ursache preiszugeben. Oder er pfuscht weiter, führt nach außen ein gutes christliches Leben, und weiß doch zur gleichen Zeit, daß er in einem erbärmlichen Zustand ist.

Sein Gebetsleben verschlechtert sich, er hat keine Freude mehr an Gottes Wort, das ihm seinen Zustand so deutlich vor Augen führt, und er sich scheut, es zu lesen. Er wird gereizt und 'prügelt' auf alles ein, was um ihn herum ist - besonders auf die Menschen, die ihn lieben. Und er beginnt, sich mürrisch von allem zurückzuziehen.

Möglicherweise kommt er zu dem Schluß, daß nur jemand für ihn zu beten brauche, damit durch einen Akt der Befreiung alles mit einem Schlag geregelt sei. Aber ein kurzes Gebet um Befreiung wird wenig bewirken, wenn nicht zuvor wirkliche Umkehr stattfindet. Er muß sich selbst erneut Gott hingeben, erst dann kann er selbst dem Teufel mit Überzeugung widerstehen.

Wer andere bittet, für sich zu beten, ohne zur Umkehr wirklich bereit zu sein, findet vielleicht kurzfristig Erleichterung, aber es dauert nicht lange, und das alte Problem ist wieder da. Dies liegt daran, daß nicht die eigentliche Ursache angegangen wurde: der Zustand des Herzens.

Jemand, der ehrlich umkehrt, bittet um Vergebung

1. für seine Sünde und seinen Ungehorsam,

2. dafür, daß er an seiner Sünde festhielt und sich dem Heiligen Geist widersetzte,

3. dafür, daß er zuließ, daß ihn der Feind betrog,

4. daß er dem Feind nicht widerstand, sondern ihm Teile seines Lebens überließ,

5. dafür, daß seine Sünde auch die Beziehungen zu anderen beeinträchtigte.

Seine eigentliche Sünde bestand darin, Gott nicht zu gehorchen. Wie David muß er bekennen: "An dir allein habe ich gesündigt und übel vor dir getan" (Ps. 51,6). Und die folgende Bitte Davids gilt auch für ihn: "Schaffe in mir, Gott, ein reines Herz, und gib mir einen neuen, beständigen Geist" (Ps. 51,12).

Wirkliche Umkehr kommt aus dem Herzen und schließt eine konsequente Abwendung von der Sünde ebenso ein, wie eine erneute Hingabe an Gott. Dann wird ein Mensch wieder in der Lage sein, dem Feind zu widerstehen. Niemand kann *für* ihn dem Teufel Widerstand leisten, aber andere können *mit* ihm dem Feind entgegentreten.

Jemand kann sämtliche Menschen aufsuchen, denen er zutraut, daß sie mehr Vollmacht haben als er, oder sich von "Befreiungsexperten" behandeln lassen, aber wenn er nicht bereit ist, daß sich sein Herz ändert, wird jede Hilfe von kurzer Dauer sein, gleichgültig, wer für ihn betet. Wenn er in seine alten Bindungen wieder hineinrutscht, hat er allmählich den Eindruck, ein hoffnungsloser Fall zu sein, der den Griff des Teufels nicht loswird.

Sein ständiger Ungehorsam hat dämonischen Mächten die Gelegenheit gegeben, ihn zu beeinflussen oder sogar Macht über ihn zu gewinnen. Sie weichen auf grund der Gebete der anderen Christen, aber ohne die Umkehr des Herzens, wird ein Christ wieder zur alten Sünde zurückkehren und so dem Feind erneut Boden preisgeben.

Echte Umkehr, verbunden mit erneuter Hingabe an Gott und der Entschlossenheit, dem Feind zu widerstehen, ist der einzige Weg, auf dem dieses Problem gelöst werden kann. Niemand ist fähig, auf andere Weise in der Freiheit Gottes zu leben.

Dämonen

Christen sollten sich nicht wundern, daß sie teuflischen Kräften zu widerstehen haben. Ob sie es wollen oder nicht, sie befinden sich in einer geistlichen Auseinandersetzung. Wer sich weigert zu kämpfen, überläßt dem Feind das Feld. Jeder Christ muß nicht nur wissen, wie er dem Feind widersteht, sondern auch, wie er ihn überwindet.

Oft erkennen Christen dämonische Aktivitäten nicht. Sie müssen lernen, die Gabe der Unterscheidung der Geister zu gebrauchen und auf das innere Zeugnis des Heiligen Geistes zu achten. Er bewirkt, daß sie beispielsweise - ein ungutes Gefühl bei bestimmten Menschen oder in bestimmten Situationen haben, die der Feind gebraucht, auch wenn nicht direkt offensichtlich ist, was falsch ist.

Satan gebraucht dämonische Kräfte gegen Christen, gerade gegen solche, die danach trachten, im Glauben und Gehorsam zu leben. Er versucht zu täuschen, zu lügen und anzuklagen in dem Versuch, Gläubige vom Kurs abzubringen. Wer gerecht handelt, kommt nicht so leicht ins Schwanken oder wird getäuscht, aber der Feind wird jeden Trick ausprobieren, der ihm zur Verfügung steht, um den Glaubensweg eines Menschen zu stören.

Wer nicht erkennt, wenn er von dämonischen Kräften heimgesucht wird, spielt sich dem Teufel in die Hand. Manche behaupten, daß es keine Dämonen gibt, sondern daß dies nur eine zeitbedingte Ausdruckweise Jesu wäre. Dies ist blasphemisch denn es unterstellt Jesus, daß er bewußt Menschen getäuscht, und also das Geschäft des Teufels betrieben habe. Er brachte den Menschen die Wahrheit und korrigierte oft genug ihre falschen Vorstellungen, und er hätte keine Dämonen ausgetrieben, wenn es keine gäbe. Er hätte auch nicht darüber geredet, wenn er der Überzeugung gewesen wäre, daß sie nur in der Einbildung der Menschen existieren. So aber sagte er einiges über Dämonen: "Wenn der unreine Geist von einem Menschen ausgefahren ist, so durchstreift er dürre Stätten, sucht Ruhe und findet sie nicht; dann spricht er: Ich will wieder zurückkehren in mein Haus, aus dem ich fortgegangen bin. Und wenn er kommt, so findet er's gekehrt und geschmückt. Dann geht er hin und nimmt sieben andre Geister mit sich, die böser sind als er selbst; und wenn sie hineinkommen, wohnen sie darin; und es wird mit diesem Menschen hernach ärger als zuvor" (Lk. 11,24-26).

1. Böse Geister oder Dämonen haben eine Persönlichkeit. Sie sind keine undefinierbaren Kräfte oder Mächte.

2. Dämonen können sowohl außerhalb als auch innerhalb von Menschen sein.

3. Sie suchen Orte, an denen sie bleiben können, und streben danach, in Menschen zu wohnen, wenn dies möglich ist.

4. Sie können sprechen.

5. Sie können sich miteinander verständigen.

6. Sie sind fähig, zu planen und Entscheidungen zu treffen, haben also einen bestimmten Grad an Autonomie.

7. Ein 'sauberes Haus' fordert größere dämonische Angriffe heraus.

8. Einige Dämonen sind schlimmer als andere.

9. Sie wohnen, wo man es ihnen erlaubt.

Es besteht kein Zweifel - weder aufgrund der Bibel, noch aufgrund der Erfahrung - daß der Feind jeden Christen angreift. Er griff auch Jesus an, konnte ihn aber geistlich nicht treffen, denn Jesus war seinem Vater jederzeit gehorsam. Jesus seinerseits hatte Macht über Satan und verweigerte ihm jeden Sieg.

Ein Christ, der im Geist wandelt, also in der Wahrheit des Wortes Gottes, hat Macht über jeden Angriff des Feindes. Satan kann Ihnen Ihr Erbe nicht streitig machen, aber er wird versuchen, Sie davon abzuhalten, es zu gebrauchen. Er kann die Wahrheit nicht ändern, aber er wird versuchen, Sie zu täuschen, damit Sie nicht aus der Wahrheit leben, denn dann werden Sie nicht die Freiheit haben, die Ihnen Gott geschenkt hat.

Satan kann Ihnen nicht die Gabe des ewigen Lebens nehmen, die Sie von Gott empfangen haben, noch kann er Sie aus dem Reich Gottes herauslösen. Aber er versucht, die Offenbarung von der Kraft des Reiches Gottes und von der Vollmacht, zu stehlen, denn dann werden Sie nicht in der Lage sein, Ihre Autorität zu gebrauchen.

Als die Zweiundsiebzig zu Jesus zurückkehrten und sich darüber freuten, daß ihnen die Dämonen untertan waren, wies er sie darauf hin, daß dies nicht der Grund ihrer Freude sein sollte. Sie sollten sich nicht darüber freuen, daß sie solche Kräfte überwinden konnten, sondern darüber, warum sie diese Macht hatten: weil ihre Namen im Himmel geschrieben waren. Sie gehörten zum Königreich des Lichtes, das unendlich viel stärker ist als die Kraft der Finsternis. Wo das Licht scheint, verschwindet die Nacht. Sie gehörten zur Wahrheit, die den Sieg über die Lügen und Täuschungsmanöver des Bösen davonträgt.

Da Ihr Name im Himmel geschrieben steht, haben Sie Macht über jede dämonische Kraft, die sich Ihnen entgegenstellt. Sie können Ihre Autorität über Dämonen gebrauchen, die andere angreifen. Nichts wird Sie verletzen, denn Jesus hält Sie. Sie brauchen sich zu keiner Zeit vor denen zu fürchten, über die Sie die Macht haben.

Es ist unverantwortlich, wenn Christen zulassen, in Abhängigkeit zu geraten, sei es durch Sünde, oder weil sie denen keinen Widerstand leisteten, die sie angreift. Jeder Christ hat in der einen Hand den Schild des Glaubens, mit dem er alle Angriffe abwehren kann, und in der anderen Hand das Schwert des Geistes, das Wort Gottes.

Mit dem Wort der Wahrheit besiegt er die verlogenen Geister, die ihn zu unrecht verklagen. Er muß die Wahrheit kennen, die ihn frei macht, und er muß in dieser Wahrheit leben, damit ihm seine Freiheit erhalten bleibt.

19. Täuschung

1. Selbstbetrug

Manchmal möchten Christen betrogen sein. Wenn ein Christ einen sündigen Bereich seines Lebens festhalten will und nicht bereit ist, umzukehren, bekommt die Sünde immer mehr Gewalt über ihn und ermöglicht es dem Feind, ihn in seine Abhängigkeit zu bringen.

Die Bibel sagt deutlich, daß wir uns selbst betrügen, wenn wir Gottes Wort hören, es aber nicht tun. "Seid aber Täter des Worts und nicht Hörer allein; sonst betrügt ihr euch selbst. Denn wenn jemand ein Hörer des Worts ist und nicht ein Täter, der gleicht einem Mann, der sein leibliches Angesicht im Spiegel beschaut; dann nachdem er sich beschaut hat, geht er davon und vergißt von Stund an, wie er aussah. Wer aber durchschaut in das vollkommene Gesetz der Freiheit und dabei beharrt und ist nicht ein vergeßlicher Hörer, sondern ein Täter, der wird selig sein in seiner Tat" (Jak. 1,22-25).

Dies sind die Alternativen, vor denen jeder Christ steht: entweder sich selbst zu betrügen, indem er dem Wort Gottes nicht gehorcht, oder gesegnet zu werden durch Gehorsam.

Selbstbetrug findet sich in verschiedenen Formen auch in den Gemeinden des Neuen Testaments:

a) Ein Mensch betrügt sich selbst, wenn er behauptet, er sei ohne Sünde. "Wenn wir sagen, wir haben keine Sünde, so betrügen wir uns selbst, und die Wahrheit ist nicht in uns" (1. Joh. 1,8).

b) Ein Mensch betrügt sich ebenfalls, wenn er sich für etwas Besonderes hält. "Denn wenn jemand meint, er sei etwas, obwohl er doch nichts ist, der betrügt sich selbst" Gal. 6,3).

c) Er täuscht sich, wenn er meint, Gott hintergehen zu können. "Irret euch nicht! Gott läßt sich nicht spotten. Denn was der Mensch sät, das wird er ernten" (Gal. 6,7).

Er wird entweder säen, was seinem Ich gefällt, und damit seinen geistlichen Tod; oder er sät, was der Geist Gottes will, also ewiges Leben. Wenn sich Christen fragen, warum sie unter bestimmten Problemen leiden, dann sollten sie darüber nachdenken, was sie gesät haben. Ein Nörgler erntet Nörgelei.

Ein rechthaberischer Mensch wird ebenfalls von anderen gerichtet. Laut Jesus wird jeder mit dem Maßstab gemessen, den er bei anderen anlegt.

Wer dagegen Liebe sät, der erntet Liebe. Wer großzügig ist, erntet Großzügigkeit und wird nicht in Not kommen.

d) Ein Christ betrügt sich selbst, wenn er seinen Verstand und seine Sicht der Dinge über die Offenbarung Gottes setzt. "Niemand betrüge sich selbst. Wer unter euch meint, weise zu sein in dieser Welt, der werde ein Narr, daß er weise werde" (1. Kor. 3,18).

Alle diese Formen der Selbsttäuschung haben ihre Ursache darin, daß Christen ihre Seele oder ihre Selbstverwirklichung über den Geist Gottes stellen. Dies führt immer zu Schwierigkeiten.

e) Jemand betrügt sich selbst, wenn er eine geistliche Person sein möchte, aber negativ über andere redet, ständig kritisiert oder andere verurteilt: "Wenn jemand meint, er diene Gott, und hält seine Zunge nicht im Zaum, sondern betrügt sein Herz, so ist sein Gottesdienst nichtig" (Jak. 1,26).

Dies scheint ein übertrieben hartes Wort zu sein, aber Jesus sagt: "Ein guter Mensch bringt Gutes hervor aus dem guten Schatz seines Herzens; und ein böser Mensch bringt Böses hervor aus seinem bösen Schatz" (Mt. 12,35). Eine unbeherrschte Zunge ist Ausdruck eines falschen Herzens.

f) Es ist Selbstbetrug, zu glauben, irgendein äußerer Frömmigkeitsstil könne retten.

Das Problem bei Selbsttäuschung besteht darin, daß der Schuldige seine eigene Sünde gewöhnlich nicht wahrnimmt. Selbstbetrug führt zu geistlicher Blindheit. Sagen Sie einem Nörgler, daß er ständig kritisiert und warten Sie die Reaktion ab.

Die Pharisäer waren Prototypen des Selbstbetrugs. Während sie die äußeren religiösen Pflichten erfüllten, vernachläßigten sie die entscheidenenden Gebote, weil sie meinten, daß ihre Worte Gott gefielen, obwohl sie mit dem Herzen weit weg von ihm waren. Nach außen hin erschienen sie gerecht, während sie in ihrem Inneren voller Ungerechtigkeit waren.

Jesus warnte wiederholt vor einer gesetzlichen, formalen Frömmigkeit, und Paulus wies darauf hin, daß die Ungerechten das Reich Gottes nicht erben werden. "Oder wißt ihr nicht, daß die Ungerechten das Reich Gottes nicht ererben werden? Laßt euch nicht irreführen! Weder Unzüchtige noch Götzendiener, Ehebrecher, Lustknaben, Knabenschänder, Diebe, Geizige, Trunkenbolde, Lästerer oder Räuber werden das Reich Gottes ererben" (1. Kor. 6,9.10).

Es gibt keine Allversöhnung nach dem Motto: Ende gut, alles gut!

g) Zu meinen, jeder Mensch gelange in den Himmel, ist eine andere Form der Selbsttäuschung. "Ich bin der Weg und die Wahrheit und das Leben; niemand kommt zum Vater denn durch mich" (Joh. 14,6).

h) Ein Christ betrügt sich selbst, wenn er meint, andere Menschen oder ein kurzer 'Flirt' mit Sünde oder Versuchung könnten ihn nicht beeinflussen. Paulus rät im Blick auf unseren Umgang: "Laßt euch nicht verführen! Schlechter Umgang verdirbt gute Sitten" (1. Kor. 15,33).

Wir sind Zeugen Christi gegenüber allen, aber das ist nicht dasselbe wie sich mit Menschen abzugeben, die versuchen, uns auf das Niveau dieser Welt herunterzuziehen, die an unser 'Fleisch' appellieren und unseren Glauben unterhöhlen.

2. Täuschung

Satan legt es darauf an, Christen zu täuschen. In der Bibel begegnen uns einige Warnungen.

a) *Falsche Christen*. "Denn wenn einer zu euch kommt und einen andern Jesus predigt, den wir nicht gepredigt haben, oder ihr einen andern Geist empfangt, den ihr nicht empfangen habt, oder ein anderes Evangelium, das ihr nicht angenommen habt, so ertragt ihr das recht gern!" (2. Kor. 11,4). Es werden heute viele andere 'Jesusse' gepredigt, auch in Kirchen. Manche predigen einen schwachen Jesus, der unfähig ist, Lebensumstände zu verändern oder auf Gebete zu antworten. Manche predigen einen Jesus, der heute nicht mehr derselbe ist wie gestern. Sie behaupten, daß er heute nicht mehr heilt oder die Wunder tut, die er in der Zeit des Neuen Testaments tat. Sie predigen ein halbes Evangelium, ein halbes Kreuz, sogar einen halben Jesus.

Der Jesus, an den wir glauben, ist der Jesus der Bibel, der Eine, der "derselbe ist, gestern und heute und in Ewigkeit" (Hebr. 13,8).

b) *Falsche Propheten*. "Denn es werden falsche Christusse und falsche Propheten aufstehen und große Zeichen und Wunder tun, so daß sie, wenn es möglich wäre, auch die Auserwählten verführten" (Mt. 24,24).

Alle Prophetie muß geprüft werden, vollkommen gleichgültig, wer sie ausspricht oder welche Wunder er tut.

c) *Irrlehrer.* Der Feind versucht zu täuschen durch Menschen, die eine entstellte Wahrheit lehren. "Auch aus eurer Mitte werden Männer aufstehen, die Verkehrtes lehren, um die Jünger an sich zu ziehen" (Apg. 20,30).

d) *Falsche Behauptungen.* "Jesus aber antwortete und sprach zu ihnen: Seht zu, daß euch nicht jemand verführe. Denn es werden viele kommen unter meinem Namen und sagen: Ich bin der Christus, und sie werden viele verführen" (Mt. 24,4-5).

e) *Falsche Lehren.* Der Feind greift Christen nicht nur durch Irrlehrer, sondern auch direkt an. Paulus schreibt an Timotheus: "Der Geist aber sagt deutlich, daß in den letzten Zeiten einige von dem Glauben abfallen werden und verführerischen Geistern und teuflischen Lehren anhängen" (1. Tim. 4,1).

Manches, was gelehrt wird, erscheint vernünftig oder sogar geistlich, ist aber trotzdem das betrügerische Werk des Feindes, wie zum Beispiel New Age, Spiritismus oder Okkultismus. Der Heilige Geist hilft uns, klar zu erkennen, was von Gott ist. Wenn selbst die Christen getäuscht werden können, dann deshalb, weil sie nicht bereit sind, auf das innere Zeugnis des Heiligen Geistes zu hören.

Wir haben alle Weisungen Gottes zu hören und uns nicht nur die herauszusuchen, die uns gefallen. Wer Gott nur teilweise glaubt, der öffnet Türen für Täuschungen.

Wenn Sie nicht glauben, was Gott sagt, glauben Sie statt dessen etwas anderes. Sie haben die Wahrheit durch etwas anderes ersetzt.

Es ist wichtig, dem Feind keinen Raum zu geben, von dem aus er uns anklagen, betrügen oder verdammen kann, sondern im Geist zu leben, in der Wahrheit und jeden Geist daraufhin zu prüfen, ob er von Gott ist (1. Joh. 4,1).

Viele tun dies nicht. Es ist erstaunlich, wie oft Prophetien von Gemeinden angenommen werden, ohne daß sie so geprüft wurden, wie es uns die Bibel aufträgt.

Wie Christen getäuscht werden können

Gläubige müssen die Wahrheit Gottes in sich tragen, wenn sie kein leichtes Ziel für die hinterlistigen Taktiken des Widersachers sein wollen. Petrus warnt: "Seid nüchtern und wacht; denn euer Widersacher, der Teufel, geht umher wie ein brüllender Löwe und sucht, wen er verschlinge. Dem widersteht, fest im Glauben." (1. Petr. 5,8.9).

Selbstbetrug unterstützt die Versuche des Feindes. Jeremia nennt das Herz ein "trotzig und verzagt Ding", das nicht zu ergründen ist (Jer. 17,9). Aus diesem Grund gibt Gott einem Christen bei der neuen Geburt ein neues Herz und einen neuen Geist. Aber auch dieses Herz kann abtrünnig werden, weshalb Paulus schreibt: "laßt uns von aller Befleckung des Fleisches und des Geistes uns reinigen und die Heiligung vollenden in der Furcht Gottes" (2. Kor. 7,1).

Ein unreines Herz ist leicht zu täuschen. Die Schlange täuschte Eva im Garten Eden zu einem Zeitpunkt, als ihr Herz noch rein vor Gott war, die Arbeit wird der Schlange erheblich erleichtert durch ein Herz, in dem sich Ungerechtigkeit findet.

Satan inszenierte den Betrug mit Hilfe eines Wortes, das Gott Adam gegeben hatte: "Sollte Gott gesagt haben ..." Dies ist noch heute seine Masche. Er fordert den Glauben des Christen an Gottes Wort heraus, indem er die Autorität dieses Wortes untergräbt und an seine Stelle eigene Vorstellungen setzt, denn wer nicht mehr glaubt, der gehorcht auch nicht mehr.

Jesus sagt, daß Menschen mit gespaltenem Herzen ihr Herz reinigen müssen. Entweder unterstellen Sie Ihr ganzes Denken der Schrift, oder Ihr Herz wird unausweichlich gespalten.

Sie unterstützen den Feind bei seinem zerstörerischen Werk ebenfalls, wenn Sie über das hinausgehen, was in der Schrift offenbart ist. Der Feind möchte, daß Menschen übertreiben, damit sie die Balance verlieren.

Zum Beispiel lehrt das Neue Testament, daß wir die Autorität haben, Dämonen auszutreiben. Aber es ist ebenso klar, daß dies nicht die Antwort auf jedes menschliche Problem ist. Wer hinter jedem Problem einen Dämon vermutet, der ausgetrieben werden muß, wird viele Menschen in neue Bindungen führen, anstatt sie zu befreien.

Es ist betrügerisch, einen Dienst auszuüben, bei dem Menschen ihr altes Ich wieder hervorholen müssen, damit sie in der Freiheit des Geistes leben können. Dies widerspricht dem Evangelium, der Guten Nachricht von dem, was Jesus Christus für uns getan hat. Gläubige sollen "nicht mehr unmündig sein und sich von jedem Wind einer Lehre bewegen und umhertreiben lassen durch trügerisches Spiel der Menschen, mit dem sie uns arglistig verführen" (Eph. 4,14).

Es ist erschreckend, wie leicht viele Christen von der neuesten 'frommen' Mode in die Irre geführt werden oder wie schnell sie eine bestimmte Auslegung der Schrift akzeptieren, die nahezu vollkommen andere Schriftstellen außer acht läßt.

Wir sollen einander in Liebe die Wahrheit sagen, und uns so gegenseitig durch Gottes Wort aufbauen. Je mehr wir das tun, umso geschützter sind wir davor, getäuscht zu werden.

Fälschungen

Satans Täuschungen sind verpackt in falsche Religiosität und Kulte, die heute Hochkonjunktur haben. Manche kennen Jesus, aber nicht als Gottes Sohn, bei anderen spielt er überhaupt keine Rolle, wieder andere richten sich direkt und bewußt gegen ihn.

Wenn ein Mensch Christ wird, dann muß er seine vorherige Beteiligung bei all diesen Aktivitäten vollständig widerrufen. "Wer nicht mit mir ist, der ist gegen mich; und wer nicht mit mir sammelt, der zerstreut" (Lk. 11,23). Sie können nicht Gott und Dämonen zugleich anbeten (1. Kor. 20,21). Alle nachgemachten Religionen sind dämonischen Ursprungs und beten falsche Götter an, als wären sie wahr.

Jene, die Mitglieder von solchen Religionen oder Kulten waren, müssen darauf achten, daß ihr Denken nicht von den Irrtümern beeinflußt wird, die sie vorher glaubten. Es ist für einen Christen unverzichtbar, ein klares Wissen von Gottes Wort zu haben, damit sein Denken davon korrigiert wird.

Im Leben eines Christen ist kein Platz für Aberglaube, Talismane oder Zauberei. All diese Dinge müssen, zusammen mit jeder Bindung, die zu ihnen bestand, zerstört werden.

Wenn Sie mit Menschen zu tun haben, die okkulte Beziehungen hatten oder bei Organisationen wie den Freimauerern mitarbeiteten, müssen Sie darauf achten, daß sie all dies selbst widerrufen. Sie können dies nicht für sie tun. Nachdem sie widerrufen haben, können Sie mit ihnen gemeinsam beten, daß davon kein Einfluß mehr auf ihr weiteres Leben ausgeht.

Genauso müssen Menschen ihre Verstrickungen in östliche Meditations- und Gebetstechniken sowie Yoga widerrufen. Das gleiche gilt für die negativen geistlichen Folgen von bestimmten alternativen medizinischen Behandlungsmethoden, die okkulten Ursprungs sind. Manche helfen scheinbar körperlich, während sie einen Menschen geistlich abhängig machen.

Manche haben sich einer Therapie unterzogen, bei der sie sich ausschließlich auf sich selbst konzentrierten und die das Verlangen nach seelischer Heilung verstärkte, anstatt die Bereitschaft, sich selbst zu verleugnen.

Wenn eine Abhängigkeit trotz Gebet weiterbesteht, müssen unter Umständen auch frühere Aktivitäten widerrufen werden, zumeist in Verbindung mit einem Bekenntnis zur Wahrheit.

Anfänglich werden manche zögern, den okkulten Ursprung einer Religion oder eines Kultes anzuerkennen, dem sie einmal angehörten. Niemand gibt gerne zu, daß er betrogen wurde. Dennoch, in der Wahrheit zu leben, schließt ein, daß wir alles zurücknehmen, das dieser Wahrheit entgegensteht, ob in der Vergangenheit oder in der Gegenwart.

Satan erscheint als Engel des Lichts. Manchmal gibt es das Verlangen, an einer bestimmten Kultur festzuhalten, und es scheint daran auch nichts Falsches zu sein, abgesehen davon, daß viele Kulturen auf das engste mit der Religion dieser Kultur verbunden sind. Dies führt dann zu Synkretismus, dem Vermischen verschiedener Religionen.

Genau das verleitete das Volk Gottes im Alten Testament dazu, ständig zu sündigen. Sie wurden häufig von Gott davor gewarnt, Menschen mit einer anderen Religion zu heiraten oder sich mit ihren Göttern und religiösen Praktiken abzugeben. Ihre Anbetung Gottes sollte rein und unbefleckt sein. Wenn sie Gott in dieser Hinsicht nicht gehorchten, erwuchsen daraus immer Schwierigkeiten.

Gott ist ein eifernder Gott (Ex. 20,5). Er hat sich ein Volk seines Eigentums erwählt. Sie können nicht zugleich an ihn und an irgendetwas anderes glauben. Er erwartet Gehorsam von ganzem Herzen.

Sogenannte 'interreligiöse' Gottesdienste sind eine andere Form von Fälschungen. Es wird behauptet, daß wir dies aus Liebe tun, um zu zeigen, daß wir als Christen jeden anderen Menschen akzeptieren, unabhängig von seinem Glauben. Aber Menschen anderer Religionen beten zu einem falschen Gott, man kann die Wahrheit und die Lüge nicht auf diese Weise verbinden.

Die einzige Weise, Menschen zu lieben, die getäuscht werden, besteht darin, Wege zu suchen, ihnen die Wahrheit Jesu Christi mitzuteilen, und nicht darin, ihnen den Eindruck zu vermitteln, man respektierte ihren falschen Gott, indem man mit ihnen betet.

Eine solche Haltung bezeichnet man heutzutage als intolerant. Aber es ist richtig, der Täuschung und der Lüge gegenüber intolerant zu sein. Wenn wir Menschen wirklich lieben, dann wollen wir, daß sie von ihrer Täuschung befreit werden, um die Wahrheit ergreifen zu können. Lieber den Ruf haben, intolerant zu sein, als Gott nicht gehorchen. Den Betrug aufzudecken ist der Weg, die zu lieben, die getäuscht werden.

Für manche ist es teuer, ihrer früheren Religion den Rücken zu kehren. Es kann bedeuten, sich von der Familie oder gar dem Volk zu trennen oder den Arbeitsplatz zu verlieren. Aber wer in Jesus Christus das Leben gefunden hat, für den überwiegen die Vorteile des neuen Lebens bei weitem die Kosten, egal wie hoch sie sind.

Es kann im Leben eines Christen keinen Kompromiß mit der Wahrheit geben. Wie die Wahrheit frei macht, so versklavt der Kompromiß und schwächt den Glauben an Jesus.

Gebet und Glaubensbekenntnis

Sagen Sie sich von Dingen los, in denen Sie sich selbst betrogen haben, indem Sie den Heiligen Geist bitten, Ihnen die Dinge zu offenbaren, für die Sie bisher blind waren. Ermutigen Sie andere, es ebenso zu machen. Wenn Sie mit ihnen beten, dann ist es wichtig, daß sie sich selbst von diesen Dingen lossagen und es nicht Ihnen überlassen. Wenn Sie mit ihnen beten, dann achten Sie darauf, daß sie ihre Umkehr deutlich aussprechen, nicht nur mit Worten, sondern mit dem Herzen.

Ich persönlich fahre folgendermaßen fort. Nachdem ich die Wahrheit gelehrt habe, gehe ich über zu einer Zeit des stillen Gebets, damit die Anwesenden in ihrem Herzen mit Gott sprechen können. Dann bitte ich sie darum, mir ein Bekenntnis des Glaubens nachzusprechen; Satz für Satz. Ich sage zu diesen Gebeten in den nächsten Kapitel Näheres, sie sollten nicht wie eine feste Formel gebraucht werden, ich füge sie nur ein, um Ihnen zu zeigen, um was es grundsätzlich geht. Jede Situation ist einmalig, und Sie müssen immer auf die Leitung des Heiligen Geistes achten.

Im Namen Jesu und durch die Kraft seines Blutes sage ich mich von aller Selbsttäuschung los. Ich bitte den Heiligen Geist, mich meiner Sünde zu überführen, damit ich nicht länger blind bin für die Dinge in meinem Leben, die der Wahrheit widersprechen.

Ich demütige mich vor Gott, damit ich mich nicht selbst höher erachte als es sich gebührt. Ich unterstelle mein Denken der Leitung des Heiligen Geistes. Mit meinem Mund werde ich danach trachten, die Wahrheit zu sprechen, und nicht schlecht von mir oder anderen. Ich will das Wort Gottes leben, nicht nur hören.

Himmlischer Vater, ich bitte dich um die Hilfe deines Heiligen Geistes, daß ich in der Wahrheit lebe und nicht in Selbsttäuschung.

Ich glaube, daß Satan kein Recht mehr an mir hat und mich nicht für meine vergangene Schuld anklagen kann. Ich bin frei, denn Jesus hat mich befreit.

Im Namen Jesu und in der Kraft seines Blutes sage ich mich los von allem, womit ich dem Feind erlaubt habe, mich zu täuschen.

Ich widerstehe jeder falschen Vorstellung von Gott, Jesus Christus oder dem Heiligen Geist.

Ich widerstehe jedem Einfluß von falschen Prophetien und allen anderen, die unwahre oder betrügerische Worte in mein Leben sprechen.

Ich widerstehe dem Einfluß falscher Lehren, die mir beigebracht wurden. Ich vergebe denen, die mich Dinge gelehrt haben, die der Wahrheit widersprachen. Ich bitte für sie, daß ihre Augen und Herzen sich für die Wahrheit öffnen.

Ich vertraue mich erneut der Wahrheit des Wortes Gottes an, damit ich durch den Heiligen Geist geleitet werde.

Im Namen Jesu sage ich allen lügnerischen und betrügerischen Geistern, die versucht haben, mein Leben zu beeinflussen, daß sie keinerlei Macht über mich haben oder darüber, was ich glaube oder denke. Ich bin frei, weil Jesus mich frei gemacht hat. Ihm gehört alle Ehre.

Im Namen Jesu und in der Kraft seines Blutes, sage ich mich von jeder lügnerischen Aktivität des Feindes und allem Einfluß, von Okkultismus, falschen Religionen und Kulten los. Ich sage mich los von Freimaurerei,

Yoga (oder was immer sonst relevant war) und danke Gott, daß ich nun frei bin von der Macht all dessen. Ich sage mich los von allem Aberglauben.

Himmlischer Vater, ich danke dir, daß dein Heiliger Geist der Wahrheit mich in alle Wahrheit deines Wortes leiten wird, und ich gebe mich dir erneut hin. Ich danke dir für deine Liebe und Gnade, die mich aus der Finsternis in dein herrliches Licht gebracht hat.

20. Umgang mit Rebellion und Stolz

Rebellion ist bewußter - und oft andauernder - Ungehorsam gegenüber dem Wort Gottes und führt immer in eine geistliche Gebundenheit. "Denn Ungehorsam ist Sünde wie Zauberei, und Widerstreben ist wie Abgötterei und Götzendienst" (1. Sam. 15,23).

Kein echter Christ würde sich freiwillig mit Hexerei abgeben, allein der Gedanke daran ist widersinnig. Und doch bewertet Gott Ungehorsam genauso wie Zauberei.

Umgekehrt würden die meisten Christen hartnäckiges Streben nach Selbstverwirklichung nicht als Göttzendienst bezeichnen. Manche sagen gar: "Ich schätze meine Unabhängigkeit."

Satan rebellierte im Himmel, er verführte Adam und Eva zur Rebellion und die ganze Menschheit wurde von dieser Sünde ergriffen. Sie handelten unabhängig von Gottes Wort im eigenen Auftrag und verloren dadurch das Paradies.

Sowohl Rebellion als auch Unabhängigkeit spielen dem Teufel direkt in die Hände. Genau aus diesem Grund verloren Luzifer den Himmel und Adam und Eva das Paradies.

Da Gott gnädig ist, wirft er uns nicht aus seinem Reich, wenn wir absichtlich gegen ihn sündigen. Dennoch überläßt Sünde dem Teufel Raum, und dieser muß wiedergewonnen werden.

In gewisser Weise ist das Leben eines Christen wie das Besteigen eines Berges. Jeder Schritt bringt uns dem Gipfel näher, Rebellion und eigenständiges Handeln lassen uns den Berg solange hinabrutschen, bis wir uns wieder fangen und von der Meuterei ablassen. Dann beginnen wir wieder zu klettern, müssen aber den verlorenen Grund erst wieder gutmachen. Auch wenn uns Gott unsere Sünde vergibt, bedeutet dies keineswegs, daß wir sofort wieder an dem Platz sind, an dem wir vor der Rebellion waren.

Gott möchte, daß wir zurückkehren und den Berg weiter besteigen, aber wir erreichen dies nur durch Gebet und Gehorsam gegenüber Gottes Wort.

Es ist gefährlich, zurückzuschauen, wenn Sie einen Berg besteigen, denn Sie müssen sorgfältig darauf achten, wohin Sie Ihren Fuß setzen. Es ist gut zu wissen, daß uns Gott vor dem Fallen bewahrt und uns tadellos zum Thron der Gnade bringen wird. Trotzdem bedauern Christen immer wieder die Zeit, die sie verschwendet, und den Boden, den sie verloren haben dadurch, daß sie sich von Gottes Zielen entfernten und eigene Wege gingen.

Oft sind sich Christen, die gegen Gott rebellieren, dessen gar nicht bewußt. Manche finden eine unabhängige Haltung gerechtfertigt und gerade willensstarke Menschen zögern, ihre Haltung als Rebellion zu bezeichnen.

Die fortwährende Weigerung zu akzeptieren, was Gott sagt, und danach zu handeln, ist nichts anderes als Rebellion, gleichgültig, welche Begründungen oder Entschuldigungen für dieses Verhalten vorgebracht werden.

Gott unterstellt uns menschlichen Autoritäten und erwartet von uns, daß wir seine Autorität repektieren, die durch sie wahrgenommen wird. Jede menschliche Form, in der sich diese Autorität äußert, ist unvollkommen. Es ist also nicht verwunderlich, daß es die meisten schwieriger finden, sich anderen Menschen unterzuordnen als Gott selbst.

Gott beruft uns nicht dazu, Ein-Person-Gemeinden zu gründen. Er macht Gläubige zu Gliedern seines Leibes und lehrt sie, sich einander genauso unterzuordnen wie dem Haupt, Christus. Eine solche Unterordnung setzt voraus, daß wir um unsere gegenseitige Abhängigkeit wissen und darum, daß wir zusammengehören.

Leiter

Obgleich Gott erwartet, daß wir uns seinen menschlichen Leitern in der Gemeinde unterordnen, gibt das der Leitung nicht das Recht, Menschen 'klein' zu halten, wie das bei der Beherrschung von Völkern üblich ist. Dennoch findet sich häufig Mißbrauch von Verantwortung, sowohl in den etablierten Kirchen als auch bei neugegründeten Gemeinden.

Biblische Leitung geschieht durch das Vorbild. Ein wahrer geistlicher Leiter unterstellt sich selbst der Leitung des Heiligen Geistes, denn er will andere leiten, nicht beherrschen. Sein Auftrag lautet, verantwortliche Jünger heranzubilden, die sich selbst bereitwillig Jesus unterordnen, nicht devote Menschen, die nicht fähig sind, selbst zu denken und die daran gehindert werden, elementare Entscheidungen selbst zu treffen, obgleich dies für eine verantwortliche Beziehung zu Jesus unabdingbar ist.

Jeder Christ sollte sich einer wirklichen geistlichen Autorität unterwerfen; nicht einem menschlichen Herrschaftsanspruch, der ein fleischlicher Ersatz für die wirkliche Sache ist. Bei ordentlicher Lehre und Leitung wird der Dienst jedes einzelnen wachsen und gedeihen.

Gläubige sollen sich auch ihrer Regierung unterordnen, ihren Eltern, ihren Ehemännern, ihren Arbeitgebern und den Leitern ihrer Gemeinde. Dies ist nicht der Ort, auf all die genannten Bereiche intensiver einzugehen. Jede wahre Unterordnung hat ihren Ursprung in der richtigen Herzenshaltung gegenüber anderen; während Rebellion und Selbstverwirklichung auf eine falsche, selbstkonzentrierte Haltung hinweisen.

Wir werden aufgefordert, für diejenigen zu beten, die uns leiten: "Gedenkt an eure Lehrer, die euch das Wort Gottes gesagt haben; ihr Ende schaut an und folgt ihrem Glauben nach. Jesus Christus gestern und heute und derselbe auch in Ewigkeit" (Hebr. 13,7-8).

Die Feststellung, daß Jesus derselbe ist, folgt direkt nach der Aufforderung, für unsere geistlichen Leiter zu beten. Über diese Leiter wird folgendes gesagt:

1. *Sie reden das Wort Gottes.* Sie leiten und führen Menschen auf dem Weg der Wahrheit.

2. *An ihrem Leben läßt sich diese Wahrheit erkennen.*

3. *An ihnen wird ein Glaube sichtbar, den wir uns zum Vorbild nehmen sollen.* Sie sind lebendige Beispiele des Glaubens.

4. *Sie vermitteln Glauben an Jesus, der heute derselbe ist wie gestern.* Wir erkennen etwas von Jesus in ihnen, in dem, was sie sagen und tun und in der Frucht ihrer Arbeit.

Folgen Sie denen, die die Wahrheit predigen und leben, und achten Sie auf die Warnung: "Laßt euch nicht durch mancherlei und fremde Lehren umtreiben" (Hebr. 13,9).

Es ist keine Rebellion, wenn Sie eine Gemeinde verlassen, in der Sie weder geleitet noch ernährt werden - es ist selbstverständlich. Man könnte es im Gegenteil als Rebellion gegen Gottes Wort verstehen, dort zu bleiben, denn Sie können nicht geistlich wachsen, wenn Sie nicht mit der Wahrheit ernährt werden. Und Sie werden nicht anständig geleitet, wenn die Verantwortlichen nicht dorthin gehen, wohin der Heilige Geist leitet. Gott beruft Sie dazu, Frucht zu bringen, denn darin wird er verherrlicht. Er wird nicht dadurch verherrlicht, daß Sie einer Tradition gegenüber loyal bleiben, dabei aber fruchtlos bleiben.

Wahre Unterordnung hat nichts mit Unterwürfigkeit zu tun; und Demut bedeutet nicht, gedemütigt zu werden.

Stolz

Die tiefere Ursache von Rebellion und Selbstverwirklichung ist Stolz. Nach Paulus verläßt sich ein Christ nicht auf sich selbst (Phil. 3,3). Und Jesus sagt: "Ich bin der Weinstock, ihr seid die Reben. Wer in mir bleibt und ich in ihm, der bringt viel Frucht; denn ohne mich könnt ihr nichts tun" (Joh. 15,5). Und sowohl Jakobus als auch Petrus zitieren ein Wort aus Sprüche 3,34: "Er wird der Spötter spotten, aber den Demütigen wird er Gnade geben" (Jak. 4,6; 1.Petr. 5,5).

Wir haben im Verlauf dieses Buches gesehen, daß die Seele dem Geist untergeordnet bleiben muß, weil wir sonst selbstgerecht werden. Diese Selbstgerechtigkeit zeigt sich in Stolz, Egoismus oder Unglaube - oder einer Kombination von diesen dreien.

"Demütigt euch vor dem Herrn, so wird er euch erhöhen", steht in Jak. 4,10. Es ist notwenig, daß wir vor Gott demütig bleiben, dies muß jeder selbst tun, niemand kann für einen anderen vor Gott demütig sein. Nur durch Jesus können wir zu Gott eine persönliche Beziehung haben, aber damit sind unvermeidbar auch Konsequenzen verbunden. Es ist die Aufgabe eines Christen, mit Gott zu leben, aber wenn er zuläßt, daß er stolz wird, lebt er *gegen* Gott, nicht *mit* ihm.

Wenn sich Gott gegen die Stolzen stellt, dann muß Stolz eine Haltung sein, die dem Teufel in die Hand spielt. Er hat ein leichtes Spiel mit denen, die sich um sich selbst drehen, anstatt sich zu verleugnen. Petrus wiederholt die Worte des Jakobus: "Alle aber miteinander haltet fest an der Demut; denn Gott widersteht den Hochmütigen, aber den Demütigen gibt er Gnade. So demütigt euch nun unter die gewaltige Hand Gottes, damit er euch erhöhe zu seiner Zeit" (1. Petr. 5,5-6).

Wenn Sie bei einer Sache Angst haben, dann sagen Sie damit, daß Sie die Last tragen und sie beseitigen wollen, obwohl in Wahrheit Jesus Ihre Last auf sich genommen hat und er von Ihnen erwartet, daß Sie ihm vertrauen. Es ist eine Form des Stolzes, sich auf sich selbst zu verlassen, anstatt auf Gott.

Petrus fährt fort, indem er seine Leser warnt: "Seid nüchtern und wacht; denn euer Widersacher, der Teufel, geht umher wie ein brüllender Löwe und sucht, wen er verschlinge" (V.8). Wir müssen das eigene Ich unter Kontrolle halten, denn der Teufel wartet auf seine Chance, folglich müssen wir wachsam sein. "Wer zugrunde gehen soll, der wird zuvor stolz; und Hochmut kommt vor dem Fall" (Spr. 16,18).

Wir werden aufgefordert, "dem Widersacher keinen Anlaß (zu) geben, zu lästern" (1. Tim. 5,14). Stolz gibt ihm einen Anlaß und macht einen Menschen verwundbar. Sie können nicht stolz auf der Straße der Gerechtigkeit wandeln.

Stolz zeigt sich in zwei Formen. Es gibt die aggressive, selbstsichere Arroganz, mit der sich ein Mensch über andere erhebt. Andere erkennen dies ohne weiteres als Stolz und ärgern sich darüber.

Daneben gibt es eine Form des Stolzes, die nicht so schnell erkannt wird, die aber genauso zerstörerisch für einen Menschen und seine Beziehung zu anderen ist. Es handelt sich dabei um die Art von Selbstgefälligkeit, die sich folgendermaßen äußert: "Ich bin nicht gut, ich bin ein Versager. Ich glaube nicht, daß mich irgend jemand wirklich liebt oder akzeptiert. Ich erwarte von Gott nicht allzuviel. Ich halte mich lieber zurück. Ich möchte mich nicht in den Vordergrund spielen." Doch genau dies beabsichtigen solche Menschen, sie rücken sich selbst in den Vordergrund, genauer, ihre eigene negative Befindlichkeit. Ihre Worte offenbaren, was in ihrem Herzen vorgeht. 'Ich' und 'mein' ziehen sich durch ihre Äußerungen. Die Demonstrationen ihrer Demut überzeugen niemanden.

Wie wir bereits gesehen haben, handelt es sich dabei um eine Form des Unglaubens. Jedenfalls offenbart eine solche Haltung, daß sie nicht wirklich glauben, was Jesus für sie getan hat. Ihre Haltung unterscheidet sich in nichts von der eines Menschen, der seine eigene Gerechtigkeit sucht. Bei beiden Formen des Stolzes hat das Ich den größten Einfluß und kontrolliert diese Menschen. Der Unterschied liegt allein darin, daß sich die Selbstverwirklichung unterschiedlich ausprägt, aber in beiden Fällen wirkt diese Haltung zerstörerisch. Beiden fehlt ein echtes Zerbrochensein, ein Sterben des eigenen Ichs, damit der Weg frei wird zu einem Glauben an Gott, der wahre Freiheit bringt.

Während der arrogante Stolze von seinen Mitmenschen kein Mitgefühl erntet, wird der 'demütige' Stolze mit dem Mitleid seiner Umgebung überschüttet. Dies verstärkt noch sein Problem, denn es bestätigt ihn in seiner Selbstzentriertheit.

In beiden Fällen hat der Feind Raum gewonnen und einen Menschen gefunden, den er leicht gebrauchen kann. Durch den Arroganten kann er Menschen an die Wand drücken, sie unter Druck setzen und verletzen. Durch den Pseudo-Demütigen verbreitet er Selbstsucht und Unglaube unter allen, die ihm zuhören.

Die Lösung für beide Fälle lautet: Umkehr und Glaube an das geschehene Erlösungswerk Jesu Christi. Das Problem ist, die Menschen zu diesem Punkt zu bringen. Sie können einen anderen Menschen nicht zur Umkehr bewegen, sowenig, wie Sie Demut in seinem Herzen bewirken können. Dies ist allein das Werk des Heiligen Geistes. Sie können nur danach streben, das Instrument des Heiligen Geistes zu sein, indem Sie das Wort aussprechen, das wie ein Hammer den Felsen ihres harten Herzens zerbricht, oder das zweischneidige Schwert, das 'Seele und Geist' scheidet und die 'Gedanken und Sinne des Herzens' richtet (Hebr. 4,12).

Der Pseudo-Demütige hat ein Herz, das sich der Wahrheit verschließt, ebenso wie der Arrogante. Beide ziehen ihr Ich der Wahrheit vor. Und beiden muß ein Wort Gottes gesagt werden, das die Mauern ihres Selbstschutzes durchbricht.

Die Schwierigkeit besteht darin, daß sich der Wille Gottes und der Wille der jeweiligen Personen entgegenstehen und sie nicht bereit sind, sich selbst loszulassen. Möglicherweise hassen sich sich selbst, und dennoch klammern sie sich an sich. Sie befürchten, ihre Persönlichkeit zu verlieren und sind darum unfähig, ihre Identität in Christus zu finden.

Bevor beide den Durchbruch erleben, müssen sie sich zuvor von sich selbst lossagen und sich Gott überlassen. Sie müssen lernen, was es bedeutet, für andere zu leben und nicht für sich selbst. Selbst ihr Einsatz für andere dreht sich im Grunde um sie selbst, ist darauf ausgerichtet, ihre Fähigkeiten ins Licht zu stellen und von anderen das Lob zu ernten, das sie für ihr Selbstbewußtsein brauchen.

Beide manipulieren andere Menschen und üben auf diese Weise Kontrolle aus. Dies öffnet dem Feind Türen, denn Manipulation ist eine der subtilsten Formen seines Wirkens unter Christen.

Der arrogante Stolze übt Kontrolle aus, indem er über andere bestimmt. Er gebraucht Menschen für seine persönlichen Ziele und zur Förderung seiner Belange. Er behandelt andere oft verächtlich, ist überaus kritisch und macht sich nichts aus der biblischen Anweisung, andere höher zu schätzen als sich selbst (Phil. 2,3). Eine solche Vorstellung erscheint ihm lächerlich, denn er hält sich für weiser und fähiger, und ohnehin würde alles sehr viel schneller und mit größerem Erfolg geschehen, wenn sich alle an seine Anweisungen halten würden.

Es ist dieses starke Verlangen nach Unabhängigkeit, oft verbunden mit überdurchschnittlichen Fähigkeiten, das es diesen Menschen schwer macht, sich selbst zu verleugnen und sich vor Gott und anderen zu demütigen. Wenn dies jedoch stattgefunden hat, können sie für Gott große Dinge tun.

Saulus von Tarsus war voll eifernder Selbstgerechtigkeit, überzeugt davon, Gott zu dienen, wenn er die Gemeinde Christi verfolgte. Zweifellos hatte er vielen Gläubigen zugehört, die sich zu Jesus, dem Christus, bekannten, aber er hielt stur an seiner eigenen Sicht fest.

Nachdem er von Gott zerbrochen war, wurde er zum einflußreichen Apostel Paulus. Es bedurfte drei Tage, die er in Blindheit verbrachte, um ihm zu zeigen, wie blind er war, und mehrere Jahre in der Verborgenheit, um ihn auf die Aufgabe vorzubereiten, die Gott für ihn vorgesehen hatte. Ohne diesen Prozeß, in dem sein Ich zerbrochen wurde und er lernte, sich selbst zu verlieren, anstatt Gott mit blindem Eifer und selbstgerechtem Zorn zu dienen, konnte er kein Mann Gottes werden.

In anderer Weise ist es für Menschen mit einem geringen Selbstwertgefühl genauso schwer, sich selbst zu verlieren. Sie werden von außen bestimmt und manipuliert, und manipulieren daher wiederum andere.

Sie sind begierig danach, daß die Dinge in ihrem Sinne laufen und bringen viel Ausdauer auf, um zu erreichen, was sie wollen. Sie mißbrauchen andere, indem sie deren Zeit stehlen, um sich endlos über sich selbst und ihre Probleme auszulassen. Sie beschuldigen andere der Lieblosigkeit, wenn sie ihnen nicht geben, was sie wollen. Oft scheinen sie rücksichts- und liebevoll, dies aber nur zu dem einen Zweck, nämlich ihren Willen durchzusetzen.

Solche Menschen sind zum Teil sehr fähig, aber sind davon abhängig, von anderen anerkannt zu werden. Sie sind schnell beleidigt, wenn sie nicht die Aufmerksamkeit und das Lob bekommen, das sie sich wünschen.

Sie täuschen sich über sich selbst, denn sie erkennen nicht, daß sie im Grunde hochmütig sind. Manche halten sich für demütig, andere hassen sich selbst für ihr mangelndes Selbstwertgefühl und ihre Ängste. Sie manipulieren andere, weil sie davon überzeugt sind, daß diese sie nicht beachten und lieben, wenn sie sie nicht entsprechend beeinflussen. Nach diesem Muster haben sie meist ein Leben lang gelebt und ihre Beziehungen gestaltet, weshalb es nicht leicht zu durchbrechen ist.

Noch einmal: Solche Menschen brauchen eine Begegnung mit der Wahrheit und nicht in erster Linie eine Erfahrung von Gottes Macht. Allein die Offenbarung der Wahrheit macht ihnen deutlich, was sie brauchen; nur der Heilige Geist kann sie zu der entsprechenden Überzeugung führen. Sie müssen erkennen, daß sie dem Feind erlaubt haben, sie zu manipulieren und zu beherrschen, damit sie beginnen, Widerstand zu leisten. Sie können mit ihnen beten, sobald sie bereit sind, ihre Not zuzugeben und sich von ihrem Lebensstil abzuwenden, bei dem sie mißbraucht werden und andere mißbrauchen.

Indem sich der Stolze vor Gott demütigt, gelangt er zu der schmerzhaften Erkenntnis, daß er selbst nichts wert ist, daß alles, was er außerhalb von Christus tut, alles, was nicht durch den Heiligen Geist angestoßen und mit Kraft erfüllt ist, nicht zählt. So wie er ein Leben damit zugebracht hat, sich selbst zu verherrlichen, so muß er nun die schmerzhafte Erfahrung einer Läuterung machen, bei der er entdeckt, was es bedeutet, sich selbst zu verleugnen, sein Kreuz auf sich zu nehmen und Jesus nachzufolgen. Nur so kann er begreifen, wer er selbst in Christus ist.

Während dieses Prozesses hat er oft den Eindruck, daß alles in Stücke zerfällt. Was er anpackt, geht schief; früher, als er selbst die Dinge in die Hand nahm, war er erfolgreicher. Aber er wird die tatsächliche Kraft des Heiligen Geistes in seinem Leben nur entdecken, wenn er lernt, sich auf Gott zu verlassen.

Wenn Sie dem Pseudo-Demütigen sagen, daß er umkehren muß, dann stoßen Sie vermutlich auf ungläubiges Staunen, denn er hat eine so geringe Meinung von sich selbst, daß er überhaupt nicht erkennt, wofür er Buße zu tun hätte. Er büßt doch ständig.

Weil solche Menschen ständig unsicher sind, haben sie den Eindruck, sie müßten alles tun, um ihr Bißchen Selbstbewußtsein festzuhalten, anstatt es loszulassen, um ihr wahres Sein in Christus zu entdecken. Sie fürchten sich davor, sich vollends zu verlieren.

Viele Menschen gehen durch eine Periode, in der sie zwischen ihrem neuen Leben in der Wahrheit und dem Rückfall in alte Denk- und Handelsweisen hin und herschwanken. Sie wollen der Wahrheit glauben, aber fühlen sich vom Alten niedergedrückt und zurückgeworfen.

Wir müssen ihren Glauben unterstützen und mit ihnen den Täuschungsversuchen des Feindes widerstehen, der möchte, daß sie an ihr altes Denken gebunden bleiben, damit sie ihr Erbe in Christus nicht entdecken und für Gott Frucht bringen. Ihm wäre es lieber, sie blieben gebunden und würden weiterhin ihre negativen Gefühle und ihren Unglauben verbreiten. Wir dürfen das nicht zulassen.

Konfrontation

Um stolzen Menschen zu helfen, müssen wir ihnen entgegentreten. Eine Sache, die ihnen gegenüber nicht leicht fällt, denn sie haben seit Jahren sich und andere getäuscht.

Wer ihnen helfen will, braucht Mut, wenn auch in unterschiedlicher Weise, denn Sie können einen Arroganten und einen Pseudo-Demütigen nicht auf dieselbe Weise behandeln. Wie auch immer: Ohne deutliche Worte werden sie sich ihrem Problem nicht stellen.

Jesus fand in seinem Dienst eindeutige und unangenehme Worte, und wir haben von ihm in dieser Hinsicht viel zu lernen. Der Grund dafür ist einfach: Die Wahrheit ist ihrer Natur nach unbequem. Licht und Finsternis haben sowenig miteinander zu tun wie Geist und Fleisch. Sie stehen sich völlig entgegen. Wenn also Menschen im Fleisch leben (und sich dabei einbilden, sie handelten geistlich), muß man ihre Täuschung benennen. Man wird dafür kaum Dank ernten. Die Menschen werden erst dankbar sein, wenn ihnen die Wahrheit offenbar ist, die sie von der Herrschaft des Fleisches befreite.

Der arrogante Stolze wird ihre Worte als unwahr abtun, der pseudo-demütige wird behaupten, daß Sie ihn nicht verstehen.

Es ist wichtig, daß Sie sich von Ihrem Vorhaben nicht abbringen lassen, gleichgültig, auf welche Reaktion Sie stoßen. Sie wollen, daß diese Menschen frei sind und nicht, daß sie weiterhin gebunden bleiben. Und Sie müssen bereit sein, sie zu lieben, auch wenn die Kosten hoch sind. Der Arrogante wird versuchen, Sie an die Wand zu drücken und Sie als beschränkt hinzustellen; der Pseudo-Demütige wird Sie beschuldigen und Ihnen mangelndes Einfühlungsvermögen vorwerfen. Vergessen Sie nicht, beide haben darin Übung.

Dennoch ist die Wahrheit in der Lage, jeden Menschen zu befreien. Das Kreuz ist die Kraft Gottes, die jeden rettet und heilt, der glaubt.

Es ist schwer, standzuhalten, wenn diejenigen, denen Sie helfen wollen, alles Mögliche tun, um Ihnen klarzumachen, daß Sie die Situation falsch einschätzen und falsch damit umgehen. Bleiben Sie bei Ihrer Überzeugung und zeigen Sie ihnen in Liebe, daß Sie durch ihre Manöver nicht erschüttert werden. Wenn sie damit drohen, daß sie mit ihnen nichts mehr zu tun haben wollen, dann gehen Sie darauf nicht ein, denn dies ist genau das, was sie wollen. Sie mögen damit drohen, jeden Kontakt zu Ihnen abzubrechen, aber wenn Sie ein Wort der Wahrheit gesprochen haben, dann bitten Sie den Heiligen Geist, die Saat zu 'bewässern', damit sie wächst. Häufig werden sie mit einer anderen Haltung zurückkommen, offener für die Wahrheit und die Hilfe, die Sie ihnen geben können.

Und seien Sie nicht allzu enttäuscht, wenn Menschen gute Fortschritte machen und dann - zeitweise - zurückfallen. Das ist normal. Sie sind dafür verantwortlich, die Wahrheit in Liebe zu sagen, aber Sie sind nicht dafür verantwortlich, wie andere mit der Wahrheit umgehen.

Gebet und Glaubensbekenntnis

Im Namen Jesu und in der Kraft seines Blutes sage ich mich los von aller Rebellion und allem Stolz und von allem, wodurch ich dem Feind erlaubt habe, mein Leben zu beeinflussen. Ich sage mich los von meiner Unabhängigkeit und meiner Selbstgenügsamkeit, von allem, womit ich mich dem Wort Gottes widersetzt habe und es versäumte, Jesus zu glauben und zu vertrauen.

Ich sage mich los von allem, wodurch mein Leben von anderen bestimmt und manipuliert wurde. Und ich widerstehe jedem Geist, der durch mich das Leben anderer Menschen manipulieren möchte.

Ich vergebe den Leitern, die versuchten, mich zu beherrschen, und bitte darum, daß sie Menschen mit einer echten geistlichen Autorität werden.

Ich sage mich los von meinem überheblichen, selbstsicheren Stolz, meiner Selbstzentriertheit, von allem, wodurch ich Sympathie und Mitleid von anderen zu erlangen suchte. Ich freue mich, daß das Alte vergangen und Neues geworden ist; daß ich gestorben bin und mein Leben mit Christus in Gott verborgen ist.

Himmlischer Vater, ich danke dir, daß du mir mein negatives Reden über mich vergeben hast, mit dem ich mein Erbe in Christus verleugnete. Erneut unterstelle ich mich der Wahrheit, damit ich befreit von mir selbst leben kann und der Ankläger keinen Einfluß mehr auf mich hat. Ich lobe dich, daß du mich jederzeit im Triumphzug Christi führst.

21. Unversöhnlichkeit

Wir haben bereits gesehen, wie wichtig es ist, den Menschen zu vergeben, die uns im Laufe unseres Lebens verletzt haben, damit unsere Beziehung zu ihnen unser Leben nicht länger belastet. Aber damit nicht genug: Die Bereitschaft zu vergeben wird aber immer nötig sein. Jesus sagt: "Denn wenn ihr den Menschen ihre Verfehlungen vergebt, so wird euch euer himmlischer Vater auch vergeben. Wenn ihr aber den Menschen nicht vergebt, so wird euch euer Vater eure Verfehlungen auch nicht vergeben" (Mt. 6,14.15).

Wer sich weigert, anderen zu vergeben, verliert Gottes Vergebung, und das ist gefährlich. Wer unversöhnlich bleibt, rebelliert gegen Gott und behindert damit wird unweigerlich Gottes Segen und Kraft in seinem Leben. Das Gleichnis Jesu vom Schalksknecht macht unmißverständlich klar, daß die Weigerung dieses Knechtes, seinem Mitknecht zu vergeben, ihn in erneute und schlimmere Schuld brachte, von der er eigenlich befreit war: "Da forderte ihn sein Herr vor sich und sprach zu ihm: Du böser Knecht! Deine ganze Schuld habe ich dir erlassen, weil du mich gebeten hast; hättest du dich da nicht auch erbarmen sollen über deinen Mitknecht, wie ich mich über dich erbarmt habe? Und sein Herr wurde zornig und überantwortete ihn den Peinigern, bis er alles bezahlt hätte, was er ihm schuldig war. So wird auch mein himmlischer Vater an euch tun, wenn ihn einander nicht von Herzen vergebt, ein jeder seinem Bruder" (Mt. 18,32-35).

Dies sind klare Worte, die unterstreichen, wie entscheidend es ist, barmherzig zu sein: "Selig sind die Barmherzigen; denn sie werden Barmherzigkeit erlangen" (Mt. 5,7).

Gott möchte, daß wir barmherzig sind und auf Angriffe, Versagen und Verletzungen durch andere sofort mit Vergebung reagieren. Satan wird natürlich das Seine tun, um Bitterkeit, Zorn oder Empfindlichkeit aufzustacheln. Er kennt Gottes Wort und weiß, daß uns die Weigerung zu vergeben verwundbar macht. Deshalb ist es verständlich, daß er jedes Argument ins Feld führt, das uns daran hindert zu vegeben.

"Warum sollst ausgerechnet du vergeben? Hat nicht der andere dich beleidigt?"

"Du kannst erst vergeben, wenn er kommt, und dich um Vergebung bittet."

"Es ist seine Sache, zu dir zu kommen, um die Angelegeynheit in Ordnung zu bringen - nicht umgekehrt!"

"Es wäre zu bequem, so etwas einfach zu vergeben. Er soll zuerst einmal unter dem leiden, was er getan hat."

"Er muß für seine Tat bestraft werden."

Dies sind die Ratschläge des Vaters der Lüge. Sie appellieren an das Fleisch, widersprechen aber der Wahrheit, die uns Jesus lehrt. Wir sollen dem Widersacher an dieser Stelle keinen Handbreit Boden überlassen.

Bitterkeit und Groll geben ihm die Möglichkeit, das Denken eines Menschen zu beeinflussen und Selbstgerechtigkeit, Gefühle der Unzulänglichkeit oder Selbstmitleid hervorzurufen. Dies wirkt dann wie ein Krebsgeschwür, das sich in der Seele ausbreitet.

Viele, die wissen, daß es keine Verdammnis gibt, für die, die in Christus Jesus sind, haben häufig trotzdem mit dem Gefühl zu kämpfen, von Gott nicht angenommen zu sein. Einer der Hauptgründe dafür liegt darin, daß sie selbst andere verurteilen und so ernten, was sie säen. "Richtet nicht, damit ihr nicht gerichtet werdet. Denn nach welchem Recht ihr richtet, werdet ihr gerichtet werden; und mit welchem Maß ihr meßt, wird euch zugemessen werden" (Mt. 7,1.2).

Nach diesen Worten erzählt Jesus die Geschichte von demjenigen, der sich um den Splitter im Auge seines Bruders kümmert, während er den Balken im eigenen Auge nicht sieht. Wer verurteilt, hat eine falsche Herzenshaltung gegenüber dem, der ihn verletzte. Wenn es richtig erscheint, die Schuld eines Mitchristen zu benennen (Mt. 18,15), muß dies in Liebe geschehen. Das Ziel ist Versöhnung, nicht Verurteilung.

Wenn ein Mensch absichtlich sündigt, dann ist seine innere Einstellung falsch, und Gott allein kann sie ändern. Auf keinen Fall ist dies ein Grund, daß Sie selbst sich falsch verhalten. Zwei Fehlentscheidungen bringen eine Sache nicht in Ordnung. Vergebung ist eine Entscheidung, kein Gefühl.

Wir leben in einer Welt, in der die meisten Menschen nur um ihrer selbst willen leben und Christen nach den Worten Jesu darunter leiden werden. Es gibt Menschen, denen es nichts ausmacht, zu betrügen und zu hintergehen, zu belügen, zu täuschen, zu verleumden, lächerlich zu machen, auszunutzen und so weiter. Der Widersacher handelt durch Menschen.

Schmerzhafter ist es, wenn andere Christen einen in der oben beschriebenen Weise behandeln; man würde nicht erwarten, daß der Widersacher sie so gebrauchen kann. Manchmal fragt man sich, wem man eigentlich noch trauen kann.

Eigene Sünden, falsche Einstellungen und mangelnde Weisheit sind möglicherweise aber ein entscheidender Teil des Ganzen. Deshalb ist es notwendig, Gott gegenüber zuzugeben, was man - vielleicht unbeabsichtigt - zu einem Problem beigetragen hat. Und danach vergeben, egal, wie tief die Verletzung ist oder wie lange und häufig ein anderer an einem schuldig wurde. "Da trat Petrus zu ihm und fragte: Herr, wie oft muß ich denn meinem Bruder, der an mir sündigt, vergeben? Genügt es siebenmal? Jesus sprach zu ihm: Ich sage dir: nicht siebenmal, sondern siebzigmal siebenmal" (Mt. 18,21.22).

Das ist das Evangelium: Es ist eine gut zu wissen, daß Gott vollkommen vergeben hat. Und es ist ebenfalls eine gute Nachricht, daß Sie genauso vergeben. Wenn Sie es unterlassen, werden Sie weiterhin leiden, Ihre Unversöhnlichkeit wird Ihnen den Frieden rauben und Ihren Glauben an Gott beeinträchtigen. Gott will Ihnen das ersparen. "Wenn dein Bruder sündigt, so weise ihn zurecht; und wenn er es bereut, vergib ihm. Und wenn er siebenmal am Tag an dir sündigen würde und siebenmal wieder zu dir käme und spräche: Es reut mich!, so sollst du ihm vergeben" (Lk. 17,3.4).

Man könnte den Eindruck haben, daß ein Mensch, der sich so verhält, nicht wirklich bereut, was er getan hat, und dennoch sagt Ihnen Jesus, daß Sie vergeben sollen. Es gibt dazu keine Alternative. Und wir gehen mit Gott oft genauso um. Wir sagen ihm, daß es uns leid tut und er uns eine bestimmte Sünde vergeben möge. Wir sind entschlossen, diese Sünde nicht zu wiederholen, und dennoch sind wir kurz darauf bei ihm und beichten die gleiche Verfehlung wieder.

War unser erstes Bekenntnis nicht ehrlich? Doch, es war ehrlich. Aber die Sünde blieb, weil unser Herz sich nicht änderte. Jesus wird Ihr Herz verwandeln, wenn Sie es aufrichtig wollen.

Wie wir gesehen haben, können Sie nichts tun, um das Herz eines anderen Menschen zu verändern. Aber Sie können danach trachten, daß Ihr Herz gerecht ist, voller Barmherzigkeit, Liebe und Gnade.

Jesus lehrt uns die 'goldene Regel': "Alles nun, was ihr wollt, daß euch die Leute tun sollen, das tut ihnen auch!" (Mt. 7,12). Es ist fatal, Böses mit

Bösem zu vergelten. "Vergeltet niemand Böses mit Bösem. Seid auf Gutes bedacht gegenüber jedermann. Ist's möglich, soviel an euch liegt, so habt mit allen Menschen Frieden. Rächt euch nicht selbst, meine Lieben, sondern gebt Raum dem Zorn Gottes; denn es steht geschrieben (5. Mose 32,35): 'Die Rache ist mein; ich will vergelten, spricht der Herr.' Vielmehr, 'wenn deinen Feind hungert, gib ihm zu essen; dürstet ihn, gib ihm zu trinken. Wenn du das tust, so wirst du feurige Kohlen auf sein Haupt sammeln' (Sprüche 25,21.22). Laß dich nicht vom Bösen überwinden, sondern überwinde das Böse mit Gutem" (Röm. 12,17-21).

Es ist Gottes Recht zu verurteilen, nicht Ihres! Die Liebe, die Jesus von seinen Jüngern erwartet, findet ihren Ausdruck darin, daß sie so vollkommen vergeben, daß sie für ihre Feinde beten und ihnen zu essen und zu trinken geben.

Widerstehen Sie dem Versuch des Feindes, Verletzungen auszugraben. Manchmal setzen bestimmte Ereignissen eine Kettenreaktion in Ihnen in Gang, und alte Gefühle der Bitterkeit werden nach oben geschwemmt. In diesem Fall ist es gut (wenn möglich, laut) zu sagen, daß alles, was zu diesen Ereignissen gehört, vollkommen vergeben ist durch das Blut Jesu. Er holt Ihre alten Sünden nicht wieder hervor, deshalb erlauben Sie es dem Widersacher auch nicht.

Fordern Sie vom Feind jedes Stück Boden zurück, das Sie durch Unversöhnlichkeit an ihn verloren haben. Wenn Sie sofort vergeben, geben Sie keinen Boden preis, im Gegenteil, Sie gewinnen neuen Boden. Möglicherweise reagieren Sie auf ein Geschehen im ersten Moment ungehalten, aber wenn Sie dem Geist Gottes untergeordnet bleiben, wird er sie befähigen, sofort zu vergeben. Ihr Glaube erweist sich darin als echt. Man muß nur dann Boden zurückgewinnen, wenn man ihn zuvor preisgegeben hat, das Beste ist also, ihn gar nicht erst zu verlieren.

Das Fleisch vergibt nicht gern und wird darum versuchen, Ihre ungehaltene Reaktion auf den Angriff zu rechtfertigen. Wenn Sie diese fleischliche Reaktion nicht sofort korrigieren, wird sie immer stärker. Irgendwann kommen Sie an den Punkt, bei dem Sie wohl wissen, daß Ihre Reaktion falsch ist, aber nicht mehr die Kraft haben, anders zu reagieren.

Ein eifersüchtiger Mensch will eigentlich nicht eifersüchtig sein, er reagiert empfindlich auf denjenigen, der die Eifersucht auslöst, aber er fühlt sich nicht in der Lage, sich selbst von seiner Fehlhaltung zu befreien. Dies ist eine emotionale Bindung, bei der es wahrscheinlich notwendig ist, anderen zu vergeben. Das eigentliche Problem aber liegt in dem Eifersüchtigen selbst. 'Nichts von außen macht einen Menschen unrein', sagt Jesus. Er wird unrein durch das, was in seinem Herzen ist. Es ist also falsch, anderen vorzuwerfen, sie seien die Ursache für unsere Eifersucht oder unseren Neid, selbst wenn sie etwas getan haben, was unsere Reaktion ausgelöst hat.

Wenn Sie zu Unrecht beschuldigt werden, dann verhalten Sie sich wie Jesus bei seinem Prozeß: Sagen sie nichts! Versuchen Sie nicht, sich vor Gott oder den Menschen zu rechtfertigen. Vergeben Sie und freuen Sie sich an Gottes Vergebung. Trachten Sie danach, mit jederman in Frieden zu leben. Führen Sie ein Leben der Versöhnung.

Manchmal sucht ein Mensch Rat, der behauptet: "Ich kann nicht vergeben!" Das ist nicht wahr. Was dieser Mensch wirklich meint, ist: "Ich habe das Gefühl, daß es falsch ist zu vergeben, deshalb will ich nicht."

Dieser Mensch bleibt solange an den gebunden, der ihn verletzt hat, bis er vergibt. Er bindet sich aber auch an den Widersacher. Ermutigen Sie ihn also, der Notwendigkeit zu vergeben ins Auge zu schauen, und Gott zu sagen, daß er vergibt. Er muß beim Namen nennen, wem er was vergibt. Wie ihm seine eigenen Verfehlungen niemals mehr vorgehalten werden, genauso soll er mit den Dingen umgehen, die er vergibt.

Wirkliche Vergebung erweist sich darin, daß wir mit dem, der uns verletzte so umgehen können, als habe niemals etwas zwischen uns gestanden. Dies ist eine Folge von Gottes Gnade. Er hat uns "das Amt gegeben, das die Versöhnung predigt. Denn Gott war in Christus und versöhnte die Welt mit sich selber und rechnete ihnen ihre Sünden nicht zu und hat unter uns aufgerichtet das Wort von der Versöhnung" (2. Kor. 5,18.19).

Es ist ein entscheidener Beitrag zur Versöhnung, daß Sie anderen ihre Sünden nicht mehr vorhalten, auch wenn dies zuerst sehr schwierig scheint.

Gebet und Bekenntnis

Himmlischer Vater, ich danke dir für deine Gnade und Barmherzigkeit, in der du mir all meine Sünden vergeben und mich von aller Ungerechtigkeit gereinigt hast. Ich danke dir, daß ich durch den Sieg Jesu am Kreuz und durch die Kraft seines Blutes ein neues Leben im Heiligen Geist führen kann.

Im Namen Jesu und in der Kraft seines Blutes vergebe ich jedem Menschen, der gegen mich gesündigt hat, allen, die mich zurückgewiesen und verletzt haben, allen, die mich angegriffen und verleumdet haben. Ich bitte dich, daß jeder von ihnen die Vergebung und Liebe Jesu kennenlernt.

Insbesondere vergebe ich jetzt ... , daß er/sie mir ... angetan hat. Ich danke dir, Vater im Himmel, daß du mir meine falsche Haltung zu diesen Ereignissen und denen, die sie verursachten, vergeben hast. Ich danke dir, daß ich nun von allen negativen und verletzenden Einflüssen, die diese Ereignisse auf mein Leben hatten, befreit bin. Und ich danke dir, Vater, daß der Widersacher jetzt diese Geschehnisse nicht mehr zu seinem Vorteil ausnutzen kann. Ich bin von allen Verletzungen befreit und vom Einfluß derer, die sie verursachten. Meine Vergangenheit liegt hinter mir. Nun kann ich mit Vertrauen in die Zukunft gehen, mit einem Herzen, das glaubt und vergibt und sich über deine Liebe und Barmherzigkeit freut.

22. Mächte und Gewalten

Der Widersacher will Christen in Abhängigkeit bringen. Er hat dazu kein Recht und wird darum auch keinen Erfolg haben, es sei denn, daß ein Gläubiger mit ihm zusammenarbeitet, auch wenn er dies nicht beabsichtigt.

Der Teufel ist der Versucher. Sie können nur in einem Bereich versucht werden, wo Ihr Fleisch auf Reize reagiert, die Ihnen dargeboten werden. Was also den einen Christen reizt, muß nicht notwendig auch einen anderen in Versuchung führen.

Bindungen entstehen, wenn ein Christ einer bestimmten Versuchung immer wieder nachgibt und sich auf diese Weise ein festes Verhaltensmuster einprägt. Wir erkennen solche Abhängigkeiten leicht bei anderen und müssen vermeiden, sie zu verurteilen, um ihnen helfen zu können (Gal. 6,1). Sie können Gott dankbar sein, daß Sie durch seine Gnade nicht in eine solche Sünde gefallen sind, aber achten Sie zugleich darauf, daß Sie dem Widersacher nicht an einer anderen Stelle Ihres eigenen Lebens einen Sieg schenken.

Die meisten Christen haben im Verlauf ihres Lebens irgendwann einmal mit einer Gewohnheitssünde zu kämpfen. Sie versuchen, diese Sünde zu verheimlichen, dennoch führt deren Vorhandensein zu einem inneren Konflikt, der ihr christliches Leben und Zeugnis massiv behindert. Dies ist häufig das Problem bei Christen, die offensichtlich große Begabungen haben, sie aber nie wirklich umsetzen. Andere können mit den Augen Gottes sehen, was der Erfüllung seines Willens im Wege steht.

Christen, die sich mit einer Gewohnheitssünde herumschlagen, halten sich selbst für Versager. Sie halten sich für schwach und heuchlerisch, weil sie nach außen hin anderes erscheinen, als sie in Wahrheit sind.

Für solche Gewohnheitssünden gibt es zwei wesentliche Ursachen. Ein Christ wird in einem bestimmten Bereich ständig versucht, weil er dort nicht wirklich frei sein will. Er genießt diese Sünde, weil sie sein Fleisch anspricht und ihn seelisch befriedigt. Diese Sünde bringt dann weitere Konflikte mit sich und wird oft damit gerechtfertigt, daß sie Gottes Willen für die entsprechende Person oder für die besondere Situation sei. Das Herz ist sehr trügerisch.

Im anderen Fall weiß ein Christ klar, daß die Sünde, die er tut, auch wirklich Sünde ist, und haßt sich selbst dafür. Auch dies führt zu weiteren Konflikten. Ein Teil von ihm möchte von diesem falschen Verhalten erlöst werden, der andere Teil möchte gerade dies nicht. Alles wäre leichter, wenn die Sünde nicht diesen Reiz hätte.

Er bekennt seine Sünde vor Gott und weiß doch im Grunde, daß er sie weiterhin begehen wird und wieder zu Gott kommen wird, um ihn um Vergebung zu bitten. Während dieses ganzen Prozesses hat er den Eindruck, geistlich auf der Stelle zu treten, er verstärkt sein Engagement in der Gemeinde ohne wahrnehmbaren Erfolg. Offensichtlich liegt wenig Segen auf seinem Tun. Alles dient dem Feind, denn er will nicht, daß ein Christ Fortschritte macht.

Eine andere Ursache für eine ständige Sünde besteht darin, daß der Widersacher die Gelegenheit hatte, den Christen von sich abhängig zu machen. Möglicherweise hat sich das sündige Verhalten so verselbständigt, daß ein Christ den Eindruck hat, diesem Geschehen vollkommen ausgeliefert zu sein.

Sünde provoziert dämonsche Angriffe. Nehmen wir so offensichtliche Beispiele wie Lüsternheit oder Gier. Der Gläubige weiß, daß seine Lüsternheit nicht in Ordnung ist, aber dennoch genießt er seine sexuellen Phantasien und die entsprechenden Zeitschriften, Filme und Fernsehprogramme. Er möchte Jesus nachfolgen, aber dies ist seine schwache Seite. Gute Vorsätze haben sich als wirkungslos erwiesen, er kehrt immer wieder zu den Dingen zurück, die seine Lust befriedigen.

Der Widersacher macht sich einen Spaß daraus, ihm immer wieder das falsche Material in den Weg zu legen. Er füttert ihn mit lüsternen Gedanken, die seinen Umgang mit Sexualität (oder Homosexualität) bestimmen. Er fühlt sich ohnmächtig und bittet um Hilfe, weil er glaubt, daß er Befreiung von einem Dämon der Lust braucht, der ihn im Griff hat.

Dies mag sehr wahrscheinlich der Fall sein, aber es ist ein hausgemachtes Problem. Sie können den Dämon zurückweisen, und er wird weichen, was dem Bedrängten eine kurze Verschnaufpause verschafft, aber solange nicht der Kern der Sache in Ordnung gebracht ist, wird das Problem der Gebundenheit fraglos wiederkehren.

Verwandlung des Herzens

Das Herz muß verwandelt werden. Wenn das geschehen soll, dann muß ein Christ wollen, daß sein Herz verwandelt wird, was allein Gott tun kann. Er muß wirklich wollen, daß sein Herz und sein Denken so rein sind, wie Gott es will.

Ohne eine solche Veränderung des Herzens, wird der Wunsch zu sündigen bleiben, und ein Christ wird weiterhin kämpfen und zukünftiges Versagen befürchten müssen. Mit der Veränderung des Herzens verschwindet das Problem. Dennoch wird derjenige, der um seine frühere Schwäche weiß, Situationen aus dem Wege gehen, die ihn in Versuchung führen könnten. Er ist wie ein ehemaliger Alkoholiker, der lernen muß, alkoholhaltige Getränke zu meiden. Ein einziger Schluck kann zu einem Rückfall führen.

Was ich am Beispiel der Lüsternheit demonstriert habe, gilt für jede Sünde, für Gier, Kritiksucht, Rechthaberei, Neid usw.

Jemand, der ständig kritisiert, hält seine kritische Haltung zu anderen Menschen für gerechtfertigt und sieht seine Sünde selten ein. Seine andauernde Sünde bringt ihn in Abhängigkeit vom Geist der Kritiksucht, der nun seinerseits fähig ist, durch ihn zu wirken, um anderen Menschen Schaden zuzufügen. Ein solcher Mensch ist sich gar nicht bewußt, daß er vom Feind manipuliert und mißbraucht wird.

Wenn Menschen sich von einer solchen Bindung nicht selbst befreien können, dann müssen sie in der Regel ihre Sünde einem anderen Menschen bekennen. Sie brauchen jemanden, der sie dabei unterstützt, dem Feind zu widerstehen. Es ist nicht leicht, allein den Geistern entgegenzutreten, die man durch sein eigenes Verhalten herbeigelockt hat. Dennoch verändert eine Erneuerung des Herzens die Situation, in der sie sich befinden, und stärkt damit ihre Fähigkeit, dem Feind erfolgreich zu widerstehen.

Den Feind zu besiegen, ist eine Frage der Autorität. Ein Christ kann nur dann mit Vollmacht zu einem unreinen Geist sprechen, wenn er sich von der Sünde, mit der er ihn locken will, wirklich abgewandt hat. Petrus drängt uns, "enthaltet euch von fleischlichen Begierden, die gegen die Seele streiten" (1. Petr. 2,11). Das Fleisch ändert sich nie. Ihr Fleisch wird immer den Versuchungen der Sünde ausgesetzt sein, deshalb ist es wichtig, im Geist zu wandeln.

Solange die Seele dem Geist untergeordnet ist, erreichen die guten Gaben des Heiligen Geistes die Seele. Wer von der Liebe zu Jesus erfüllt ist, hat wenig Raum für Eigenliebe; wenn der Geist frei in Ihr Leben fließen kann, dann können Sie viel leichter im Geist wandeln und dem Fleisch keinen Raum geben. "Ich sage aber: Lebt im Geist, so werdet ihr die Begierden des Fleisches nicht vollbringen. Denn das Fleisch begehrt auf gegen den Geist und der Geist gegen das Fleisch; die sind gegeneinander, so daß ihr nicht tut, was ihr wollt" (Gal. 5,16.17). "Zieht an den Herrn Jesus Christus und sorgt für den Leib nicht so, daß ihr den Begierden verfallt" (Röm. 13,14).

Vorbeugen ist besser als heilen. Jesus Christus hat uns befreit, deswegen sagt Paulus: "Zur Freiheit hat uns Christus befreit! So steht nun fest und laßt euch nicht wieder das Joch der Knechtschaft auflegen!" (Gal. 5,1).

Sie gehören zu Jesus und sind kein Sklave der Sünde mehr. Niemals kann ein Christ mit Recht sagen: "Ich konnte nicht anders", wenn er von einer Sünde spricht, die er begangen hat. Gott läßt nicht zu, daß wir über unser Vermögen versucht werden und hat immer einen Ausweg (1. Kor. 10,13).

Jesus hat Sie befreit, damit Sie fähig sind, anderen in Liebe zu dienen und so Ihrer Liebe zu ihm Ausdruck zu verleihen. Sie sind nicht dazu befreit, zu sündigen (Gal. 5,13). Es ist die Lüge des Teufels, der behauptet, daß Sünde Glück und Erfüllung schenkt. Es ist seine Behauptung, daß Sie unglücklich werden, wenn Sie Ihr Herz Gott geben, damit er Ihre Sünde an der Wurzel anpackt.

Das Gegenteil ist wahr: Nur der Gehorsam gegenüber Jesus bringt die Befreiung und die Freiheit, die ein Mensch zum Leben braucht. Ein verwandeltes Herz hat verwandelte Wünsche. Was Sie nicht wollen, das vermissen Sie nicht. Ein Verstand, der dem Wollen des Geistes folgt, empfängt Leben und Frieden.

Persönliche Erweckung

Viele Christen setzen sich unnötigerweise über lange Zeit Schmerzen und Niederlagen aus, weil sie sich nicht der wirklichen Aufgabe stellen, nämlich zu Gott zu kommen und ihn um die Verwandlung ihres Herzens anzuflehen, die sie so dringend brauchen.

Sie können einem Mitchristen im Kampf um seine Befreiung helfen, aber bedenken Sie immer, daß dies ohne seine Mitarbeit wenig bewirkt. Er muß die Verwandlung seines Herzens suchen, die er braucht.

Es ist sehr hilfreich, zu einer Gemeinschaft von Christen zu gehören, die das gemeinsame Ziel haben, in einer persönlichen Erweckung zu leben, Jesus zu verherrlichen, im Geist zu wandeln und Gottes Wege zu gehen. Denn bei der gemeinsamen Begegnung mit Gott werden viele verborgene Seiten des Herzens offenbar, weil die gemeinsame Umkehr größere Tiefen erreicht.

In Zeiten der Erweckung fordert Gott seine Leute heraus, der Notwendigkeit der Heiligung im persönlichen Leben ins Auge zu sehen. Sie müssen sich ehrlich den Dingen in Ihrem Leben stellen, die Ihren Glauben an Christus verleugnen. Wenn Gott diese Heiligung in Ihnen bewirkt, wird dadurch die Unheiligkeit, die sich in den Gemeinden und der Gesellschaft findet, herausgefordert. Das Volk Gottes wird zum Sauerteig, zum Licht der Welt und zum Salz der Erde. "Und die Heiden sollen erfahren, daß ich der Herr bin, spricht Gott der Herr, wenn ich vor ihren Augen an euch zeige, daß ich heilig bin" (Hes. 36,23).

Erweckung ist eine Frucht, die wächst, wo Gott die Herzen seiner Kinder verwandelt.

Einflußzonen

Gott hat seinen Gläubigen jede geistliche Waffe gegeben, die sie brauchen, um den Feind zu besiegen. "Denn die Waffen unseres Kampfes sind nicht fleischlich, sondern mächtig im Dienste Gottes, Festungen zu zerstören. Wir zerstören damit Gedanken und alles Hohe, das sich erhebt gegen die Erkenntnis Gottes, und nehmen gefangen alles Denken in den Gehorsam gegen Christus" (2. Kor. 10,4.5).

Gott verwandelt uns in sein Bild durch die Erneuerung unseres Denkens. Es ist wichtig, daß der Widersacher keine 'Einflußzone' im Denken eines Christen hat, also einen Bereich, in dem sein Denken der Wahrheit widerspricht. Man könnte eine solche 'Einflußzone' als ein falsches Denkmuster bezeichnen, das einen beträchtlichen Einfluß auf einen Menschen hat, zum Beispiel Kritiksucht, Ärger, Eifersucht oder Gier.

Solche falschen Denk- und Verhaltensmuster sind oft die Rückstände eines jahrelangen falschen Denkens. Durch die Neugeburt ändern sich manche Haltungen eines Christen in verschiedenen Bereichen seines Lebens sofort, aber er wird dennoch nicht sofort vollkommen. Gottes Reinigungsprozeß in ihm dauert an. Ein Teil dieses Prozesses zielt darauf, jede 'Einflußzone' des Widersachers aus seinem Denken zu entfernen.

Manchmal sind diese Einflußbereiche geistlicher Natur. Das Festhalten an Traditionen, religiösen Vorurteilen oder konfessionellem Denken sind solche 'Festungen' des Widersachers. Die Folge davon sind mangelnde Umkehrbereitschaft und Unglaube. Menschen ziehen ihre eigenen Vorstellungen der Wahrheit vor.

Wenn das Herz von der Wahrheit erfüllt ist, wird auch das Denken eines Menschen davon bestimmt. Falsche Vorstellungen in unserem Denken, die der Wahrheit entgegenstehen, müssen zerstört werden, indem wir die geistlichen Waffen gebrauchen, die Gott uns gegeben hat.

Ein Christ muß solchen Vorstellungen in sich Widerstand leisten, wenn er sie entdeckt und erkannt hat, daß sie falsch sind. Solange sein Denken nicht in Ordnung ist, werden auch seine Äußerungen und sein Tun nicht dem Willen Gottes entsprechen. Wir haben die Vollmacht, Festungen und Gedanken zu zerstören.

Wir haben gesehen, wie wichtig es ist, daß das Herz eines Christen mit Gott eins ist, daß er sich auf die Wahrheit gründet, das Brot des Lebens 'ißt', das lebendige Wort, das vom Himmel herabkommt. Dies allein wird all seine falschen Vorstellungen und Meinungen korrigieren.

Ein Christ muß lernen, sofort jeden Gedanken zurückzuweisen, der dem Wort Gottes widerspricht. Wenn nur ein falscher Gedanke in ihm ist, wird dem ein anderer folgen und wieder ein anderer ... Es wird nicht lange dauern, und eine andere Lüge wird sich in ihm eingenistet haben, mit der er sich beschäftigen muß.

Flüche

Auch Christen machen die Erfahrung eines schweren Drucks, für dessen Vorhandensein sie keine Erklärung haben. Dinge gehen ständig daneben, obgleich nicht ersichtlich ist, weshalb. Möglicherweise erkennen sie, daß dies etwas mit dem Widersacher zu tun hat, wissen aber nicht, wie sie damit umgehen sollen.

Gott hat uns Segen oder Fluch zur Wahl gegeben: "Ich habe euch Leben und Tod, Segen und Fluch vorgelegt, damit du das Leben erwählst und am Leben bleibst, du und deine Nachkommen, indem ihr den Herrn, euren Gott, liebt und seiner Stimme gehorcht und ihm anhanget" (5. Mose 30,19.20).

Er weist uns darauf hin, wie entscheidend es ist, in der Wahrheit zu wandeln und seinem Wort zu gehorchen, um so die Verheißungen zu erlangen, die er uns gibt.

Viele Christen verfluchen sich selbst, ohne daß sie es wollen. Sie tun es, indem sie über sich in einer Weise reden, die leugnet, was Gott über sie sagt; indem sie absichtlich ungehorsam sind; indem sie zweifeln, anstatt im Glauben zu leben.

Manche Menschen stammen aus Familien, die seit Generationen unter einem Fluch leben. Das ist kein Grund zur Beunruhigung. Ein Fluch wird leicht gebrochen durch den Sieg, den Jesus am Kreuz errungen hat. Der Heilige Geist ist mächtiger als jeder andere Geist, und Jesus hat bereits alle Fürstentümer und Gewalten ihrer Macht entkleidet, die gegen uns stehen (Kol. 2,15). Wir haben die Vollmacht, jedem Fluch seine Kraft zu nehmen.

Wenn ein Christ den Fluch bricht, der seine Familie beherrscht, werden auch andere Mitglieder seiner Familie befreit, selbst wenn sie keine Christen sind.

Ein Gläubiger kann im Glauben auch Erbkrankheiten überwinden. Sein Erbe kommt jetzt vom Himmel, nicht mehr von früheren Generationen. Gott will nicht, daß er in der Angst vor Krankheiten lebt oder davor, Krankheiten an seine Kinder weiterzugeben. Durch das neue Leben in Christus kann der Fluch gebrochen werden.

Die Folge unseres Gefallenseins wird von einer Generation zur nächsten weitergegeben. Christliche Eltern können schon während der Schwangerschaft für ihre Kinder beten, und nach der Geburt können sie sie mit der Liebe Christi umgeben und sie die Wahrheit lehren. Ihre Kinder können schon sehr früh Jesus als ihren Heiland erkennen. Adams Fluch wird dann ersetzt durch den Segen Christi, der in ihnen lebt.

Dämonischen Einflüsse setzen sich in Familien fest durch die Sünde früherer Generationen. Möglicherweise gibt es in der Familiengeschichte immer wieder Selbstmorde. Die Kraft des Blutes Jesu kann einen Christen von einer solchen dämonischen Aktivität befreien. Ein Christ kann die Sünde von Vorfahren, die dieses Problem verursacht haben, bekennen, sich von ihr lossagen und so den Fluch, der über seinem Leben liegt, brechen.

Manchmal 'beten' Familienmitglieder für andere, indem sie okkulte Mächte anrufen oder spiritistische Sitzungen abhalten. Ein Christ braucht sich davor nicht zu fürchten, denn er hat Gottes Waffenrüstung und Schutz. Dennoch wäre er gut beraten, dem Angriff entgegenzutreten, indem er die bösen Mächte bindet und für die betreffenden Familienmitglieder betet. Dies ist manchmal bei schweren Krankheiten von großer Bedeutung. Ein geistlicher

Kampf findet statt, wenn ein Gläubiger Gott anruft, während andere dämonische Krafte beschwören, um dieselbe Situation zu beeinflussen.

Satan hat kein Recht an einem Menschen, der von Gott durch das Blut seines Sohnes erkauft wurde. Gottes Wille für jeden Gläubigen ist Segen, nicht Fluch, denn "von seiner Fülle haben wir alle genommen Gnade um Gnade" (Joh. 1,16). Gott will, daß jeder diese Gnade empfängt, damit jeder ein Segen wird für die Menschen um ihn herum.

Jesus trug auch den Fluch, damit wir davon befreit würden. Er wurde zum 'Fluch', damit wir vom Fluch der Gesetzlichkeit befreit würden und fähig sind, in der Kraft seines Heiligen Geistes und in der Wahrheit seines Wortes zu leben - in Freiheit (Gal. 3,13).

Gebet und Bekenntnis

Im Namen Jesu und durch seinen Sieg am Kreuz sage ich mich los von jeder Gewohnheitssünde in meinem Leben und allen Bindungen, die daraus erwachsen sind.

Himmlischer Vater, ich bekenne dir folgende Sünde: ... Ich wende mich von ihr ab, damit mein Leben nicht mehr unter ihrem Einfluß steht und ich dich damit betrübe. Bitte vergib mir, daß ich durch diese Sünde andere Menschen negativ beeinflußt habe und dem Teufel die Gelegenheit gab, mein Leben zu bestimmen.

Erneut gebe ich dir mein Herz, damit du mein Leben verwandelst.

Danke Vater, daß ich mit Jesus verbunden bin. Ich möchte ihm ähnlicher werden. Verwandle mich in sein Bild von einer Herrlichkeit zur anderen.

Im Namen Jesu und in der Kraft seines Blutes widerstehe ich jedem Einfluß des Widersachers in meinem Denken. Ich habe den Sinn Christi und unterstelle all mein Denken der Wahrheit von Gottes Wort.

Insbesondere sage ich mich los von folgendem falschen Denken ... Ich gebrauche die geistlichen Waffen, die mächtig sind, die Festungen des Feindes zu zerstören sowie alles, was in meinem Leben der Erkenntnis Christi widerspricht. Ich glaube, daß die Festungen des Feindes jetzt zerstört sind. Ich ordne mein Denken der Wahrheit Gottes unter. Ich werde nicht zulassen, daß erneut Festungen des Unglaubens oder der Zerstörung sich in meinem Denken breitmachen; mit deiner Hilfe und Gnade, Jesus.

Im Namen Jesu und in der Kraft seines Blutes gebrauche ich nun die Vollmacht, die mir in Christus Jesus zuteil geworden ist und breche die Kraft jeden Fluches, der auf meinem Leben oder auf dem Leben eines Mitglieds meiner Familie liegt. Die Kraft dieses Fluches ist nun gebrochen, und ich und die Mitglieder meiner Familie sind jetzt vollkommen frei von jedem Einfluß, der auf unserem Leben lag.

Ich segne alle, die mich verfluchten.

Ich preise dich, himmlischer Vater, daß ich mich nicht vor dem Bösen oder zukünftigen Flüchen zu fürchten brauche. Du bist mein Schild, und ich danke dir für den Sieg, den du mir in Jesus Christus über jede List des Widersachers gegeben hast.

Teil 4

Direkte Seelsorge

23. In das Leben von anderen sprechen

Direkte Seelsorge bedeutet genau das, was der Ausdruck besagt, sie ist direkt. Sie kommt von der Wahrheit her, die Menschen befreit, und zielt auf den Kern einen menschlichen Problems.

Direkte Seelsorge muß sich auf die Offenbarung von Gottes Wahrheit gründen und kann nur in der Kraft des Heiligen Geistes, des Geistes der Wahrheit, vollzogen werden.

Die Frucht des Geistes

Sie brauchen die Frucht des Heiligen Geistes mehr als alles andere, wenn Sie anderen Menschen helfen wollen. Die Qualität eines Seelsorgers hängt davon ab, und jeder, im Namen Jesu anderen dienen möchte ist darauf angewiesen.

Liebe ist die erste Frucht des Heiligen Geistes. Wenn Sie die Menschen nicht lieben, die Sie um Hilfe bitten, wird Ihr Dienst ohne Erfolg bleiben. Selbst wenn Sie die Wahrheit sagen, werden andere sich schwertun, Ihre Worte anzunehmen, es sei denn, Sie sagen die Wahrheit in Liebe.

Freude: Sie müssen sich auch dann Ihre Freude an Gott bewahren, wenn die Menschen, die Ihre Hilfe suchen, voller Verzweiflung sind. Selbst wenn Sie mit den Weinenden weinen, gehen Sie mit ihnen zu Gott, und erbitten seinen Glauben für die Situation, denn bei ihm ist der Ort, an dem Sie sich "allezeit an Gott freuen" und ihm "in allen Dingen Dank sagen" können.

Friede: Bewahren Sie Ihren Frieden auch dann, wenn die anderen um sie herum nervös und unruhig werden, denn darin zeigt sich Glaube angesichts von Schwierigkeiten. Es wird Ihnen nicht schwerfallen, wenn Sie auf den Geist Gottes hören und zur Versöhnung bereit sind, egal, was passiert. Erkennen Sie, was geschieht, aber urteilen Sie nicht.

Geduld: Von dieser Frucht des Geistes werden Sie oft eine unendliche Portion brauchen, besonders wenn Menschen nur sehr zögerlich darauf reagieren, was Gott ihnen sagt. Außer der Liebe und dem Wort Gottes ist Geduld das Wichtigste, was ein Seelsorger braucht.

Freundlichkeit: Immer und immer wieder werden Sie Botschafter von Gottes Güte sein und Menschen auf die Wahrheit hinweisen, daß sie durch seine

Güte vollkommen geliebt und in den Augen Gottes ohne Einschränkung angenommen sind.

Güte: Sie dienen den Menschen, damit es ihnen gut geht. Deshalb müssen Sie gegebenenfalls bereit sein, auch Unangenehmes zu sagen, auch wenn Sie dabei riskieren, zurückgewiesen zu werden. Und Sie werden danach trachten, daß Ihr Leben ein Beispiel für das ist, wovon Sie sprechen, nämlich daß Sie selbst aus den Reichtümern leben, die Gott Ihnen in Christus geschenkt hat.

Treue: Egal, wen Sie beraten, oder welches Problem er (oder sie) hat, Sie haben der Wahrheit von Gottes Wort treu zu bleiben. Der Glaube an diese Wahrheit macht Menschen frei, deshalb lösen Sie sich nicht von der Wahrheit zugunsten von Vernunft, Meinungen oder Gefühlen.

Sanftmut: Selbst wenn Sie Menschen harte Dinge sagen, müssen Sie es in einem sanftmütigen Geist tun. Jesus war sehr herausfordernd, aber er nannte sich "sanftmütig und von Herzen demütig". Erschlagen Sie Menschen nicht mit der Wahrheit, sondern führen Sie sie dahin, daß sie erkennen, daß alles, was Jesus getan hat, er für sie getan hat.

Selbstbeherrschung: Vermeiden Sie es, mit Ihrem Minenspiel auf Dinge zu reagieren, die gesagt werden, seien Sie nach außen so passiv wie möglich. Lassen Sie nicht erkennen, was Sie denken. Ihr Gesprächspartner sucht bei Ihnen nach Signalen der Zustimmung, der Annahme, der Ablehnung, der Kritik oder gar der Zurückweisung. Sie führen ihn aber zu Christus, zu seiner Liebe und Annahme, davon sollten Sie nicht durch Ihre persönliche Reaktion ablenken.

Wir sind von den geistlichen Gaben abhängig, die Gott uns gegeben hat, insbesondere vom Wort der Erkenntnis, das es uns ermöglicht, die Situation, um die es geht, richtig einzuschätzen, und Weisheit, die es uns ermöglicht, das rechte Wort zu finden.

Es ist viel besser, dem Zeugnis des Heiligen Geistes zu vertrauen, der Sie nie belügt, als der Sicht der Person, der Sie helfen wollen.

Wenn Sie mit einem Christen sprechen, wird der Heilige Geist in ihm die Wahrheit bestätigen, die Sie ihm im Namen Jesu sagen. Möglicherweise erstickt er das Zeugnis des Heiligen Geistes und zieht es vor, seiner eigenen Überzeugung und seinen Gefühlen zu glauben. Ich habe schon erlebt, wie Menschen mehrere Monate brauchten, bevor sie bereit waren, anzunehmen, was Gott ihnen gesagt hatte, verschwendete Monate, in denen sie nicht bereit waren, der Wahrheit ins Auge zu sehen. Gott ändert sein Wort für niemanden. Er wartet geduldig, bis ein Mensch bereit ist, sein Wort anzunehmen und zu gehorchen.

Gott schätzt das Problem eines Menschen oft völlig anders ein, als die betroffene Person. Wenn das der Fall ist, muß dieser Mensch seine Haltung ändern, damit er willens ist, Gottes Wort zu glauben.

Sie vertrauen besser Ihrem Eindruck vom Leiten des Heiligen Geistes und riskieren dabei, falsch zu liegen, als das Drängen des Geistes zu übergehen. Wenn Sie sich der Leitung des Heiligen Geistes anvertraut haben, werden Sie selten Schiffbruch erleiden, selbst wenn Sie manchmal nicht verstehen, warum Sie in einer bestimmten Weise beten.

Einmal hatte ich den Eindruck, ich sollte bei einem Mann um die Heilung einer Nierenkrankheit beten, obwohl er mich darum gebeten hatte, für etwas vollkommen anderes zu beten. Als ich ihn einige Zeit später wieder traf, erzählte er mir, daß er damals den Eindruck hatte, ich hätte um das Falsche für ihn gebeten, aber er hätte aus Höflichkeit dazu geschwiegen. Ungefähr zwei Jahre später mußte er sich in einem Krankenhaus einer gründlichen Untersuchung unterziehen. Im Verlauf dieser Untersuchung wurde festgestellt, daß er nur noch eine halb funktionierende Niere hatte. "Sie müßten längst tot sein", sagte der Arzt zu ihm, "bei Ihrem Zustand!"

Sie werden oft die Gabe des Glaubens brauchen, gewöhnlich in Verbindung mit den Gaben der Heilungen. Beide Worte stehen im Plural. Die Gaben der Heilungen werden einer Gemeinde gegeben. Ich würde niemals einem Menschen, der behauptet, er habe die Gabe der Heilung, erlauben, für mich zu beten. Personen aus dem okkulten Bereich machen solche Behauptungen. Menschen, die im Heiligen Geist dienen, wissen, daß sie beauftragt sind, zu heilen, und daß dann, wenn Gott ihnen die Salbung gibt, die Gnade seiner Heilung an andere weiterzugeben, er ihnen auch Gaben der Heilung gibt. Wenn ein Mensch die Gaben selbst besitzen würde, könnte der das städtische Klinikum leerfegen.

Nicht einmal Jesus machte eine solche Behauptung, sondern bestand auf der Feststellung, daß er nichts aus sich selbst tun konnte, sondern nur, was er seinen Vater tun sah. Niemals handelte er unabhängig von seinem Vater. In bestimmten Zeiten war die Kraft Gottes zu heilen gegenwärtig und vermutlich gab es auch in seinem Dienst Phasen, in denen der Geist in dieser oder jener besonderen Weise wirkte.

Es hat wenig Sinn, für Menschen zu beten, ihnen die Hände aufzulegen oder sie zu salben, wenn wir und sie nicht erwarten, daß dadurch etwas geschieht. Gott wirkt durch jeden Menschen Wunder, der an ihn glaubt (Joh. 14,12), aber die Salbung durch den Heiligen Geist ist dabei unverzichtbar. Es ist diese Salbung, die unseren Dienst fruchtbar und erfolgreich macht. Wenn diejenigen, die anderen dienen, sich selbst dem Geist unterordnen, dann kann die Kraft Gottes durch ihre Seele und aus ihrem Leib wie Ströme lebendigen Wassers fließen.

Wir können in unserem Dienst alles richtig machen, aber ohne die Salbung wird nicht viel geschehen. Wir brauchen die Salbung, um die Wahrheit zu sprechen, durch die Menschen Gott hören und darauf antworten. Und wir brauchen Salbung, um den Auftrag auszuführen, im Namen Jesu Kranke zu heilen.

Wenn die Ergebnisse Ihres Dienstes nicht so sind, wie sie sein sollen, dann werfen Sie es nicht den Menschen vor, denen Sie dienen, sondern suchen Sie von Gott die Salbung, die die Fesseln sprengt.

Sie werden die Gabe der Unterscheidung der Geister brauchen. Sie müssen wissen, bis zu welchem Grad eine Situation durch das fleischliche Leben eines Menschen hervorgebracht wurde, und wieviel auf das Konto des Widersachers geht.

Wenn Sie Menschen ein prophetisches Wort sagen, dann fordern Sie sie auf, zu überprüfen, was Sie ihnen sagen. Weisen Sie die entsprechende Person darauf hin, daß Gott auch zu ihr sprechen und das Gesagte durch andere Zeugen bestätigen wird.

Wenn Sie für andere Menschen in Sprachen beten, dann erwarten Sie eine Auslegung. Sie werden dann deutlicher erkennen, wohin Sie der heilige Geist in Ihrem Gebet führen möchte. Oft werden Sie leicht von einer Gebetsform zur anderen fließen, Sprachengebet, Auslegung, wieder Sprachengebet, dann die Auslegung, Sprachengebet, Auslegung und so weiter. Auf diese Weise leitet der Heilige Geist Ihr Gebet, und Sie verstehen die Situation erheblich besser.

Sie werden entdecken, daß der Heilige Geist schnell zum Zentrum der Angelegenheit kommt und nicht bei den äußerlichen Symptomen hängenbleibt. Möglicherweise kommt ein Mensch mit einer oberflächlichen Bitte zu Ihnen, nur um zu entdecken, daß Gott Ihnen ein Wort gibt, das Seele und Geist trennt und die Wünsche und Gedanken seines Herzens offenbart.

Der entscheidende Punkt

Wenn Sie einen Mensch zum Glauben an Christus führen wollen, können Sie eine Menge Zeit damit verbringen, Fragen zu beantworten, Kritik an der Kirche zu parieren und die Fehler anderer Christen zu entschuldigen. Das bringt diesen Menschen keinen Schritt näher zum Reich Gottes. Es mögen einige ernsthafte Fragen zu beantworten sein, aber Sie müssen diesen Menschen so früh wie möglich mit der wirklichen Herausforderung konfrontieren. "*Wollen* Sie Jesus kennenlernen? Möglicherweise werden Sie die Wahrheit unverblümt sagen müssen: "Ihr Leben ist in einem unhaltbaren Zustand, und nur Jesus kann das ändern", oder Sie müssen jemanden mutig herausfordern: "Sie müssen Gott um Vergebung bitten und Jesus ihr Leben übergeben. Sind Sie bereit, das zu tun?"

Sie können dabei leicht eine negative Antwort erhalten. Aber glauben Sie nicht alles, was Sie hören. Es ist gut möglich, daß der Mensch, mit dem Sie reden, sich vor den Folgen einer Bekehrung fürchtet.

Manchmal hatte ich den Eindruck, es wäre richtig, dies auch zu benennen: "Ich glaube Ihnen das nicht. Ich gaube, Sie möchten Jesus in Ihrem Leben haben, aber Sie haben Angst vor den Auswirkungen." Beinahe jedesmals gab die Person zu, daß dies die Wahrheit war und wurde wenige Minuten später Christ.

Jesus erlaubte der samaritischen Frau am Brunnen nicht, der entscheidenden Frage auszuweichen, indem sie versuchte, eine Diskussion über die rechte Form der Anbetung zu führen. Er gebrauchte ein Wort der Erkenntnis, um ihr Herz zu erreichen und damit ihre Not - und ihr Leben wurde dadurch verändert. Die Folge war, daß das ganze Dorf kam, um Jesus zu hören.

Dies gilt immer, nicht nur bei der Verkündigung der Evangeliums, sondern auch in der Seelsorge: Hören Sie auf das Zeugnis des Heiligen Geistes und suchen Sie das Herz des Menschen. Immer wieder werden Menschen versuchen, der wirklichen Frage aus dem Weg zu gehen. Es ist Ihre Aufgabe, das Gespräch auf den entscheidenden Punkt zu bringen. Sie erreichen nichts, wenn Sie Ihrem Gesprächspartner zugestehen, den Verlauf des Gesprächs zu bestimmen indem er Abertausende von Fragen stellt, bei deren Beantwortung Sie mit Ihrem großen geistlichen Wissen protzen können. Er hat dann Ihren Stolz angesprochen - und zwar erfolgreich.

Menschen in die Freiheit führen

Diejenigen, die sich in weitschweifigen Seelsorgetechniken ergehen, tun dies oft aus eigenem seelischen Interesse. Sie wollen gebraucht sein und suchen darum einen Dienst, den andere zu schätzen wissen oder auf den sie vermeintlich angewiesen sind. Dies sind fleischliche Wünsche, und Sie enden in der Regel in gegenseitiger Abhängigkeit sowohl auf Seiten des Hilfesuchenden als auch auf der Seite des Helfenden. Wenn sie darauf angesprochen werden, zeigt ihre Reaktion, daß sie nicht bereit sind, ihr 'Leben zu verlieren'. Sie sind der Meinung, daß sie im 'Seelsorgedienst' ihren geistlichen Platz gefunden haben. Dies ist eine gefährliche Täuschung.

Für jeden Seelsorger gibt es Grenzen. Der Sinn einer Hilfe besteht darin, den Glauben eines Mitchristen so zu stärken, daß er (oder sie) einen selbständigen Weg mit Gott gehen kann. Seelsorge darf die eigenen Glaubensschritte eines Menschen nicht ersetzen oder versuchen, eine bequeme Alternative zur Nachfolge zu finden.

Stellen Sie sich einen Menschen vor, der mit Ketten an eine eiserne Kugel gefesselt ist, die er während des Gehens hinter sich herschleppt. Wie würden Sie ihm helfen? Würden Sie ihm vorschlagen, sich umzudrehen und die Anzahl der Kettenglieder zu zählen? Oder sollte er besser die eiserne Kugel näher untersuchen, um deren genaue Beschaffenheit festzustellen? Oder sollte er sich Gedanken darüber machen, aus welchem Material die Kugel besteht und wie er sie am besten heben kann? Natürlich nicht!

Sie würden seine Füße von der Fessel befreien und ihn laufen lassen. Genau darauf aber zielt direkte Seelsorge. Die Wahrheit nimmt die Fesseln von einem Menschen und schenkt ihm Freiheit.

Die Ziele der unmittelbaren Seelsorge

1. Ihr Ziel ist es, einem Menschen die Wahrheit zu sagen, der nicht weiß, oder nicht verstanden hat, was Gott für ihn in Christus Jesus getan hat. Oder aber, das Wort Gottes zu sprechen, um eine Situation zu verstehen und zu verändern.

2. Ihr Ziel ist es, dafür zu sorgen, daß ein Mensch selbst hört, was ihm Gott in seiner Lage sagt. Dieses Wort muß er glauben und danach handeln. Sie haben nicht die Aufgabe, mit ihm Auswege zu suchen, die Glaube und Gehorsam umgehen.

3. Sie widerstehen mit einem Gläubigen allem, was ihn in die Abhängigkeit des Widersachers brachte. Aber Sie können für ihn nicht Befreiung erreichen, solange er auf seiner Seite nicht zur Umkehr und zur Mitarbeit bereit ist. Er muß den Feind in der Autorität Christi überwinden, wenn seine Befreiung dauerhaft sein soll.

4. Sie gehen mit einem Menschen nicht in seine Vergangenheit, sondern in die Wahrheit von Gottes Wort. Sie führen ihn in die Begegnung mit Christus und seiner Heilstat für ihn. Es ist diese Wahrheit, die ihn befreien wird, wenn er sie hört, glaubt und danach lebt.

5. Wenn es notwendig ist, weisen Sie ihn darauf hin, daß er vergeben muß und die Last der Vergangenheit nicht in das neue Leben mit Jesus mitnehmen darf.

6. Sie sind kein Ersatz für den Glauben an Gott. Das Gebet mit Ihnen ist kein Ersatz für ein Leben in der Wahrheit und der Nachfolge.

7. Erlauben Sie dem Wort Gottes, die Arbeit zu tun. Sie werden von der befreienden Kraft des Evangeliums erstaunt sein.

8. Ihre Sensibilität für den Heiligen Geist wird dem Menschen, der Sie aufsucht, helfen, die Aufgaben wahrzunehmen, die er selbst nicht sehen konnte, weil ihn seine eigenen Lösungsversuche verwirrten.

Der Lohn

Der Lohn Ihrer Arbeit besteht darin zu sehen, daß die Zeit, die Sie mit einem Menschen schenkten, ihm nicht nur die versprochene Freiheit brachte, sondern seinen Glauben stärkte, so daß er auch zukünftigen Herausforderungen standhalten kann und daß er selbst für andere zum Botschafter der Wahrheit wird.

Ich bete, "daß der Glaube, den wir miteinander haben, in dir kräftig werde in Erkenntnis all des Guten, das wir haben, in Christus" (Phm. 6).

Es ist ein schöner Lohn zu sehen, daß ein Mensch für das Reich Gottes Frucht bringt, der vorher von der Last eines falsches Bild von sich selbst gefangen war. Es tut gut, einen Menschen zu beobachten, dessen Glaube und Vollmacht wächst und der den Widersacher überwindet. Ihr Herz fängt an zu jubeln, wenn Sie sehen, wie ein Mensch, der früher nur die Probleme sah, sich nach vorne ausstreckt, brennend von Liebe für Gott und an nichts anderem interessiert, als Gottes Willen zu tun.

Was für ein Unterschied zwischen diesem neuen Menschen, der weiß, daß er in Christus ist und die Liebe Gottes in sich trägt, und dem alten, der gefangen war von Furcht und Selbsttäuschung.

Das bedeutet nicht, daß er keine Schwierigkeiten und Herausforderungen mehr erleben ehen wird, aber er kann allem, was ihm begegnen wird, gelassen ins Auge sehen, denn er glaubt an Gott und sein Wort. "Gott aber sei gedankt, der uns allezeit Sieg gibt in Christus und offenbart den Wohlgeruch seiner Erkenntnis durch uns an allen Orten" (2. Kor. 2,14).

Er hat begriffen, an wen er sich in zukünftigen Krisen seines Lebens wenden muß. Er hat Zugang zu Gott durch Jesus Christus. Mit reinem Herzen und mit der Gewißheit des Glaubens betritt er das Allerheiligste. Er wird lernen, wie er mit Gott betet bis zum Durchbruch, wie er ihn hört und wie Gottes Beistand ihn leitet - unabhängig von einem menschlichen Seelsorger.

Selbstverständlich haben Sie dazu geholfen, einen Prozeß in Gang zu setzen, der bis an das Ende seines Lebens dauern wird. Aber Sie haben damit getan, wozu Sie von Gott beauftragt wurden: Menschen zu Jüngern zu machen. Sie haben die Entscheidungen nicht für sie getroffen, und Sie haben nicht versucht, sie in ein festes Schema zu pressen. Sie haben ihnen beigebracht, was es bedeutet, ein verantwortlicher Jünger Jesu zu sein. Und es wird nicht lange dauern, bis sie andere zu Jüngern machen, denn nun kennen sie die Wahrheit, die auch andere befreien wird.

Der Geist eines Christen ist geheiligt, und nun beginnt der Prozeß, in dem auch die Seele geheiligt wird. Jesus betete für seine Jünger: "Heilige sie in der Wahrheit; dein Wort ist die Wahrheit" (Joh. 17,17).

Jeder Christ ist in guten Händen, denn Gott selbst wird ihn heiligen, "durch und durch, ... Geist samt Seele und Leib" (1. Thess. 5,23). Die Aufgabe eines Christen besteht darin, das Leben des Reiches Gottes zu führen, das in ihm ist. Das Maß, mit dem er das tut, wird das Maß sein, nach dem er empfängt. Früher säte er kärglich in der Wahrheit und erntete kärglich, jetzt kann er großzügig säen und großzügig ernten (2. Kor. 9,6).

Er hat gelernt, daß er von Gott nicht nach seinen eigenen Bedingungen empfängt, sondern nach den Bedingungen, die Gott in seinem Wort offenbart. Seine Sache ist es, wie ein Gläubiger zu glauben; wie ein Jünger zu gehorchen; und wie ein Kind des Himmelreiches fröhlich zu schenken. Denn er weiß: "Gott ... kann machen, daß alle Gnade unter euch reichlich sei, damit ihr in allen Dingen allezeit volle Genüge habt und noch reich seid zu jedem guten Werk" (2. Kor. 9,8).

Er glaubt der Verheißung: "So werdet ihr reich sein in allen Dingen, zu geben in aller Einfalt, die durch uns wirkt Danksagung an Gott" (2. Kor. 9,11). Wo zuvor eine armselige Selbstmitleidsmentalität herrschte, hat nun der Glaube an das reiche Erbe in Christus Platz.

Und all dies wirkt Gottes Gnade! Er wird ewig dankbar sein für die Liebe und Barmherzigkeit, die ihm Jesus entgegenbrachte. Er wird die Gnade Gottes nicht leichtfertig zur Seite schieben, denn er möchte nicht mehr von sich selbst gefangen sein, wie zu der Zeit, als er noch nicht wußte, daß er sein Leben verlieren muß, um es zu finden. Er will nicht mehr zurück zum Gesetz, nachdem er den Lohn des Glaubens kennengelernt hat.

Er wurde befreit vom Griff Satans, indem er die Wahrheit ergriff, und kann nun seine Vollmacht über den Widersacher gebrauchen, die Gott ihm gegeben hat. "Wenn euch nun der Sohn frei macht, so seid ihr wirklich frei" (Joh. 8,36). In der Tat hat ihn Jesus befreit, und wenn er weise ist, wird er die Warnungen der Schrift beachten, nicht zu einem Leben der Gefangenschaft zurückzukehren: "Ich laufe den Weg deiner Gebote, denn du hast mein Herz befreit" (Ps. 119,32).

Nun wird er in Wahrheit im Triumphzug Christi mitgeführt. Er ist frei, denn Gott hat in frei gemacht. Er lernt, im Geist zu leben und entdeckt überall dort Freiheit, wo er sein Leben der Leitung der Heiligen Geistes anvertraut.

Er braucht die Geister, die in dieser Welt wirken, nicht mehr zu fürchten, den: "Kinder, ihr seid von Gott und habt jene (die Welt) überwunden; denn der in euch ist, ist größer als der, der in der Welt ist" (1. Joh. 4,4).

Er hat den Glauben, der die Welt überwindet: "Denn alles, was von Gott geboren ist, überwindet die Welt; und unser Glaube ist der Sieg, der die Welt überwunden hat. Wer ist es aber, der die Welt überwindet, wenn nicht der, der glaubt, daß Jesus Gottes Sohn ist?" (1. Joh. 5,4.5).

Und er weiß, daß ihn ein ewiges Erbe erwartet: "Wer überwindet, dem will ich geben, mit mir auf meinem Thron zu sitzen, wie auch ich überwunden habe und mich gesetzt habe mit meinem Vater auf seinen Thron" (Off. 3,21).

Wie Paulus trägt er einen Freuden- und Siegesschrei in seinem Herzen. Er hat die Vergangenheit überwunden und mit ihr die Ungewißheit, die ihn so lange begleitete. Er braucht die Zukunft nicht mehr zu fürchten, nicht einmal den Tod: "Der Stachel des Todes aber ist die Sünde, die Kraft aber der Sünde ist das Gesetz. Gott aber sei Dank, der uns den Sieg gibt durch unseren Herrn Jesus Christus" (1. Kor. 15,56.57).

Nun kann er sein Herz dazu bewegen, der Mahnung des Apostels zu gehorchen: "Darum, meine lieben Brüder, seid fest, unerschütterlich und nehmt immer zu in dem Werk des Herrn, weil ihr wißt, daß eure Arbeit nicht vergeblich ist in dem Herrn" (V. 58).

Er befindet sich nicht mehr nur in der Defensive, er will jetzt andere Menschen mit der Wahrheit beeinflussen, damit auch sie frei werden. Er ist nicht mehr der Spielball des Widersachers, sondern sein Überwinder: "Er lehrt meine Hände streiten und meinen Arm den ehernen Bogen spannen. Du gibst mir den Schild deines Heils, und deine Rechte stärkt mich, und deine Huld macht mich groß ... Du rüstest mich mit Stärke zum Streit; du wirfst unter mich, die sich gegen mich erheben. Du treibst meine Feinde in die Flucht, daß ich vernichte, die mich hassen" (Ps. 18, 35.36.40.41).

Selbstverständlich muß er sich vor Stolz und Überheblichkeit hüten, denn seine Seele wird sich jederzeit wieder über seinen Geist erheben, wenn er es erlaubt.

"Wachet, steht im Glauben, seid mutig und seid stark!" (1. Kor. 16,13). Er findet seine Stärke in Christus Jesus und weiß, daß er ohne ihn nichts tun kann.

Möglicherweise verlieren Sie Menschen aus den Augen, denen Sie geholfen haben, oder Sie bleiben in Kontakt. In jedem Fall können Sie ihnen den Rat mitgeben, den Paulus seinem Freund Timotheus gab: "Du aber bleibe bei dem, was du gelernt hast und was dir anvertraut ist; du weißt ja, von wem du gelernt hast" (2. Tim. 3,14).

Wir müssen lernen, alles abzulegen, "was uns beschwert, und die Sünde, die uns ständig umstrickt, und zu laufen mit Geduld in dem Kampf, der uns bestimmt ist" (Hebr. 12,1). Wir strecken uns aus nach vorne und ergreifen, was Christus uns gegeben hat, als er uns berief. Und wir können darauf vertrauen, daß er uns "fest erhalten wird bis ans Ende, daß ihr untadelig seid am Tag unseres Herrn Jesus Christus" (1. Kor. 1,8).

Und wenn Schwierigkeiten auftauchen, brauchen wir nicht unglücklich und mutlos zu werden, sondern können es uns leisten zu glauben: "Ich bin darin guter Zuversicht, daß der in euch angefangen hat das gute Werk, der wird's auch vollenden bis an den Tag Christi Jesu" (Phil. 1,6).

Und weder der Teufel noch irgend jemand sonst können uns etwas anderes weismachen.